The Chinese Model of Exclusionary Rules

非法证据排除规则的中国范式

易延友 / 著

北京大学出版社
PEKING UNIVERSITY PRESS

图书在版编目(CIP)数据

非法证据排除规则的中国范式 / 易延友著. —北京: 北京大学出版社, 2022.4

ISBN 978-7-301-32792-0

Ⅰ. ①非… Ⅱ. ①易… Ⅲ. ①证据—研究—中国 Ⅳ. ①D925.013.4

中国版本图书馆 CIP 数据核字(2021)第 273677 号

书　　名	非法证据排除规则的中国范式 FEIFA ZHENGJU PAICHU GUIZE DE ZHONGGUO FANSHI
著作责任者	易延友　著
责任编辑	王欣彤
标准书号	ISBN 978-7-301-32792-0
出版发行	北京大学出版社
地　　址	北京市海淀区成府路 205 号　100871
网　　址	http://www.pup.cn　http://www.yandayuanzhao.com
电子信箱	yandayuanzhao@163.com
新浪微博	@北京大学出版社　@北大出版社燕大元照法律图书
电　　话	邮购部 010-62752015　发行部 010-62750672　编辑部 010-62117788
印 刷 者	北京中科印刷有限公司
经 销 者	新华书店
	650 毫米×980 毫米　16 开本　19.25 印张　228 千字
	2022 年 4 月第 1 版　2022 年 4 月第 1 次印刷
定　　价	79.00 元

序　言

如果把宪法规定的公民基本权利比喻为一顶王冠,非法证据排除规则就是公民宪法权利这顶王冠上的明珠。从 2010 年开始,随着《关于办理刑事案件排除非法证据若干问题的规定》的颁布,我国也将非法证据排除规则这颗明珠正式安在了公民基本权利这顶帽子上。不容否认,我国的非法证据排除规则在很大程度上移植了美国的非法证据排除规则。但是,基于各种原因,这种移植并不完整,而且也仍然处在一个动态完善的过程中。2017 年,《关于办理刑事案件严格排除非法证据若干问题的规定》颁布,实际上是这一法律移植过程的持续。虽然这一移植的过程已经暂时告一段落,但如果不出意外,将来还会颁布类似的规则,对既有的规则进一步完善,对尚未确立的规则继续移植,或者对已经移植的规则作出限定。

本书试图展现非法证据排除规则确立和发展的全景,是我最近这些年对非法证据排除规则系统性思考的结晶。其中第一章是对美国以联邦宪法第四修正案为基础发展形成的非法证据排除规则的阐释和介绍。第一章后的附录是我与比较法学界的顶级权威、耶鲁大学法学院的达马斯卡教授之间就非法证据排除规则问题的对话。第二章是对美国一个具体案件中非法证据排除规则如何适用的完整呈现。第三章系统介绍了中国非法证据排除规则的形成与特色。第四章则试图在当前主流理论的框架之外,寻求对我国现有非法证据排除规则之立法表述的另类解释,以便非法证据排除规则能够更好地服务于其设立之初的目标。第五章、第六章都是对非法证据排除规则在我国刑事司法实践中的状况的描述和分析，意在揭示非法证据排除规则在实务中取得的成就、面临的问题及其可能的解决路径。第七章瑕疵证据的补正与合理解释，严格说来并不属于非法证据排除规则领域的论题，但却可以帮助我们正确地划定非法证据排除规则的边界。

以上各章，分别归入三个部分：上篇“他山之石”，包括第一章和第二章；中篇“本土渊源”，包括第三章和第四章；下篇“实效观察”，包括第五至七章。按照最近比较流行的说法，这本书的绝大部分篇幅都是“写在祖国大地上”的。除第一章和第二章以外，其他各章都是在分析、探讨、解释、论证、观察、描述中国自 1998 年萌芽至 2012 年全面建立起来的具有中国特色的非法证据排除规则。我认为，所谓将论文“写在祖国大地上”，并不排斥对西方法治发达国家法学理论的应用，更不排斥对相关规则的比较和借鉴。当然，法学虽然没有国界，法学家却有自己的祖国。在经过多年对西方尤其是美国法制的“生吞活剥”之后，我们也确实应当将更多笔墨挥洒在自己祖国的大地上，将更多精力用于观察和反思我们自己的制度，将更多努力用于推动我国相关制度的落地和完善。

从 2011 年发表关于非法证据排除规则的第一篇论文算起，我对非法证据排除规则的研究到现在已有十年时间。在这期间，我于 2013 年上半年在耶鲁大学法学院进行了为期不到半年的访问，研究的课题就是非法证据排除规则。在耶鲁大学访问期间，我除旁听法学院课程、阅读图书馆文献以外，还拜访了多位耶鲁大学法学院的教授，旁听并完整地见证了一例非法证据排除申请的听证和裁判，并与多位美国法律界实务人士座谈，对美国非法证据排除规则作了全方位的观察和了解。2016 年，我申请了北京市哲学社会科学的重大项目,题目也是非法证据排除规则。在 2013 年至 2021 年的这八年当中,我还以兼职律师的身份代理了一系列案件,在其中相当大一部分案件中,我都亲身经历了我国非法证据排除规则完整的适用过程。当然,本书内容,均与我代理的那些案件无关;本书立场,也不受我所代理的那些案件左右。相反,在代理案件的过程中,我往往受自己早已接受的观念和立场所局限。但是,我也必须承认,那些活生生的案件,的确在我对相关问题进行思考时经常闪现。这些经历,至少可以让我在仰望星空的同时,还可以脚踏实地。

总之,本书既有对我国非法证据排除规则确立与发展的全景展示,也有对非法证据排除规则实务状况的数据分析;既有对我国非法证据排除规则立法表述的意义探求,也有对中美两国之间非法证据排除规则差异的深刻比较,还有对个别制度进行完善的立法建议。所有这些,都反映了我对非法证据排除规则的观察和思索。希望我的这些思索能够帮助人们更加深刻地认识这些规则,同时也能促进立法部门更好地完善这些规则,推动司法部门更好地理解和实施这些规则。

是为序。

易延友
2021 年 12 月 17 日

目　录

上篇　他山之石

中篇　本土渊源

下篇　实效观察

上篇

他山之石

The Chinese Model of Exclusionary Rules

第一章　公民宪法权利的刑事程序保护与非法证据排除规则

——以美国联邦宪法第四修正案为中心的展开

引　言

非法证据排除规则起源于美国。从内容来看,非法证据排除规则既包括美国联邦宪法第五修正案派生出的规则,也包括第四修正案派生出的规则。其中,第五修正案排除规则主要是基于任何人不得被强迫自证其罪条款而产生的排除规则,第四修正案排除规则主要是基于任何人有权不受不合理的搜查和扣押而产生的排除规则。从目的和功能来看,非法证据排除规则是从公民的宪法权利中派生出来的制度,其目的在于震慑警察的违宪行为,其功能在于保护刑事被告人的宪法权利。换句话说,所有的非法证据排除规则均是出于保证公民的宪法权利在刑事诉讼中不受恣意侵犯而设。可以说,非法证据排除规则本身并非目的,保证公民的宪法权利不受国家机关的恣意侵犯才是目的。因此,如果将公民的宪法权利比喻为大树,则非法证据排除规则就是公民宪法权利这棵大树开出的花。略感遗憾的是,中国的学者们和司法实践部门在被非法证据排除规则这朵绚烂的鲜花所吸引的时候,却对这朵花背后的宪法权利这棵大树视而不见。或许正是因为这种缘故,中国学者对非法证据排除规则的研究和阐述,仍然让人有雾里看花的感觉。

因此,本章拟将非法证据排除规则放在公民宪法权利保护这一更为广阔的视域之下进行探讨和分析,力图在对被告人宪法权利给予清晰界定的基础上,阐述非法证据排除规则的历史起源、理论基础与规则内容。又因为美国的非法证据排除规则以第四修正案排除规则为主要内容,第四修正案又是以任何人不受不合理搜查与扣押的权利为基础,而我国无论是理论界还是实务界以往的研究和实践均将关注的焦点放在刑讯逼供等非法行为产生的言词证据方面,对非法搜查、扣押这方面的排除规则的研究比较薄弱。因此,本章将以美国联邦宪法第四修正案排除规则为核心来展开。第一部分介绍和分析第四修正案保护的权利内容,借此奠定非法证据排除规则的实体基础。第二部分论述侵犯第四修正案规定的权利需要满足的程序要件。第三部分介绍非法证据排除规则的历史起源及发展进程。第四部分论述非法证据排除规则的理论基础。第五部分论述第四修正案排除规则的适用范围。第六部分论述非法证据排除规则适用的限制。第七部分阐述我国刑事被追诉人依据宪法享有的基本权利,以及《关于办理刑事案件排除非法证据若干问题的规定》确立的非法证据排除规则与美国式非法证据排除规则之间的区别。

一、美国联邦宪法第四修正案规定的实体性权利

美国联邦宪法第四修正案规定:“人民对其人身、住宅、文件、物品享有的不受不合理搜查和扣押的权利,不受侵犯;除非基于经宣誓或具结所保证的适当理由,并且特别地指定搜查的地点,否则不得签

发搜查令,并不得扣押其人身和物品。"[1]这一规定就是如今举世闻名的美国非法证据排除规则最主要的宪法依据,其内容包括三大部分:一是该项修正案保护的权利范围,二是该规定约束的政府行为的方式,三是政府官员在以法定形式侵犯这些权利时必须满足的程序要件。由于权利范围和侵犯权利的方式在很大程度上是胶着在一起的,对权利范围的界定很可能依赖对侵权方式的界定,因此本部分对其规定的权利范围、侵犯权利的行为方式进行阐释。

(一)第四修正案保护的对象范围

第四修正案保护的第一项内容是公民的人身权。"人身"这一概念的范围包括公民的身体、身外之物以及体内之物。例如,当被告人遭到逮捕时,其身体属于第四修正案所规定的保护范围[2];当被告人被警察拍身搜查以确定他是否藏有武器或查看他衣物内的物品时,被告人身体之外的物品如衣服等属于第四修正案的保护范围[3];当被化验血液中酒精含量时,被告人的体内之物如血液等亦属于第四修正案的保护范围。[4]

第四修正案保护的第二项内容是住宅。在美国联邦宪法的意义上,住宅并不仅指一般意义上的产权房,而是包括人们用于居住的所有建筑:既可以是长期的居住场所如公寓,也可以是短期的居住场所如旅馆[5];它既包括像车库等附着于住宅的建筑[6];也包括用于开

---

[1] The right of the people to be secure in their persons, houses, papers, and effects, against unreasonable searches and seizures, shall not be violated, and no warrants shall issue, but upon probable cause, supported by oath or affirmation, and particularly descrbing the place to be searched, and the persons or things to be seized. Fourth Amend.

[2] *Chimel v. California*, 395 U.S. 752 (1969).

[3] *Terry v. Ohio*, 392 U.S. 1 (1968).

[4] *Schmerber v. California*, 384 U.S. 757 (1966).

[5] *Stoner v. California*, 376 U.S. 483 (1964).

[6] *Taylor v. United States*, 286 U.S. 1 (1932).

展家庭私人生活相关活动的庭院〔7〕;另外根据判例,办公室、商店和其他的商业建筑都属于“住所”的范围之列。〔8〕

第四修正案保护的第三项内容是文件(papers)和物品(effects)。其中“文件”包括书信、日记和商务记录之类的私人文件。〔9〕“物品”则包括汽车、行李及其他容器、衣物、武器甚至是犯罪的结果等。〔10〕然而,“物品”所包含的范围不如“财产”一词所包含的范围广。因此,美国联邦最高法院判定开阔场地既不包括在“住所”范围之内也不包括在“物品”范围之内。〔11〕

值得注意的是,根据美国联邦最高法院判例,尽管第四修正案规定的对象是人身、住宅、文件和物品,其真正保护的却不是这些,而是包括人身自由权、作为财产权的住宅权和作为精神性权利的隐私权等在内的权利。

(二)第四修正案规范的行为类型之搜查

第四修正案宣布,公民的人身和财产不受不合理搜查的权利不受侵犯。但这并不是说政府完全不能对公民的这些权利进行侵犯。相反,如果是合理、合法的“侵犯”〔12〕,则并不违反宪法。

根据美国联邦宪法规定,合法侵犯公民人身、住宅、文件和物品的手段包括搜查和扣押。其中搜查是一种即时的行为,扣押则是

---

〔7〕*Oliver v. United States*, 466 U.S. 170 (1984).

〔8〕*See v. City of Seattle*, 387 U.S. 541 (1967).

〔9〕*Andersen v. Maryland*, 427 U.S. 463 (1976).

〔10〕*Chambers v. Maroney*, 399 U.S. 42 (1970); *United States v. Chadwick*, 433 U.S. 1 (1977); *United States v. Edwards*, 415 U.S. 800 (1974); *Warden v. Hayden*, 387 U.S. 294 (1967).

〔11〕*Oliver v. United States*, 466 U.S. 170 (1984).

〔12〕在中文语境下,“侵犯”一词通常带有贬义,并且经常被认为都是非法的。但为论述之方便,本书将“侵犯”区分为合法的侵犯和非法的侵犯,因而是在中性的意义上使用“侵犯”一词。

一种持续的状态。对于搜查的界定,美国法律经历了一个发展的过程,以凯茨案(*Katz v. United States*)为分界标志。在凯茨案件之前,美国奉行的是以财产为中心的约束机制,即,法律对政府侵犯公民权利的约束仅限于政府对公民住宅的物理性侵入行为。这一机制以 *Olmstead v. United States* 案为标志。这个案件中联邦雇员在没有搜查令的情况下监听了被告人与他人的谈话。联邦最高法院判定该案中被监听的谈话内容不属于第四修正案保护的范畴。其理由是:谈话不属于人身、住宅、文件和物品;住宅受保护,但是耳朵、眼睛不能实施“搜查”。〔13〕 因此,该理论被称为“侵入理论”(trespass doctrine)。

这一立场在凯茨案中被抛弃。该案中,被告人被指控通过电话从洛杉矶向迈阿密和波士顿传递赌博信息。法庭上,控诉方向法庭出示了警察在公用电话亭安装的录音器录制的信息,显示被告人使用该公用电话向其他人传递违法信息。被告人对这一证据提出反对,指出其违反了第四修正案。控诉方指出,被告人使用的公用电话亭是玻璃制造的透明电话亭,因此无所谓隐私权保护的问题。法庭认为:第四修正案保护的是“人民”,而不是“地方”;尽管被告人在电话亭打电话的动作能够被公众看到,但是被公众听到其打电话的内容却是被告人所不希望的;这与在朋友家里、在出租车上打电话不一样,一个人进入电话亭,将门关闭,然后开始打电话,当然可以确信无疑地认为其不希望自己的谈话内容向世界广播。因此一个人在公用电话亭打电话可以期望受到第四修正案的保护。如果对宪法作狭隘的解读,就是忽略公用电话对于私人交流的重要作用。〔14〕

---

〔13〕 *Olmstead v. United States*, 277 U.S. 438 (1928).

〔14〕 *Katz v. United States*, Certiorari to the United States Court of Appeals for the Ninth Circuit, 389 U.S. 347 (1967).

凯茨案确立的是隐私权的合理期待(reasonable expectation of privacy)标准。当一个人明知地将自己暴露于公众时,即使他是在自己家中,他也不受第四修正案的保护。但是,当一个人希望保护自己的私生活时,即使他是在公众能够进入的场所,他也是受宪法保护的。根据联邦最高法院的判决,法院在判断公民是否存在对第四修正案规定的权利的合理期待时需要考虑两个因素:一是被搜查的公民是否有自己的行为不受打扰和不被窥探的意愿;二是普通公众是否认为该公民在此种环境下的行为应当不受打扰和不被窥探。[15] 其中,前者属于主观因素,后者则通常被认为属于客观因素。

依据“隐私权的合理期待”理论,联邦最高法院对一系列问题作出了明确的规定。其中第一个问题是进入庭院或宅地(curtilage)之外无人占领或开发的开阔场地(open field)进行搜查是否侵犯第四修正案规定的权利。对此问题,联邦最高法院在 *Oliver v. United States* 一案中判定,开阔场地中不存在第四修正案保护的利益,因此侵入开阔场地的行为不会导致对第四修正案规定的权利的侵犯。[16] 另外,既然凯茨案开创了科技手段可能导致第四修正案规定的权利受到侵犯的先河,则利用强光手电筒、探照灯、飞机、直升机等手段对私人住宅、庭院、城市道路、绿地等进行搜索时,是否会侵犯第四修正案规定的权利?对此,联邦最高法院在凯茨案判决之前确立了所谓“肉眼看见规则”(visible to the naked eye),即使用手电筒或探照灯等工具,观察那些肉眼在黑暗中能够看见的事物,也不会导致对第四修正案规定的权利的侵犯。[17] 联邦最高法院在 *Dow Chemical Co. v. United States* 一案中维持了其在凯茨案判决之前确

〔15〕 *Katz v. United States*, 389 U.S. 347 (1967).
〔16〕 *Oliver v. United States*, 466 U.S. 170 (1984).
〔17〕 *United States v. Lee*, 274 U.S. 559 (1927).

立的原则：只要不是独特的感应器具，例如，可以穿墙而过和记录谈话的工具，而是使用传统的（虽然比之前更精巧的）设备，例如在商业领域普遍使用的（高精确度）照相机等，也不会导致对第四修正案规定的权利的侵犯。〔18〕另外，联邦最高法院还判定，警察对嫌犯住宅后院进行空中监视的措施，不构成对嫌犯在第四修正案中的权利的侵犯。〔19〕联邦最高法院还判定，利用直升机对嫌犯庭院中的温室种植的大麻进行观察的行为，也不构成“搜查”。〔20〕在 *United States v. Place* 一案中，联邦最高法院判定，利用警犬在公共场合对未打开的包裹进行嗅闻的行为不属于“搜查”。〔21〕在 *California v. Greenwood* 一案中，判定公民对其虽以袋子包裹但抛弃在庭院之外的垃圾，不存在“隐私权的合理期待”。〔22〕

与“隐私权的合理期待”相关的另一个问题是所谓“虚假朋友”的问题——如果一名政府雇员假冒犯罪嫌疑人的朋友、商业伙伴、犯罪同伙的面貌，听到了犯罪嫌疑人的谈话，然后向警局报告，则这名政府雇员的证言，在法庭上是否应当予以排除？在霍法案（*Hoffa v. United States*）中，联邦最高法院对此给予了规定。该案被告人与证人在一个旅馆中谈话，证人与被告人是熟人，同时也是政府的领薪线人。审判时被告人请求排除该谈话证据。联邦最高法院认为，该案中的旅馆虽然受第四修正案保护，但是被告人的谈话并不是因为相信该旅馆的安全性，而是错误地相信了谈话对象；因此，被告人在第四修正案中的权利并未受到侵犯。〔23〕该案在凯茨案判决之前裁

---

〔18〕 *Dow Chemical Co. v. United States*, 476 U.S. 227 (1986).

〔19〕 *California v. Ciraolo*, 476 U.S. 207 (1986).

〔20〕 *Florida v. Riley*, 488 U.S. 445 (1989).

〔21〕 *United States v. Place*, 462 U.S. 696 (1983).

〔22〕 *California v. Greenwood*, 486 U.S. 35 (1988).

〔23〕 *Hoffa v. United States*, 385 U.S. 293 (1966).

判,凯茨案判决之后,霍法案确立的原则是否仍然适用?联邦最高法院在怀特案(*United States v. White*)中判决,凯茨案的判决并不影响霍法案中确立的原则。[24] 另外,在凯茨案判决之前,电话监听的行为不属于“搜查”,因此,如果一个人与自己的熟人通话被录音,并不发生第四修正案是否适用的问题。但凯茨案判决之后,一个人给其熟人打电话时被熟人录音,该录音证据的可采性,就属于第四修正案探讨的范畴。对此,联邦最高法院在怀特案中判决:电话通话的问题与虚假朋友的问题本质上并无区别,因此适用霍法案中确立的原则。[25]

(三)第四修正案规范的行为类型之扣押

根据第四修正案,合法侵犯公民人身、住宅、文件、物品的第二种行为方式是扣押。与中国刑事诉讼中使用的概念不同的是,美国法律中的扣押既包括对物和场所的扣押,也包括对人身的扣押。其中对场所的扣押通常包括对犯罪现场的控制,这在中国法律体系中被称为“勘验和检查”。对物的扣押通常不会发生理解上的困难,但是对人的扣押,在中国的法律体系中对应的是“强制措施”,其中最经常适用的是拘留和逮捕。在美国,一个人的人身何时处于被“扣押”的状态,法律规定并不是很明确。在 *Terry v. Ohio* 一案中,联邦最高法院指出:“并非所有警察与公民之间的私人接触都构成对人身的扣押。相反,只有在警察官员以肉体上的强制或者表明身份,以特定方式限制公民自由的情况下,才能认为人身已经遭到扣押。”[26] 在 *United States v. Mendenhall* 一案中,联邦最高法院判定,“只有在综合所有案发当时的情况,一个理性的人相信他不能自由地离开时”,才

---

〔24〕 *United States v. White*, 401 U. S. 745 (1971).

〔25〕 *United States v. White*, 401 U. S. 745 (1971).

〔26〕 *Terry v. Ohio*, 392 U. S. 1(1968).

能认为该人已经被扣押。[27] 根据该案判决,一个人是否受到扣押要以一个理性人的假设来判断,同时要求理性人综合当时所有情况来作出判断。在另一个案件中,联邦最高法院进一步解释,所谓"理性人"(reasonable person),就是"无辜的人";也就是说,当判断一个人是否受到扣押时,法院必须假定身处当时环境中的人是一个无须隐瞒的人,而不是一个违法者,是否可以合理地相信他可以自由地结束与警察的遭遇。[28]

二、侵犯宪法权利应具备的程序前提

(一)适当理由

侵犯第四修正案的程序方面要求,一是必须具备适当理由(probable cause),二是实行令状主义(warrant requirement)。

对于适当理由,联邦最高法院最早在1811年的*Munns v. De Nemours*一案中,将其界定为"有着合理的基础,并且有充足的情况证据支持,足以使一个谨慎的人相信某人实施了被指控的犯罪"[29]。从这一定义来看,似乎只要警察合理地相信行为人实施了犯罪行为,即可对其进行逮捕或搜查。但是,根据判例,如果警察的这种怀疑或确信仅仅是主观上的确信而没有任何客观上的证据予以支持,则无论警察的确信何等真诚,这种确信本身也不构成适当理由。[30] 另一方面,如果存在着客观上的适当理由,则即使警察并不认为自己有适当理由而实施了搜查或扣押,该搜查或扣押也不违反

---

〔27〕 *United States v. Mendenhall*, 446 U.S. 544 (1980).

〔28〕 *Florida v. Bostick*, Certiorari to the Supreme Court of Florida, 501 U.S. 429 (1991).

〔29〕 *Munns v. De Nemours*, 17 Fed. Cas. 993 (C.C.D. Pa. 1811) (No. 9926).

〔30〕 *Beck v. Ohio*, 379 U.S. 89, 97 (1964).

宪法。[31] 换句话说,是否存在适当理由,与警察的主观状态实际上是无关的,完全由中立的第三方进行独立的判断。

法官在决定是否签发逮捕令或者搜查令时主要的工作就是审查是否存在适当理由。可以成为“适当理由”的信息通常包括两种:一种是警察直接观察获得的信息,另一种则是警察通过线报获得的信息,也就是传闻。对于警察提供的信息是否构成适当理由,联邦最高法院在 *Aguilar v. Texas* 和 *Spinelli v. United States* 判例中确立了一个“双向标准”(two-pronged test),即,法官在审查警察的行为是否具备“适当理由”时应当考虑两方面的因素:一是信息的提供者是如何获得该项信息的;二是法官凭什么必须相信信息的提供者?[32] 前者侧重的是信息提供者获得信息的来源或基础,后者侧重的是信息提供者本身的可信度或可靠性。

表面上看来,这两个标准似乎是两个相互独立的要求。但是,在 *Illinois v. Gates* 一案中,联邦最高法院对这两个标准作出了新的解释,指出在判断是否具备适当理由时,应当综合各类情况作出判断,不能对两个标准孤立地审查。该案中,警察接到一封内容详尽的匿名举报信,举报 Lance 和 Gates 夫妇贩卖毒品并以此为生。警察根据该匿名举报信并结合其他情况证据,向法庭申请了逮捕令并采取了行动,截获了大量毒品和其他违禁品。但是,伊利诺伊州法院否决了所有这些实物证据的可采性,伊利诺伊州上诉法院维持了初审法院的裁决。伊利诺伊州最高法院的多数法官认为,该匿名举报信没有提供任何信息使人相信匿名举报信的作者是真诚可信的,也没有提供任何线索说明举报人如何得知 Gates 的犯罪行为,因此,该案中

〔31〕 *Florida v. Royer*, 460 U. S. 491, 507 (1983).

〔32〕 *Aguilar v. Texas*, 378 U. S. 108 (1964); *Spinelli v. United States*, 393 U. S. 410 (1969).

适当理由这一要件并没有得到满足。联邦最高法院认为,伊利诺伊州最高法院关于一封匿名举报信必须满足诚实性或可靠性以及具有知识基础两个条件的看法是正确的。但是,州最高法院认为这两个条件是两个互相分离且互相独立的条件,应当僵硬地适用于每一个具体的案件的看法,却是错误的。联邦最高法院认为,这两个条件互相联结在一起,是通过常识、实践性问题加以判断的。联邦最高法院指出,适当理由是一个实践的、非技术性的概念。它们是日常生活中的任何一个审慎的人而非法律技术专家的事实上的和实践上的考虑行为。因此,对于警察采取行动是否存在适当理由的判断应当采取总体环境分析方法。在这一分析方法之下,该案中的匿名信实际上已经满足适当理由这一要件。它包含了相当多的细节,这些细节不是很容易就获得的犯罪信息,而是包含第三方通常很难掌握的未来行为的信息。匿名信中提供了如此精确的消息,其中提到的 Gates 的行程只有可能来自 Gates 团伙的内部人员。对于匿名信的作者获得有关 Gates 犯罪的信息应当来源于 Gates 信任的人这一点来说,该匿名信已经完全足够了。〔33〕 根据该案判例,联邦最高法院实际上确立了一个"所有事情都相关,但没有哪件事情是决定性的"标准。〔34〕

(二)令状主义

侵犯第四修正案规定的权利的第二个程序方面的要求是令状主义。对此,理论上存在两种完全不同的观点。一种观点认为,第四修正案并未规定警察在进行搜查时应当事先申请令状,因为,联邦宪法只规定了令状在什么时候不应当签发,而没有说搜查一定要

〔33〕 *Illinois v. Gates*, Certiorari to the Supreme Court of Illinois, 462 U. S. 213 (1983).

〔34〕 Yale Kamisar, *Gates*, "*Probable Cause*," "*Good Faith*," *and Beyond*, 69 Iowa L. Rev. 551, 570 (1984).

有令状。[35] 另一种观点则认为,令状主义为联邦宪法所要求,因此只有在例外的情况下,才可以不必事先申请令状。[36] 联邦最高法院采取的是后一种立场,因此,申请令状成为搜查和扣押的前置程序。根据判例,警察在申请令状时应当宣誓,并在宣誓书上签字。联邦最高法院在数个场合指出,签发令状的必须是"中立的、独立的地区法官"。[37] 在1971年的一个案件中,联邦最高法院判定,负责该谋杀案件侦查的检察官签发的令状无效。[38] 1977年,联邦最高法院在一个案件中判定,法官在签发令状的程序中收取费用的做法违法。[39] 令状必须特别指明要搜查的地点、人身或要扣押的物品。对于地点,联邦最高法院曾经说过必须详细到警察只须付出合理的努力即可根据令状准确地确定和识别应当搜查的地方的程度。[40]

令状签发后应当及时执行,若延宕时间过长,将存在令状失效的可能。对于执行令状的时间,联邦刑事程序规则规定,除非有合理的理由并且在令状中适当地载明,否则不得在夜间执行令状。[41] 但是,联邦最高法院并未表态说非紧急情况下在夜间执行令状是否符合联邦宪法。对于执行令状的方式,联邦最高法院通过判例,重申普通法上的"敲门且宣告"(knock-and-announce principle)规则是第四修正案合理性条款的内在组成部分,即警察在执行搜查令时应当

〔35〕 Akhil Reed Amar, *Fourth Amendment First Principle*, 107 Harv. L. Rev. 757, 774 (1994).

〔36〕 Tracey Maclin, *When the Cure for the Fourth Amendment Is Worse than the Disease*, 68 S. Cal. L. Rev. 1(1994).

〔37〕 *Johnson v. United States*, 333 U. S. 10. 14 (1948); *United States v. Leon*, 468 U. S. 897, 914 (1984).

〔38〕 *Coolidge v. New Hampshire*, 403 U. S. 443 (1971).

〔39〕 *Connally v. Georgia*, 429 U. S. 245 (1977).

〔40〕 *Steele v. United States*, 267 U. S. 498, 503 (1925).

〔41〕 Fed. R. Crim. P. 41 (c) (1).

首先敲门并表明身份,而不能直接破门而入。[42] 但是,“敲门且宣告”规则也有例外,并且判断是否属于例外是采逐案审查的方式,也就是说法院会在每一个具体的案件中决定警察不遵守该规则是否有适当的理由,而不是由执法机关类型化地规定在某一类案件中可以不遵守该规则。例如,威斯康星州最高法院就判决,没有敲门在重罪毒品案件中也是允许的;联邦最高法院对此给予否定。[43] 另外,令状描述的物品一旦获得,搜查即应停止,而不能无限制地持续。[44]

(三)令状主义的例外

值得注意的是,令状主义存在着诸多例外。这里仅择要介绍其中的三项例外。第一项例外是逮捕附带的搜查(searches incident to lawful arrests)。根据这项例外规则,当警察对一个人实施逮捕时,对被捕者的人身、被捕者能够直接控制的领域,以及当逮捕在被捕者家中实施时,对被捕者家中的卫生间等有可能对警察进行袭击的地方,均可实施无证搜查。[45] 联邦最高法院解释说,当警察实施逮捕时,往往容易遭受被捕者的袭击,也容易使被捕者毁灭证据,因此对其人身及其能够直接控制的区域进行搜查是必要的[46];另外,当逮捕发生在被捕者家中时,被捕者的同谋、亲属、朋友等均有可能对警察进行袭击。[47] 第二项例外是经同意的搜查。无论是否有适当理由,经同意的搜查所获得的证据均具有可采性。联邦最高法院曾经一度认为,经过同意的搜查这项例外规则的理论基础是权利的放弃

---

〔42〕 *Wilson v. Arkansas*, 1995, 514 U.S. 927 (1975).

〔43〕 *Richard v. Wisconsin*, 520 U.S. 385, 394 (1997).

〔44〕 *Horton v. California*, 496 U.S. 128, 141 (1990).

〔45〕 *Chimel v. California*, 395 U.S. 752 (1969); *Maryland v. Buie*, 494 U.S. 325 (1990).

〔46〕 *Chimel v. California*, 395 U.S. 752 (1969).

〔47〕 *Maryland v. Buie*, 494 U.S. 325 (1990).

(waiver),也就是被搜查人放弃了不受不合理搜查的权利。[48] 但是这一理论显然与之后的很多判例并不一致。例如,如果该项例外的理论基础是放弃权利,则被搜查人知道其有权拒绝合作就应当是题中之义。但是根据判例,法律并不要求被搜查人知道其有拒绝同意的自由。[49] 另外,放弃权利理论与第三方同意的法理也相冲突。联邦最高法院曾经判定,第三人所作出的同意,效力及于被搜查人。例如,假设张三和李四同租一室,在张三外出时李四同意警察无证搜查其房屋获得的证据在针对张三的指控中具有可采性。[50] 因此,也有论者提出,“同意搜查者实际上对于被搜查对象已经没有隐私权的期待”[51]。根据这一原理,实际上并不存在所谓“搜查”。如今,联邦最高法院已经倾向于认为,一项搜查只要经过同意,即为“合理的”(reasonable)搜查,也就是已经满足了第四修正案设定的约束条件。[52] 第三项例外是常规的财产清单登记检查。根据这一例外规则,警察在对某个车辆或场所的财产进行清理登记(无证搜查)的过程中,发现的犯罪证据不必排除。在 *South Dakota v. Opperman* 一案中,警察将一辆违法停放的轿车拖到警察局的停车场。在那里,警察按照标准程序,将车门上锁,并对车内值钱的物品进行登记,然后将这些物品转移以便存储。在这个过程中,警察发现了犯罪证据。联邦最高法院判定:即便没有适当理由,警察在对合法扣押的车辆进行物品登记检查的过程中,发现的犯罪证据也具有可采性。[53] 根据该案判决,警察在进行财产登记检查时,即便没有任何根据,发现的犯

---

〔48〕 *Johnson v. United States*, 333 U. S. 10, 13 (1948).
〔49〕 *Schneckloth v. Bustamonte*, 412 U.S. 218 (1973).
〔50〕 *United States v. Matlock*, 415 U.S. 164 (1974).
〔51〕 *Illinois v. Rodriguez*, 497 U.S. 177 (1990)(反对意见)。
〔52〕 *Illinois v. Rodriguez*, 497 U.S. 177 (1990)(多数意见)。
〔53〕 *South Dakota v. Opperman*, 428 U.S. 364 (1976).

罪证据也具有可采性。联邦最高法院给出的解释是,警察的这种常规财产登记检查并非犯罪侦查行为,而是行政管理行为;第四修正案规定的适当理由,乃是为侦查犯罪设置的标准,并不适用于行政管理程序。[54]

以上例外都是针对搜查行为设置的例外。对于扣押而言,值得一提的是"一览无余法则"。根据该法则,警察在进行合法搜查或逮捕或者进行其他合法检视等过程中,对于不期然落入警察视线范围内的物品,可以进行无证扣押。联邦最高法院在 *Coolidge v. New Hampshire*[55] 一案中确立了该项例外。联邦最高法院解释说,联邦宪法之所以要求以经过司法审查的令状为依据实施搜查和扣押,是为了防止警察进行探测性的或者一般性的没有适当理由的搜查;但是,当警察依合理的根据进行搜查或检视行为时,如果对明显的犯罪证据视而不见,就有可能使打击犯罪这一社会利益受到不应有的损害;尽管允许警察在此种情况下进行无证扣押也可能导致公民权利受损,但是这种危险与其可得的利益比较起来,几乎是可以忽略不计的,因此,警察在合法履行职务时对不期然进入其视线且可以合法接近的物品有权在没有令状的情况下予以扣押。[56]

为了防止"一览无余法则"遭到滥用,联邦最高法院同时为该规则的适用施加了诸多限制:首先,警察对于扣押物的观察应当是在合法履行职务时所为的观察。通常,警察在下列四种情况下所为的观察都被视为合法的观察:(1)在执行一个搜查令状过程中所为的观察;(2)在进行合法的无证搜查时所为的观察;(3)在嫌疑人家中执

---

[54] *South Dakota v. Opperman*, 428 U.S. 364 (1976).

[55] *Coolidge v. New Hampshire*, 403 U.S. 443 (1971). 美国联邦最高法院在另一个判例中解释说,该案确立的例外并非有关搜查的令状主义的例外,而是有关物品扣押的令状主义的例外。See *Horton v. California*, 496 U.S. 128 (1990), pp. 133-134。

[56] *Coolidge v. New Hampshire*, 403 U.S. 443 (1971).

行逮捕时对进入其视线范围之物所为的观察;(4)在进行第四修正案规范的搜查以外的职务行为时对进入其视线范围之物的观察。最后一种情形因不构成第四修正案规范的“搜查”,自然无须申请令状。根据上述规则,警察在非法搜查或非法逮捕时对不期然进入其视线的物品无权进行无证扣押。[57] 其次,警察对于扣押物应当拥有合法的接近权(right of access to the object)。例如,警察在大街上巡逻时发现一户人家的阳台上有盆栽的大麻,此时警察对大麻的观察属于合法的观察,但是警察不得在没有令状的情况下直接进入该公民家中对大麻予以扣押。联邦最高法院解释说,在此情况下,警察一览无余发现的盆栽大麻只能构成警察申请搜查令的适当理由,而不构成警察可以无视令状主义直接进行扣押的基础。[58] 最后,对于扣押之物,应当有适当理由相信该物属于犯罪的证据。对此,联邦最高法院的说法是:扣押的权力应当是“直接而明显的”(immediately apparant)。所谓“直接而明显的”,就是说警察应当有适当理由对于一览无余范围内的物品予以扣押。[59] 换句话说,一览无余法则并不意味着警察有权对所有一览无余范围内的物品予以扣押。实施扣押还必须满足“直接而明显的”这一要件。这实际上相当于另一个“适当理由”要求。或者说,搜查应当是有适当理由的,搜查时对于一览无余之事物的扣押,不能因为搜查有了适当理由就都有了适当理由,扣押是否有适当理由,还应当结合当时情况进行综合判断。

三、以第四修正案为中心发展的非法证据排除规则

尽管美国联邦宪法第四修正案规定了公民的基本权利受联邦宪

---

〔57〕 *Horton v. California*, 496 U.S. 128 (1990).

〔58〕 *Coolidge v. New Hampshire*, 403 U.S. 443 (1971).

〔59〕 *Arizona v. Hicks*, 480 U.S. 321 (1987); *Texas v. Brown*, 460 U.S. 730 (1983).

法保护,但是联邦宪法本身并没有规定,当这些宪法权利受到侵犯之后应当怎么办。对此问题,普通法上的传统一直是:“无论你如何取得证据,哪怕是偷来的,也与证据的可采性无关。”但随着时间的推移,联邦最高法院总结说,非法证据排除规则应当是公民宪法权利受到侵犯的首选救济途径。但是,对于这一论断,理论上一直存在争议。可见,非法证据排除规则的历史充满了矛盾,其理论基础也不断修正。本部分通过具体判例的分析探索非法证据排除规则发展的历史脉络,检讨非法证据排除规则的理论基础,展示非法证据排除规则的全景图像。

(一)博伊德诉美国案:第四修正案排除规则的前奏

在历史上,第一个以第四修正案为基础排除非法证据的案例是博伊德诉美国案。该案被告人被强迫交出有关运输物品的文件发票。被告人按照法院的命令交出了发票;但在法庭审判时,被告人反对将该发票用作反对他的证据,理由是该证据违反了反对强迫自证其罪原则。联邦最高法院判定:通过强制搜查获得的文件材料用于证明被告人有罪的行为违反了第四修正案。[60] 这是第一个依据第四修正案排除非法证据的判例,但是其所依据的理论基础却是第五修正案。因为,该案法院排除证据的理由是,扣押一个人的私人文件和书籍并用作反对他的证据和强迫自证其罪本质上没有区别。另外,在这个案件中联邦最高法院并没有要求法院排除所有违反第四修正案而取得的证据。相反,在 1904 年的亚当斯诉纽约案中,联邦最高法院再次宣布遵循普通法的原则,即法院在刑事诉讼中不审查取得证据的方式。[61]

---

〔60〕 *Boyd v. United States*, 116 U.S. 616, 6 S. Ct. 524, 29 L. Ed. 746 (1886).

〔61〕 *Adams v. New York*, 192 U.S. 585 (1904).

(二)威克斯诉美国案:第四修正案排除规则第一案

真正以第四修正案为基础确立非法证据排除规则的案件是1914年的威克斯诉美国案。该案被告人受雇于一个快递公司,警察在没有逮捕令的情况下对被告人实施了逮捕;之后,警察在被告人邻居的帮助下打开了被告人的家门,在没有搜查令的情况下对被告人家中实施了搜查,扣押了一些文件和物品。审判中,被告人申请排除这些文件和物品证据,因为无证搜查违反了第四修正案。但审判法院容许采纳这些证据。联邦最高法院判定,在联邦法院的审判程序中,第四修正案禁止运用联邦执法官员通过违反联邦宪法的方式获得的证据;因为,如果没有这一规则,第四修正案就将降格为纯粹的“纸上谈兵”。[62] 但是,在判决威克斯诉美国一案时,联邦最高法院还没有判定对第四修正案的保护也可以通过第十四修正案适用于各州。实际上,在很长一段时期内,《权利法案》都被认为是用来约束联邦政府而不是州政府的。因此,直至20世纪30年代末期,联邦最高法院都拒绝将《权利法案》的内容适用于各州。因此,法院在威克斯诉美国一案中实际上没有理由考虑排除规则是否适用于各州的刑事审判。

(三)沃尔夫诉科罗拉多州案:银盘理论的肇始

终于,在1949年,在沃尔夫诉科罗拉多州一案中,美国联邦最高法院就这个问题作出了裁决。以大法官菲列克斯·弗兰克福特为首的联邦最高法院宣称:1914年威克斯诉美国案确立的原则并非联邦宪法所要求,该案判决只不过是一个司法的决定,并无立法政策上的支撑;考虑到大多数英语国家都不将排除非法证据当作基本权利受到侵犯的救济途径,联邦最高法院有理由认为这样的救济并非第

---

〔62〕 *Weeks v. United States*, 232 U. S. 383, 34 S. Ct. 341, 58 L. Ed. 652 (1914).

四修正案规定的权利的内在组成部分。[63] 大法官弗兰克福特指出，在英国以及英联邦国家的所有司法管辖区，没有任何曾经考虑过这一问题的法院曾经将通过非法搜查与扣押获得的证据予以排除；而且，美国的大多数州都被允许保留它们自己的制度，而它们也都拒绝了威克斯诉美国案中的原则。[64] 因此，尽管联邦最高法院并未放弃其在威克斯诉美国案中所持的主张，但是它却拒绝将排除规则延伸至州法院。联邦最高法院推论说，各州法院不必被迫从其审判程序中排除"逻辑上相关的证据"，即使该证据是通过不符合联邦宪法的不合理搜查和扣押获得的。

(四)罗金诉加利福尼亚州案：可贵的进步

美国联邦最高法院很快就在罗金诉加利福尼亚州一案中改变了立场。在该案中，警察在没有搜查令并且也没有适当理由的情况下，在夜间进入被告人罗金的房间，强制性地打开了被告人家中的第二道门，进入其卧室，并看到被告人和他的妻子躺在床上。当被告人吞下几粒胶囊时，三名警察跳起来扑向他并试图从他嘴里夺出胶囊，但是没有成功。于是，他们将罗金铐起来，带到医院，命令内科医生通过试管将催吐剂灌入罗金的胃部，以迫使其吐出胶囊。在这样的措施下，他吐出了胶囊，胶囊中含有吗啡。罗金被起诉犯有非法持有吗啡罪。以弗兰克福特（即沃尔夫诉科罗拉多州案的法官）为首的联邦最高法院判定，警察在该案中的行为——明确地说，就是"非法地闯入上诉人的隐私区域，奋力打开他的嘴并且取走其中的东西，并以武力将其胃内容物取出的行为"——"是令人良心上感到震惊的"。联邦最高法院指出，对于警察的行为，"即便铁石心肠的人也会感到不安"，同时也"因

〔63〕 *Wolf v. Colorado*, 338 U.S. 25, 69 S. Ct 1359, 93 L. Ed. 1782 (1949).

〔64〕 *Wolf v. Colorado*, 338 U.S. 25, 69 S. Ct 1359, 93 L. Ed. 1782 (1949).

与拷问和压榨如此接近以至不能容忍”；“如果允许在法律的名义下实施暴行，将没有什么事情还能比这更使法律的价值打折，并野蛮整个社会的脾性”。[65] 因此，联邦最高法院判定，美国联邦宪法第十四修正案的正当程序条款禁止在法庭上运用此类证据，即使该证据具有可靠性也不行。但在接下来的案件中，法院对罗金一案判决的解释却表明，州法院适用第四修正案排除规则的前提，似乎是警察行为必须包含“强迫、暴力乃至粗暴对待被告人”的情形[66]；并且这种强迫、暴力或者粗暴对待应当达到“使良心受惊”的程度。[67] 因此，真正将第四修正案排除规则普遍适用于各州的，还是马普诉俄亥俄州一案。

（五）马普诉俄亥俄州案：全面胜利

在马普诉俄亥俄州一案中，警察声称他们正在进行一项有关爆炸案的调查，并试图进入被告人马普的房间，以寻找并讯问他们认为藏在那儿的犯罪嫌疑人。当警察要求进入房间时，马普打电话通知了她的律师，并且在律师的建议下，拒绝警察对她的房间进行无证搜查。在对该房间监视——该监视显然也没有获得令状的准许——3 个小时之后，警官们又回到了该房前。马普没有立即打开房门，所以他们以强制性手段进入了房间，并在进入的过程中破坏了房门。进入房间之后，警官们出示了一张纸，声称那就是搜查令。马普将其抓在手中并藏起来。警察费力地从她衣服上搜走了“搜查令”之后，将她的双手绑了起来。

---

[65] *Rochin v. California*, 342 U.S. 165 (1952).

[66] *Irvine v. California*, 347 U.S. 128 (1954). 该案中，美国联邦最高法院判定，控方在法庭审判中出示警察通过违法进入被告人的住宅安装并移动隐藏的麦克风获得的被告人陈述这一证据，应当是允许的；罗金诉加利福尼亚州案的原则不被适用，是因为其包含了“强迫、暴力乃至粗暴对待被告人”的情形，而该案则不包含这一情形。

[67] *Breithaupt v. Abram*, 352 U.S. 432 (1957). 该案警察在被告人 D 尚未清醒的时候，从 D 身上取走了血样。由于该血样是在医院中由医师以非暴力的手段取走的，所以联邦最高法院推论说“我们在罗金一案中所阐述的那种正义的情感”并未受到违反。因此，该案对罗金判例的解释是“良心受惊”标准。

之后，马普被强制性地带到她在楼上的卧室中，在这里，警察搜查了她的物品。之后，在其他地方，包括她的婴儿的卧室、客厅、厨房，以及地下室，彻底地搜查了一遍。搜查没有发现与爆炸有关的任何犯罪嫌疑人或证据，但是却发现并扣押了一些“淫秽物品”。马普因持有这些物品而被定罪。该案判定，第四修正案排除规则在州法院的刑事审判中完全适用。不仅如此，该案还判定，排除规则是起源于联邦宪法的。因为，若非如此，就等于赋予公民不受不合理搜查与扣押的权利，而实际上却拒绝将其作为一项特权来对待。〔68〕

四、非法证据排除规则的理论基础

以上是非法证据排除规则的发展过程简介。在此过程中，美国联邦最高法院一共提供了五个方面的理论来支撑规则的创立：(1)美国联邦宪法第五修正案反对自我归罪的特免权要求排除非法证据；(2)对非法证据的容许将导致对公民隐私权的持续侵犯；(3)有权利必有救济的原理要求排除非法证据；(4)司法的纯洁性要求排除非法证据；(5)非法证据排除规则有助于震慑将来的违法取证行为。〔69〕

第一个理论在博伊德诉美国一案中得到阐述。该案中联邦最高法院排除通过非法搜查获得的文件的理由就是，通过强制手段获得的证据如被用来证明被告人有罪，那和强迫被告人自证其罪没有什么区别。〔70〕该理论虽然在联邦最高法院随后的判例中较少被探讨，但是最终还是在 1976 年的 *Andresen v. Maryland* 一案中被抛弃：该案法院解释说，第五修正案反对强迫自证其罪的特免权反对的是强迫公民自己提出文件，但并不反对政府通过搜查与扣押获得

---

〔68〕 *Mapp v. Ohio*, Appeal from the Supreme Court of Ohio, 367 U. S. 643(1961).

〔69〕 Jerold H. Israel, Wayne R. LaFave, *Criminal Procedure*, Fifth Edition, West Group, p. 266.

〔70〕 *Boyd v. United States*, 116 U.S. 616, 6 S. Ct. 524, 29 L. Ed. 746 (1886).

文件。〔71〕

排除非法证据的第二个理论是容许非法证据将导致对公民隐私权的持续侵犯,从而扩大了警察违法行为的损害后果。联邦最高法院在 1914 年威克斯诉美国一案判决中的措辞就包含了这样的意味。根据该案判决,容许非法搜查获得的证据,就如同在第五修正案规则之下容许通过强制手段获得的供述一样,都是原先的违法行为的持续。〔72〕 但是联邦最高法院在 1974 年的一个案件中又明确抛弃了这一理论,并解释说第四修正案的排除规则并非当事人的一项权利,而是为当事人提供的一种救济。〔73〕 即排除非法证据的第三个理论。事实上,救济理论在很长一段时期内获得赞同。这一理论认为,非法证据排除规则是对第四修正案规定的权利的必要救济。大法官霍姆斯在 1920 年的一个案件中明确地说:禁止以某种特定行为获得证据的内在要求,就是将该证据予以排除。〔74〕 换句话说,排除证据的目的是对非法手段造成的后果进行恢复。但这一理论也在 1949 年的沃尔夫诉科罗拉多州一案中被抛弃。该案法院认为,排除非法证据并不能够达到对权利受侵害者的救济,即便排除非法证据,受侵犯的隐私权也难以恢复(restore)。〔75〕

排除非法证据的第四个理论是司法纯洁性理论。1914 年的威克斯诉美国案判决首次提出了这一理论。该理论认为,容许非法证据就是对警察违宪行为的肯定,排除非法证据则是避免对警察违宪行为加以肯定,它可以避免使法院成为警察恶意违反宪法的同谋和

---

〔71〕 *Andresen v. Maryland*, 427 U. S. 463, 96 S. Ct. 2737, 49 L. Ed. 2d 627 (1976).

〔72〕 *Weeks v. United States*, 232 U. S. 383, 34 S. Ct. 341, 58 L. Ed. 652 (1914).

〔73〕 *United States v. Calandra*, 414 U. S. 338, 94 S. Ct. 613, 38 L. Ed. 2d 561, 66 O. O. 2d 320 (1974).

〔74〕 *Silverthorne Lumber Co. v. United States*, 251 U. S. 385 (1920).

〔75〕 *Wolf v. Colorado*, 338 U. S. 25, 69 S. Ct 1359, 93 L. Ed. 1782 (1949).

帮凶。[76] 1961 年的马普诉俄亥俄州案将司法纯洁性作为其判决的首要依据。[77] 但是,联邦最高法院在 1976 年的 *Stone v. Powell* 一案中指出,该理论与非法证据排除规则的适用领域并不吻合,因为,非法证据排除规则在大陪审团听证程序中、用于弹劾证言可信度时均具有可采性;如果排除非法证据的目的是保证司法的纯洁性,那么在这些场合非法证据也应当予以排除。[78] 可见,司法纯洁性理论在有些场合并不具有说服力。

迄今仍占主流地位的理论是震慑理论。在沃尔夫诉科罗拉多州一案中,联邦最高法院首次将震慑作为非法证据排除规则的理论基础。[79] 该理论在后来的判例中得到不断强化。1960 年,在 *Elkins v. United States* 一案中,联邦最高法院明确指出"排除规则的目的就是震慑——它是通过根除藐视联邦宪法动机的方法强制警察对联邦宪法提供的权利保障予以尊重的唯一可行之路"[80]。在马普诉俄亥俄州一案中,联邦最高法院否定了其在沃尔夫诉科罗拉多州案中判定的对违宪行为存在着非法证据排除规则之外的有效的救济途径的结论,但是继承了其关于非法证据排除规则的目的是震慑的理论。[81] 但是马普诉俄亥俄州案也同时提到了司法纯洁性理论,不过很快就被抛弃。在 1976 年,联邦最高法院再次重申,非法证据排除规则的首要——如果不是唯一——的目的,乃是震慑警察的不法行为。[82]

理解非法证据排除规则的理论基础对于理解非法证据排除规则本身是一个相当有效的帮助。因为,联邦最高法院在后来的一系列

---

〔76〕 *Weeks v. United States*, 232 U.S. 383, 34 S. Ct. 341, 58 L. Ed. 652 (1914).

〔77〕 *Mapp v. Ohio*, Appeal from the Supreme Court of Ohio, 367 U. S. 643(1961).

〔78〕 *Stone v. Powell*, 428 U.S. 465, 96 S. Ct. 3037, 49 L. Ed. 2d 1067(1976).

〔79〕 *Wolf v. Colorado*, 338 U.S. 25, 69 S. Ct 1359, 93 L. Ed. 1782 (1949).

〔80〕 *Elkins v. United States*, 364 U.S. 206, 80. Ct. 1437, 4 L. Ed. 2d 1669 (1960).

〔81〕 *Mapp v. Ohio*, Appeal from the Supreme Court of Ohio, 367 U. S. 643(1961).

〔82〕 *United States v. Janis*, 428 U.S. 433 (1976).

案件中都将根据其理论基础决定在某些特定案件中非法证据排除规则是否适用。例如,根据震慑理论,如果排除非法证据不足以吓阻违反联邦宪法的行为,排除规则就将不会适用;同样地,如果将非法证据排除规则延伸至其他领域,虽然该延伸适用也可以起到一定的震慑效果,但若效果不显著,则将会在排除非法证据带来的震慑效果和排除该证据付出的成本之间进行衡量。[83]

五、非法证据排除规则的适用范围

(一)实体范围:毒树之果原理

最简单的非法证据排除规则就是通过违反宪法的手段直接获得的非法证据应当予以排除。但是,对于间接渊源于非法手段的证据是否也要予以排除?例如,警察张三纯粹因怀疑被告人李四与一桩谋杀案有关而非法搜查了被告人的房间。搜查过程中,警察扣押了一本日记,该日记提到该谋杀案中的证人王五,王五后来同意在针对被告人李四的审判中出庭作证。根据通常的非法证据排除规则原理,在对李四的审判中,该日记当然不具有可采性,因为它是该项非法搜查的直接结果。不过,王五的证言是否具有可采性呢?换句话说,依据非法手段获得的"第二手的"或者说"派生性的"证据,是否也应当予以排除呢?对此问题,美国联邦最高法院在 *Silverthorne Lumber Co. v. United States* 一案中指出,无论是直接渊源于非法手段获得的证据,还是间接渊源于非法手段获得的证据,都应当予以排除。[84] 根据美国学者的论述,对于通过非法手段间接获得的证据,需要审查该证据是否受违宪手段所"污染"(in these situations, it is necessary to determine whether the derivative evidence is "tainted" by

---

〔83〕 Jerold H. Israel, Wayne R. LaFave, *Criminal Procedure*, Fifth Edition, West Group, p. 273.

〔84〕 *Silverthorne Lumber Co. v. United States*, 251 U. S. 385 (1920).

the prior constituional or other violation)。[85] 用法兰克福特法官的说法,就是要看看这个证据是不是“毒树之果”(the fruit of the poisonous tree)。[86] 法兰克福特的意思是,用非法手段直接收集到的证据属于毒树之果是毫无疑问的,而通过非法手段间接获得的证据是否属于毒树之果则应视其与非法手段联系的紧密程度而定。因此,非法手段就是“毒树”,而所有直接或间接渊源于非法手段获得的证据都属于毒树之果。这一理解得到多数法学家的认同。[87] 因此毒树之果的真实含义是说,只要是渊源于违法取证行为的证据,都属于毒树之果。但随着时间的推移,对于那些与“毒树”联系比较弱的证据,联邦最高法院又通过判例使其作为毒树之果的例外而被采纳。[88]

(二)毒树之果原理的例外

毒树之果的第一项例外,是独立来源原理。在任何毒树之果的主张中必须跨越的门槛就是:“被要求排除的证据是否在某种意义上属于政府的非法行为产生的结果。”相应地,与政府的非法行为不存

---

〔85〕 Yale Kamisar, Wayne R. LaFave, Jerold H. Israel and Nancy J. King, *Modern Criminal Procedure: Cases-Comments-Questions*, Eleventh Edition, Thomson/West, 2005, p. 906.

〔86〕 *Nardone v. United States*, 302 U.S. 379, 58 S. Ct. 275, 82 L. Ed. 314 (1937).

〔87〕 “The exclusionary rule was applicable to all evidence ‘tanied’ by the unconstitutional search, and that taint extended to evidence subsequently obtained through the use of information acquired during thast search. This Silverthorne requirement of exclusion of ‘secondly’ or ‘derivative’ evidence later came to be described as the ‘fruit of the poisonous tree’ doctrine.” Jerold H. Israel and Wayne R. LaFave, *Criminal Procedure*, Fifth Edition, West Group, p. 286.

〔88〕 毒树之果原理适用于宪法性规定,而不仅限于美国联邦宪法第四修正案。这就是说,同时还存在第五修正案和第六修正案的毒树之果。另外,很显然,不存在米兰达规则方面的毒树之果。因此,识别毒树的性质是十分重要的。例如,假定D在不存在适当理由的情况下被逮捕,并被告知她根据米兰达规则享有的权利,她自愿地放弃了那些权利,并作出了供述。根据第五修正案或者第六修正案,该供述并非不具有可采性;然而,该项供述可能会依据第四修正案作为第四修正案的毒树(非法逮捕)之果而不具有可采性。See Joshua Dressler, *Understanding Criminal Procedure*, Third Edition, LexisNexis, 2002, p. 413。

在因果关系的证据则因其具有“独立来源”而具有可采性。事实上,这样的证据属于无“毒”之“树”的果实。[89] 独立来源原理最简单适用的场合,就是受到挑战的证据乃是在合法的警察行为中第一次就被发现且在后来的不合法搜查中受到玷污。例如,警察在第一次搜查中合法地扣押了李四的日记,根据日记找到了证人王五。警察与王五联系,王五同意在法庭上作证指控李四。后来,警察又再次搜查了李四的房间,不过这次是非法搜查。在第二次搜查过程中,警察在另一份文件中也发现了王五的姓名。根据独立来源原理,李四将不能成功地以毒树之果为由挑战王五在法庭上提供的证言,因为警察在原先的第一次合法的搜查中已经知悉了该证人的姓名。

根据判例,独立来源原理同样适用于在起初的搜查中不合法,但后来在一个独立于第一次非法行为的合法搜查的情形中获得的证据。美国联邦最高法院在 *Murray v. United States* 一案中确立了这一例外。在该案中,警察在缺乏搜查令状的情况下不合联邦宪法地进入一个批发市场,并检查了那些他们怀疑装有大麻的货物。警察没有扣押那些货物就离开了现场,但同时展开了对该区域的监控。与此同时,另外一些警察获得了一个建立在未受玷污的宣誓证人陈述——该陈述只包含警察在进入该建筑之前合法地收集到的信息——的基础上对该建筑进行搜查的令状。于是,警察们根据该令状扣押了这些货物。联邦最高法院判定,该案中的令状可能会构成独立来源,因为它有适当理由加以支持,同时该项适当理由又有经宣誓的陈述作为基础,而该宣誓陈述并不包含任何警察在第一次非法进入时所获得的信息。在这样的情况下,该项被扣押的证据就是第二次——合法的——持证搜查的结果,而不是第一次——非法的——无证搜查的结果。[90] 联邦最高法

〔89〕 *Nix v. Williams*, 467 U.S. 431, 443 (1984).

〔90〕 *Murray v. United States*, 487 U.S. 533 (1988).

院同时指出：如果警察之所以决定申请令状乃是直接源于他们在第一次非法搜查过程中看到的情况，则第二次的搜查获得的证据也属于有毒的果实。换句话说，如果不是因为进行了非法搜查，警察将不会申请令状，则第二次搜查就是非法行为的毒果。在这种情况下，该令状就是非法进入的毒果，因为正是该非法搜查刺激了警察去申请令状。〔91〕

毒树之果的第二项例外，是“最终必然发现”（或者“假想的独立来源”）的例外。联邦最高法院在 *Nix v. Williams* 一案中确立了该项例外。该案判定，如果检察官以优势证据证明，受到挑战的证据“最终或者必然被合法的方法所发现”，则与该早先非法的行为相关联的证据仍然具有可采性。在该案中，警察的行为侵犯了被告人在美国联邦宪法第六修正案中享有的获得律师帮助的权利，警察故意诱导被告人提供自证其罪的信息，并诱使他引导他们（警察）找到了被谋杀者的尸体。就在被告人同意向警察指示尸体可能被发现的地点的同时，一个搜索队正在离尸体附近几公里的地方进行搜索；不过，在被告人同意合作之后，该搜索被暂时取消。多数意见认为，尽管该案中警察的行为违反了第六修正案，与被害人尸体有关的证据仍然是可采的，其依据就是必然发现原理。审判法院认定，即使警察不侵犯被告人依据第六修正案享有的获得律师帮助的权利，该被害人的尸体也会“在很短的时间内”“在实质上相同的情况下”被发现。结论就是，不能将控诉方置于一个比违法行为没有发生时更为不利的地位，并以警察的违法行为来惩罚社会。〔92〕

毒树之果原则的第三个例外，是联系被稀释原理。在 *Nardone v. United States* 一案中，联邦最高法院判定，如果非法行为与受到挑战的证据之间的联系“已经受到稀释以至于驱散了其污点”，则通过警

---

〔91〕 *Murray v. United States*, 487 U.S. 533 (1988).

〔92〕 *Nix v. Williams*, 467 U.S. 431 (1984).

察的非法行为获得的证据仍然具有可采性。[93] 在 *Wong Sun v. United States* 一案中,联邦最高法院就联系被稀释这一原理作了更多的解释。该案涉及两个受污染的证据。第一份证据是警察在实施非法逮捕之后立刻在被告人的卧室中获得了他的口供。法院排除了该项证据,因为它与非法闯入之间有着直接的派生关系。第二份证据是被告人被非法逮捕后又从监狱中获得释放,之后他又自愿地回到警察局并签署了一份书面的供词。法院认定,被告人行为的自愿性——回到警察局并回答向他提出的问题——使得其所作的陈述足以去掉污点从而具有可采性。[94]

根据 *Wong Sun v. United States* 一案判决,原先的违法行为与被发现的受到挑战的证据之间间隔的时间越短,法院越有可能认定该证据受到了玷污。原先的非法行为与受到挑战的被扣押证据之间打断的因素越多,该证据被容许进入法庭的可能性就越大。随着一个事件的因果链条的加长,警察"预见其违法行为发现的证据会被排除"的可能性就越小。因此,排除规则吓阻效果的价值也就会降低。例如,一个出于自由意志的中断行为经常会消除早先的违法行为所造成的污点。因此,并不存在决断派生性证据是否受到原先的违法行为玷污的亮线规则;每一个案件都必须依据它自身的事实来作出决断,而且没有哪一个单个的事实是决定性的。换句话说,稀释的例外无非就是要表达这样的观念:在一些特定的情形下,警察的非法行为与其所造成的有害后果之间的联系已经变得如此淡薄,以至于排除规则的吓阻效果已经不足以抵消其付出的成本。[95]

---

〔93〕 *Nardone v. United States*, 302 U.S. 379, 58 S.Ct. 275, 82 L. Ed. 314 (1937).

〔94〕 *Wong Sun v. United States*, 371 U.S. 471 (1963).

〔95〕 *United States v. Leon*, 468 U.S. 897, 911 (1984).

六、非法证据排除规则适用的限制

一方面,美国联邦最高法院认为非法证据排除规则有助于震慑警察的非法行为,另一方面,排除非法证据又将使更多的有罪者逃脱惩罚。因此,联邦最高法院通过一系列判例,对非法证据排除规则的适用进行了限制。这些限制包括以下三个方面:一是从规则适用的程序领域方面进行限制,二是从有权主张排除非法证据的主体资格方面进行限制,三是从区分警察主观上的善意与恶意方面对规则的适用进行限制。兹分述如下。

(一)程序范围的限制

对非法证据排除规则适用的第一个限制体现为非法证据排除规则适用的程序范围。首先,在刑事诉讼中,非法证据排除规则仅适用于审判程序。在审前听证(preliminary hearing)程序中,在保释听证(bail proceeding)程序中,在量刑程序中,非法证据排除规则均不适用。〔96〕 在大陪审团听证程序中,非法证据排除规则也不适用。例如,在 *Costello v. United States* 一案中,联邦最高法院判定,如果大陪审团告发书考虑了以违反联邦宪法方式取得的证据,被告人不得提出抗辩。〔97〕 联邦最高法院在 1966 年的一个案件中解释说,被告人有足够的机会在审判中对以违反联邦宪法的方式取得的证据提出抗辩。〔98〕 在审判程序中,如果通过非法手段获得的证据是用来弹劾证人证言的可信度,该证据不被排除。例如,在 1954 年的一个案件中,被告人被指控购买并持有海洛因。被告人在直接询问中声称,他

---

〔96〕 *Giordenello v. Calandra*, 414 U.S. 338 (1974); 18 U.S. C.A. § 3142(f.); *United States v. McCrory*, 930 F. 2d 63 (D.C. Cir. 1991).

〔97〕 *Costello v. United States*, 350 U.S. 359, 100 L. Ed. 2d 397, 76 S. Ct. 406 (1956).

〔98〕 *United States v. Blue*, 384 U.S. 251, 86 S.Ct. 1416, 16 L.Ed. 2d 510 (1966).

一生中,从来没有在任何时候购买、出售或经手过毒品。为反驳这一证言,控方出示了两年前在被告人家中搜出的海洛因胶囊。辩方声请排除该证据,因为该证据在先前的指控中就已经被排除。但是,审判法庭容许了该证据,并指示陪审团只有在考虑被告人可信度的问题时才考虑该证据。联邦最高法院肯定了审判法院的做法。[99] 另外,在申请对法院定罪予以推翻的联邦人身保护令程序中,非法证据排除规则也不适用。[100] 其次,非法证据排除规则不适用于民事诉讼程序。例如,联邦最高法院在 1976 年的一个案件中判定,在一个与被告人的刑事犯罪无关的民事诉讼中,没有必要排除非法搜查获得的证据。[101] 在 1965 年的一个案件中,联邦最高法院曾判定,非法证据排除规则适用于没收被告人财产的交通执法案件,但联邦最高法院强调此类程序之所以适用非法证据排除规则,是因为该程序具有准刑事程序的特征(quasi-criminal in character)。[102] 最后,非法证据排除规则还不适用于行政程序。在 1984 年的一个案件中,联邦最高法院判定,非法证据排除规则不适用于有关逮捕非法移民的程序,其理由是:第一,在这样的程序中,利用非法证据排除规则来震慑警察的行为的必要性大大降低;第二,非法证据排除规则在此类案件中的震慑效果也大大减弱。[103]

(二)主张资格的限制

对非法证据排除规则的第二个限制是有权提出排除非法证据排除申请的主体应当适格。换句话说,美国联邦宪法第四修正案保护

---

〔99〕 *Walder v. United States*, 347 U.S. 62 (1954).

〔100〕 *Stone v. Powell*, 428 U.S. 465 (1976).

〔101〕 *United States v. Janis*, 428 U.S. 433 (1976).

〔102〕 *One* 1958 *Plymouth Sedan v. Pa.*, 380 U.S. 693, 85 S. Ct. 1246, 14 L. Ed. 2d 170 (1965).

〔103〕 *I. N. S. v. Lopez-Mendoza*, 468 U.S. 1032 (1984).

的是公民个人的权利，因此，只有第四修正案规定的权利受到侵犯的个人，才有权申请排除非法证据。相反，如果提出排除证据申请的人，其在第四修正案中的权利并未受到侵犯，则法院将不审查证据的合法性。例如，在张三受审的案件中，如果警察以非法手段搜查并扣押了李四的物品，则张三不得以该物证系非法搜查和扣押获得而申请排除。对此问题，联邦最高法院在 *Jones v. United States* 一案中明确指出：申请排除非法证据的人必须是非法搜查或扣押的受害人；其原因是，非法证据排除规则的目的是保护特定个人的隐私和财产安全不受官员的不合理侵犯，而不是保证证据的内在的可靠性或者没有偏见；因此，只有当主张排除非法证据的人恰好是第四修正案保护的隐私权和财产安全权受到侵犯的人时，非法证据才应当予以排除。〔104〕 根据该案判决，一个人要想成功地排除非法证据，必须首先证明他自己而不是别的人的人身、住宅、文件、物品受到了不合理的搜查或扣押。

美国法学家安东尼·阿姆斯特丹(Anthony Amsterdam)指出，对于美国联邦宪法第四修正案可以从两个角度予以解读。第一个角度是"原子主义"，即第四修正案保护的是一个一个的个体的权利，或者说是一个个孤立的个人的权利——在这一视角之下，第四修正案保护的是"你的权利、我的权利和他的权利"；第二个角度是"规制主义"，即第四修正案的功能是对政府行为的一种规制和约束，因此它保护的是整个社会的、集体的利益——在这一视角之下，第四修正案保护的是"我们，人民"(we, the people)的权利。〔105〕 从这一方法出发，非法证据排除规则显然是规制主义的，因为它的理论基础是震慑，其功能是规制和

---

〔104〕 *Jones v. United States*, 362 U.S. 257, 261 (1960).

〔105〕 Anthony G. Amsterdam, *Perspectives on the Fourth Amendment*, 58 Minn. L. Rev. 349, 1974, p. 367.

约束政府的违法行为,保护的是所有个体的权利;而适格性问题又是原子主义的,因为只有权利受到侵犯的特定个体才有资格提出排除非法证据的申请。这实际上是限制了非法证据排除规则的适用。德斯勒教授指出,联邦最高法院要求申请排除非法证据的主体必须适格的规则,实际上就是考虑到适用非法证据排除规则的成本过于高昂。[106]

(三)善意例外的限制

对非法证据排除规则第三个方面的限制是对警察意图进行区分,也就是通常所说的"善意的例外"(good faith exception)。善意的例外既可以适用于有证搜查的场合,也可适用于无证搜查的场合。关于前者,联邦最高法院在1984年的一个判例中给予了阐释。在 *United States v. Leon* 一案中,警察执行了一项表面上有效的搜查令状。该案判定,如果警察获得了一个令状,并且合理地信赖该令状的有效性,只是在后来才认识到治安法官在签发令状时犯了错误,在这种情况下,将没有充分的理由将排除规则的适用正当化。[107] 大法官怀特(White)提供了一个三重正当化理由,以在搜查令状签发的场合中限制排除规则的适用:第一,排除规则是用于吓阻警察的违法行为,而不是用于惩罚法官或地区法官(judges and magistrates)的错误。第二,没有证据表明法官或地区法官倾向于忽略或推翻美国联邦宪法第四修正案,或者发生于这些人中间的不法行为要求必须适用非法证据排除规则这种极端措施。第三,同时也是最重要的是,没有任何根据能够令人信服地表明,排除一个依据令状获得的证据将会对法官或地区法官签发令状的行为起到显著的吓阻效果;相反,由于法官和地区法官并不是依附于法律执行机构的成员,他们是中立的司法官员,他们与刑事指控的结果并无利害关系,因此用排除规则吓阻他

---

[106] Joshua Dressler, *Understanding Criminal Procedure*, Third Edition, LexisNexis, 2004, p. 359.

[107] *United States v. Leon*, 468 U.S. 897 (1984).

们的效果并不明显。[108]

对于无证搜查中善意的例外,联邦最高法院在亚利桑那州诉埃文斯一案中给予了阐述。该案中,警察发现被告人埃文斯驾驶汽车在单行道上逆向行驶,于是将其截停并要求查看其驾驶执照;埃文斯说他的驾驶执照已经被扣留。警察便将其自报的姓名输入巡逻车上的电脑,发现有一个针对埃文斯的逮捕令尚未完成。于是,警察将埃文斯逮捕,并对其实施了附带于逮捕的无证搜查,并发现了大麻。事后证明,该逮捕令早已被取消,但是埃文斯的姓名还没有被电脑删除,而这是由于一名法院的雇员在更新记录时犯了错误。亚利桑那州最高法院认为,即使警察的错误是由于法院雇员的疏忽所造成,其所获得的证据也应当予以排除。但是联邦最高法院的七名大法官却判定,排除规则不要求排除该案中收集到的大麻。首席大法官伦奎斯特指出,*United States v. Leon* 一案所依据的原理同样适用于该案。首席大法官指出:第一,从历史上看,排除规则是被设计用来吓阻警察的违法行为,而不是吓阻法院雇员;第二,没有证据表明法院的雇员倾向于忽略或无视美国联邦宪法第四修正案的规定,也没有证据表明这些行为人的违法活动需要施加排除证据这一极端的惩罚;第三,没有理由相信在这些情况下排除根据逮捕令查获的证据会对签发逮捕令的法院雇员产生显著的威慑作用。[109] 基于上述理由,联邦最高法院判定,非法证据排除规则不适用于法院雇员发生错误的场合。

七、中国刑事诉讼中公民宪法权利的保护与非法证据排除规则

(一)中国相关法律对搜查与扣押的规定

中国《宪法》第 13 条第 1 款规定:“公民的合法的私有财产不受

---

〔108〕 *United States v. Leon*, 468 U. S. 897, 82 L. Ed. 2d 677, 104 S. Ct. 3405 (1984).
〔109〕 *Arizona v. Evans*, 514 U. S. 1, 131 L. Ed. 2d 34, 115 S. Ct. 1185 (1995).

侵犯。"第37条规定:"中华人民共和国公民的人身自由不受侵犯。任何公民,非经人民检察院批准或者决定或者人民法院决定,并由公安机关执行,不受逮捕。禁止非法拘禁和以其他方法非法剥夺或者限制公民的人身自由,禁止非法搜查公民的身体。"第39条规定:"中华人民共和国公民的住宅不受侵犯。禁止非法搜查或者非法侵入公民的住宅。"第40条规定:"中华人民共和国公民的通信自由和通信秘密受法律的保护。除因国家安全或者追查刑事犯罪的需要,由公安机关或者检察机关依照法律规定的程序对通信进行检查外,任何组织或者个人不得以任何理由侵犯公民的通信自由和通信秘密。"从以上规定来看,在美国联邦宪法中受保护的"人身""住宅""文件""物品",在中国的宪法中都能找到大体对应的概念。其中,中国宪法对"人身"的保护,主要规定于第37条;对"住宅""文件""物品"的保护,则分别规定于第39条、第40条和第13条。第13条是一个关于财产权受保护的条款,从财产的角度来看,可以囊括住宅权中的财产权部分,以及"文件"和"物品"这两个概念。第39条规定的"住宅"不受侵犯,则主要强调住宅权中的精神性权利部分,包括隐私权在内。第40条规定的主要是以通信自由和通信秘密为载体的隐私权和自由权。可见,中国宪法与美国联邦宪法第四修正案的内容大体上都有相对应的规定。

中国法律也设定了政府行使权力的方式。从宪法的角度来看,"搜查""逮捕"等均属于侵犯公民"人身""住宅""文件""物品"的方式。不同的是,在中国的刑事诉讼中,美国法上的"搜查""扣押"分别对应着不同的说法。其中,中国的"搜查"被分解为几个不同的概念,包括"勘验、检查""尸体检验""搜查""查询和冻结"等,均在中国《刑事诉讼法》中的"侦查"一章中分节规定。"扣押"包括对人身的扣押和对财产的扣押。对人身的扣押被分解为中国《人民警察法》中的“留置继续盘问”“拘传”“拘留”“逮捕”和中国《监察法》中的“留置”。对财产的扣押被分解为“扣押物证书证”“扣押邮件、电报”“冻结存款、汇款”等，分别适用大致相同但有细微区别的程序。值得注意的是，中国法上对关于侵犯人身自由的约束机制规定得比较详细，但是对于“搜查”的界定却比较粗疏。比如，美国法上反复探讨的所谓“虚假朋友”的问题、大城市中直升机监视的问题、对开阔场地进行观察的问题，在中国法上均没有相应的规则，其原因就是中国的法律关于“搜查”的界定还主要着眼于物理性的侵入，对于精神性权利也就是隐私权的关注度仍然远远不够。

对于侵犯公民宪法权利的程序性约束，中国刑事诉讼法设定了五个方面的规则。一是令状原则。例如，《刑事诉讼法》第 130 条规定：“侦查人员执行勘验、检查，必须持有人民检察院或者公安机关的证明文件。”第 138 条第 1 款规定：“进行搜查，必须向被搜查人出示搜查证。”其中第 130 条虽然没有使用“搜查证”或“令状”这样的字眼，但是“证明文件”从其意义和效果来看，应当和“令状”“搜查令”是一样的。同时，对于搜查，《刑事诉讼法》第 138 条第 2 款也规定了令状原则的例外情况：“在执行逮捕、拘留的时候，遇有紧急情况，不另用搜查证也可以进行搜查。”二是笔录原则。无论是勘验、检查，还是搜查、扣押，《刑事诉讼法》均要求将当时的情况写成笔录，并由参加勘验、检查、搜查、扣押的人和见证人签名盖章。三是见证人在场原则。勘验、检查、搜查、扣押均要求有当事人、当事人的亲属或者邻居在场，并在笔录上签字或者盖章。四是无伤风化原则。对于侦查实验，要求不得有造成危险、侮辱人格或有伤风化的行为；对于妇女的人身检查或搜查，要求必须由女工作人员或者医师进行。五是关联性原则，即对于与案件无关的物品、文件、邮件、电报、存款、汇款不得扣押。

在美国联邦宪法上要求的“适当理由”，中国法律并没有明文规定。但是从相应的条文来看,也可以说存在着类似的要求。例如,中国《刑事诉讼法》第136条规定:“为了收集犯罪证据、查获犯罪人,侦查人员可以对犯罪嫌疑人以及可能隐藏罪犯或者犯罪证据的人的身体、物品、住处和其他有关的地方进行搜查。”这与美国法上“适当理由”的界定实际上是十分相似的。在美国法上,只要是一个有着正常理性与审慎的人合理地相信某人实施了犯罪或某地隐藏有犯罪人或者犯罪证据,即可实施搜查与扣押(“逮捕”)。中国《刑事诉讼法》第136条的规定虽然没有提到“理性”“审慎”这样的字眼,但是显然没有对警察施加比“审慎”“理性”更高的要求。所以,只要是具有正常理性之人,依据一定的事实,认为犯罪嫌疑人可能是实施了特定犯罪的人,或者在他身上或者其他地方可能隐藏有犯罪证据或者犯罪人,则可以实施搜查。另外,在中国法上,搜查、扣押均是侦查的手段,属于侦查的一部分;而侦查通常又是在立案之后进行的;法律对于立案的条件是“认为有犯罪事实发生、需要追究刑事责任”,此处的“认为有犯罪事实发生”,也是对侦查人员展开如搜查、扣押之类的侦查行为的一种主观约束。可见,中国法上虽然没有明文规定“适当理由”(Probable Cause)是进行勘验、检查、搜查、扣押、查询、冻结的前提条件,但是,如果解释得当,也可以认为中国《刑事诉讼法》设定了类似的约束规则。

这并不是说,中国的《宪法》《刑事诉讼法》和美国联邦宪法修正案就是一样的。事实上,中国法和美国法的区别并不存在于是否要求“适当理由”这方面,而是存在于签发令状的程序,判断搜查、扣押是否“合理”的标准,“令状”的具体要求以及搜查的执行方面。首先,在美国,令状要由“独立且中立的法官”签发;但在中国,公安机关、人民检察院均可签发有关的“证明文件”,搜查令通常由公安机关签发;涉及公民人身自由的“拘留证”也是由公安机关签发的,人民检察院在自侦案件中在特定情况下也可以签发“拘留证”。其次,在美国判断搜查和扣押是否存在适当根据执行的是客观标准，而中国这方面的标准并不明确。再次，在美国执行搜查必须遵守“敲门且宣告”规则，对该规则的例外实施则由法官以逐案审查的方式加以约束和控制；在中国，并无相应的规则。最后，从实质上看，美国的侦查程序是一个控辩审三方构造的侦查程序，中国的侦查程序则缺乏第三方的介入，容易形成控诉方对被告人的单方治罪行动，而单凭被告人之力，往往难以形成对控诉方强大权力的有效约束，这也是中美刑事诉讼程序在侦查阶段最大的区别。

（二）中美非法证据排除规则之比较

我国最高人民法院、最高人民检察院、公安部、国家安全部、司法部（以下简称“五机关”）于 2010 年 6 月联合发布了《关于办理刑事案件排除非法证据若干问题的规定》（以下简称《非法证据排除规定》），以及《关于办理死刑案件审查判断证据若干问题的规定》（以下简称《死刑案件审查判断证据规定》）（两个规定合称“两个规定”），对原有的非法证据排除规则内容作了补充，对其适用的程序作了较为细致的规范。“两个规定”中关于刑事诉讼对于非法取得的物证、书证、勘验、检查笔录予以排除的规定，在中国法制史上亦属首次，可以说是非法证据排除规则的一次历史性突破。

结合“两个规定”的具体内容来看，我国非法证据排除规则中有关物证、书证的排除规则，与前面介绍的美国关于非法搜查和扣押的排除规则比较起来，具有以下几个方面的特征：

第一，美国的非法证据排除规则排除的是违反美国联邦宪法取得的证据，中国对于实物证据的非法证据排除规则是否只排除违反中国宪法而取得的证据，则有待于对《非法证据排除规定》的进一步解释。如果将“明显违反法律规定”解释为“只有在违反宪法规定时才属于明显违反法律规定”，则可以得出“只有违反宪法的证据才应当予以排除”的结论。这样,我们就可以将中国的非法证据排除规则限定于违反宪法规定取得的证据。本书认为,这样解释在文本上是行得通的,在法理上是站得住脚的。刑事诉讼是一个既要发现真实,又要保障人权的价值体系。现代社会强调,要在保障人权的基础上发现真实。因此,保障人权的价值优先于发现真实的价值。非法证据排除规则就是基于人权保障的考虑而设置的。但是,刑事诉讼中并非所有当事人的权利都可以称为人权,也并非所有权利都应当被当作人权来保障。相反,只有那些最基本的权利才是应当予以优先保障的。哪些权利才是最基本的权利呢?当然是那些在宪法上明确规定加以保护的权利。如果宪法并没有明确宣示加以保护,则说明该项权利在这个社会中还没有上升到需要宪法加以保护的程度,同时也就说明该项权利的重要程度相对来说比较弱。在这种情况下,就不需要通过以牺牲发现真实的价值的方式来保护这些相对不那么重要的权利(这并不是说这些权利不重要,而是说这些权利不如被指控人的宪法权利重要)。因此,当我们在解释《非法证据排除规定》的时候,应当解释为只有那些通过违反宪法的方式获得的物证和书证才应当予以排除。

第二,美国的非法证据排除规则属于强制排除规则,也就是说,只要判定属于非法获得的证据且不属于判例所确定的例外情况,就必须自动予以排除,法官在排除和不排除之间不享有自由裁量权;而中国的《非法证据排除规定》对于实物证据的排除,则比较明显地倾向于裁量排除。根据《非法证据排除规定》,非法搜查、扣押获得的物证、书证只有在“可能影响公正审判”,并且无法“补正或作出合理解释”的情况下,才予以排除。什么叫“可能影响公正审判”,什么叫“作出合理解释”,在司法上均有较大的解释空间。一方面,我们可以将凡是通过违反宪法的方式取得证据都解释为属于“可能影响公正审判”并且“无法作出合理解释”的情形,因为,违反宪法就是违反宪法，违反宪法的唯一“合理解释”就是不尊重宪法。若作此解释，则该规定仍然不失为一个强制性排除规则，也就是说只要是以违反宪法的方式或通过侵犯公民基本权利取得的物证、书证，一经查实，即应排除。但另一方面，我们也可以把“可能影响公正审判”理解为实体上的正确处理，把“作出合理解释”理解为认识论上的从事实上解释清楚。照此解释，只要不影响事实认定的正确性，只要不影响案件处理的实体结果，即便是违反宪法取得的物证、书证，也具有可采性。这样一来，非法证据排除规则的震慑力将降低为零。遗憾的是，官方对上述规定的解释，恰恰采取了裁量排除的立场。在时任最高人民法院副院长张军主编的《刑事证据规则理解与适用》一书中，对于《非法证据排除规定》第 14 条的解释就是：“为平衡好准确打击犯罪和有效保障人权的关系，本条区分了言词证据与实物证据的不同情况，对以非法搜查、扣押等手段取得的实物证据并未采取绝对排除的方式，而是实行裁量排除。”〔110〕

第三，美国的非法证据排除规则同时适用“毒树之果原理”。美国联邦最高法院判例对此给出的解释是，只有对非法搜查、扣押获得的直接结果派生出的间接证据也予以排除时，非法证据排除规则才是有效的。但是，中国 2010 年颁布的《非法证据排除规定》显然并无此意。因为，所谓“补正”，当然包括“重新取证”的含义。而“重新取证”获得的证据，不正是“毒树之果原理”所要求排除的证据吗？当然，这一规定，也勉强可以用美国法上“联系被稀释”的原理来加以解释：尽管原先的取证行为是非法的，但是经过重新取证后，原先的违法行为产生的“毒液”已经被“稀释”掉了，因此新的证据具有了可采性。但值得注意的是，重新取证后取得的证据，在美国法上，既有可

〔110〕 张军主编：《刑事证据规则理解与适用》，法律出版社 2010 年版，第 344 页。上述解释，实际上属于参与“两个规定”制定过程的人对上述规定的“立法者解释”。

能因为新证据与原来的违法行为之间的联系被稀释从而具有可采性,也有可能因为与原来的违法取证行为仍然存在着密切的联系而无法被稀释从而不具有可采性。因此,“重新取证”并不必然稀释原先的违法行为所产生的“毒液”。

第四,美国的非法证据排除规则只适用于审判阶段,中国的非法证据排除规则既适用于审判阶段,也适用于人民检察院的审查起诉和批准逮捕程序。《非法证据排除规定》第3条规定:“人民检察院在审查批准逮捕、审查起诉中,对于非法言词证据应当依法予以排除,不能作为批准逮捕、提起公诉的依据。”据此规定,非法证据排除规则在我国适用于审查起诉和侦查阶段(批捕行为通常发生在侦查阶段)。该条规定虽然明确指向非法言词证据,但若对该条规定作整体解释,则《非法证据排除规定》第14条所涉及的物证、书证应当也适用该条规定。

第五,最后但并非最不重要的是,美国的非法证据排除规则既包括中国法上的非法搜查,非法扣押,非法查询、冻结存款、汇款,非法勘验、检查所获得的物证、书证,也包括非法“逮捕”(在中国法上对应着“拘留”“拘传”和“留置盘问”)所获得的物证、书证和言词证据。但是,中国2010年颁布的《非法证据排除规定》对违反宪法关于人身权利保护条款获得的非法证据只字未提。可见,对于违反有关强制措施获得的证据,仍然是不排除的。这一瑕疵在2017年颁布的《关于办理刑事案件严格排除非法证据若干问题的规定》中得到一定程度的弥补——根据2017年的规定,以侵犯人身权利的方式获得的被告人供述也应当予以排除。但是,即使是2017年的规定,也只是排除犯罪嫌疑人、被告人供述这一证据种类,并不排除通过侵犯人身自由的方式取得的其他证据。另外,2017年的规定也没有将以侵犯被追诉人获得律师帮助权的方式取得的证据当作非法证据来对待。看来,要想使侵犯公民人身权利以及获得律师帮助权取得的所有非法证据都被排除，只有等待中国法制上的第三次"历史性突破"了。

（三）对中国刑事诉讼法应如何加强对犯罪嫌疑人、被告人的保护与建构非法证据排除规则的评论与建议

就内容而言，对于以非法搜查、扣押手段获得的物证、书证，《非法证据排除规定》仅以一个条文，也就是第 14 条作了规定："物证、书证的取得明显违反法律规定，可能影响公正审判的，应当予以补正或者作出合理解释，否则，该物证、书证不能作为定案的根据。"比较而言，《死刑案件审查判断证据规定》则有更多条文涉及搜查、扣押所获得的物证、书证。

除《非法证据排除规定》第 14 条可以对应理解为美国刑事诉讼意义上的非法证据排除规则以外，《死刑案件审查判断证据规定》还存在着大量关于程序性瑕疵之法律后果的规定。在中国的语境下，这些规定也被视为"非法证据排除规则"。但是在美国，严格地说起来，这些规则很难称得上是"非法证据排除规则"，因为这些规则的目的主要是保证刑事诉讼法确立的关于搜查和扣押的一些基本原则（例如见证人在场原则、笔录原则等）得到遵守。这些原则固然也具有一定的人权保障的意义，但是其规定的着眼点显然在于保证搜查获得的证据的可靠性。因此，与其说这些规定属于非法证据排除规则，不如说这些规定的确属于比较纯粹的审查判断证据原则。从理论分类的角度来看，非法证据排除规则属于刑事诉讼法的范畴，而审查判断证据原则却属于证据法的范畴。在理解和评价"两个规定"时，有必要对刑事诉讼法和证据法的基本范畴、基本命题、基本理论有所了解，并对这两个不同学科的基本方法、基本立场有所掌握。

一方面，就刑事诉讼法而言，其首要目的是保障人权。虽然刑事诉讼法也追求其他价值目标，但是保障人权是第一位的，其他价值目标包括打击犯罪、发现真实等则均属次要，而且在刑事诉讼中，一旦其他价值目标与人权保障的目标相冲突，应当是人权保障的价值优

先,其他价值退居其次。这正是美国式非法证据排除规则的真谛。在美国,非法证据排除规则排除的往往都是真实、可靠的证据。或者说,真实性、可靠性本身并非非法证据排除规则考虑的重点。合法性、合宪性才是非法证据排除规则考虑的重点。一个证据如果不合法,即使是真实的,哪怕是无比真实的,即便缺了这个证据将导致有罪的被告人被无罪释放,也在所不惜。从我们前面关于美国式非法证据排除规则的介绍来看,所有那些在历史上乃至在现在占据主导地位的判例,所排除的无一不是真实的证据。那些提出排除非法证据之申请的被告人或辩护人,无一不是以违反联邦宪法为依据申请排除,也无一是以该证据不可靠为依据申请排除证据。在申请排除证据和决定是否排除证据的过程中,发现真实、打击犯罪的考虑是没有地位的,是不见踪影的。这并不是说发现真实、打击犯罪不重要,而是说发现真实、打击犯罪不如保障人权重要。

另一方面,形成鲜明对比的是,证据法的首要目的却是发现真实,而基本上与保障人权无关。从英美证据法的发展历程和英美证据法学者关于证据法的基本属性,以及证据法学理论基础的阐释来看,证据法除发现真实以外,并无其他目的,尤其是不包含保障人权的目的。认真研究过英美证据法的学者都知道,证据法(不包括非法证据排除规则意义上的证据法)的主要目的甚至唯一目的就是发现真实,或者说促进法庭认定事实的精确性。传统的证据规则如关联性法则、意见证据规则、品格证据规则、传闻法则、最佳证据规则等,莫不是基于发现真实的目的而设置的。[111] 这些证据规则除传闻法则因与对质权规则存在一定的重合关系而略有人权保障意味以

[111] 《死刑案件审查判断证据规定》在一定程度上借鉴了英美证据法中的关联性法则、意见证据规则和最佳证据规则,但也存在很大不同。这需要专文论述,因与本书主题无关,此不赘述。

外,其他规则均与人权保障无关。这并不是说保障人权不重要,而是说保障人权的事情不属于证据法追求的目标。直白一点说,保障人权的事情不归证据法管,而是由刑事诉讼法来处理。[112]

基于上述理解,我们实际上需要以完全不同的立场和方法来解

---

[112] 正是基于这些考虑,美国在事实上形成了刑事诉讼法和证据法两门完全不同的学科。这两门学科的基本方法、基本立场都是完全不一样的,由此所形成的基本命题、基本理论也是不一样的。就刑事诉讼法而言,其基本立场是被追诉人宪法权利的保障,因此人权保障的基本理论在刑事诉讼中完全适用。就证据法而言,其基本立场是发现真实,因此认识论理论在证据法中完全适用。学者们在解释联邦宪法条文时,适用的是人权保障理论;当他们在解释《联邦证据规则》时,适用的就是认识论理论,其中融贯论、符合论、交流论(主体间性理论),均可派上用场。但是,这些认识论理论在刑事诉讼法中是毫无用武之地的。至于后来从美国发展起来的非法证据排除规则,则直接指向人权保障,而且其排除的证据通常都是真实的、可靠的证据,因此非法证据排除规则基于人权保障的考虑,实际上是牺牲了,或者至少是在一定程度上牺牲了真实的发现。明确地说,非法证据排除规则与发现真实的价值、打击犯罪的价值是存在冲突的。正因为二者存在冲突,在美国,发现真实的价值由《联邦证据规则》来体现,保障人权的价值则由联邦宪法修正案来实现。当学者们解释《联邦证据规则》时,只需要考虑发现真实的需要,不需要考虑人权保障的需要,因此其证据规则有一个前后融贯的逻辑体系。同样,当人们在解释联邦宪法时,也只考虑人权保障的需要,而无须考虑发现真实的需要,因此其各修正案之间也有一个前后融贯的体系。但是,一旦一个法律强调两种冲突的价值时,就会出现一个问题:当二者发生冲突时,到底哪一个价值应当优先予以保护?

就学科属性而言,非法证据排除规则属于刑事诉讼法研究的范畴,不属于证据法学研究的范畴。我并不是说研究证据法的学者不应当研究非法证据排除规则,而是说当人们研究非法证据排除规则时,不应将其当作证据规则来研究,而应将其当作刑事诉讼规则来研究。如本书一开始所指出的那样,非法证据排除规则就是公民宪法权利这棵大树在刑事诉讼中开出的一朵花。这朵花很大,很鲜艳,耀人眼目。但是,花终究是花,它一定得长在树上。将非法证据排除规则这朵花当作证据规则来研究,而对开出这朵花的大树视而不见,就等于对这朵花进行了阉割,等于将这朵花从树上摘下来。这样的研究无论多么细致入微,多么面面俱到,对这朵花的描述仍将是不到位的,是不深刻的,是不清晰的。而一旦试图对这朵花进行到位的、深刻的、清晰的阐述,就必须对花后面的树进行深入的挖掘。而这棵树,就是刑事被告人享有的宪法权利。这属于刑事诉讼法的研究范畴。遗憾的是,多年来,刑事诉讼法的学者和兼职研究证据法的学者均不听劝告,一意孤行,非要将非法证据排除规则当作证据规则来对待,所以对非法证据排除规则本身并无太多了解,对于证据法的精髓更是一无所知。正是在这样的学术背景下,才导致了对《非法证据排除规定》和《死刑案件审查判断证据规定》的诸多误解。

释“两个规定”的相互关系以及各自具体条文的含义。在“两个规定”的关系问题上,我们认为,“两个规定”之间存在着重合之处。首先从目的来看,《死刑案件审查判断证据规定》开篇规定:“为依法、公正、准确、慎重地办理死刑案件,惩罚犯罪,保障人权,根据《中华人民共和国刑事诉讼法》等有关法律规定,结合司法实际,制定本规定。”可见,该规定十分显眼地强调,该规定的目的是“惩罚犯罪”“保障人权”。其次从内容上来看,“两个规定”的内容事实上存在着重合的部分。《死刑案件审查判断证据规定》的内容,已经包含了《非法证据排除规定》中的实体部分,也就是哪些证据构成非法证据的部分。《非法证据排除规定》既界定了什么是应当予以排除的非法证据,也对非法证据排除的程序作了相应规定。但在《死刑案件审查判断证据规定》中,并没有规定程序内容。另外,《死刑案件审查判断证据规定》不仅包含了《非法证据排除规定》的实体性内容,也包含了对证据的真实性的审查判断。因此,《死刑案件审查判断证据规定》对于所有证据而言,既包括对证据取得程序合法性的审查,也包括对证据本身真实性的审查。正因为如此,《死刑案件审查判断证据规定》中既包括了绝对排除(即强制排除)的规则,也包括了相对排除(即裁量排除)的规则,还包括了“可补正后排除”的规则。这也在一定程度上表明,该规定的内容不一定都是保护刑事被追诉人的宪法权利。但是,该规定同时又十分显眼地强调,该规定的目的是“惩罚犯罪”“保障人权”。可见,《死刑案件审查判断证据规定》是将英美法系传统上以发现真实为目的的可采性规则与 20 世纪兴起的“刑事诉讼革命”中以保障人权为目的的非法证据排除规则结合起来加以规定的,它基本上包括了《非法证据排除规定》中有关非法证据的实体内容。“两个规定”之间的相互关系,如图 1-1 所示。

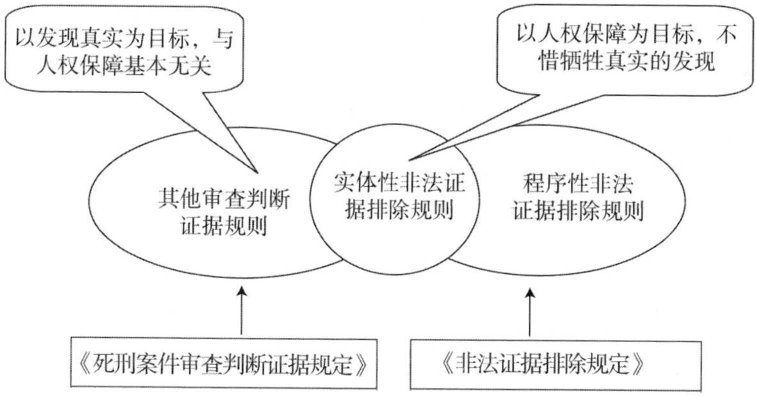

图 1-1　“两个规定”之间的相互关系示意图

既然《死刑案件审查判断证据规定》既包括了非法证据排除规则中的实体内容，也包括了英美证据法传统上属于发现真实范畴的内容，那么究竟如何区分哪种规则是发现真实的、哪种规则是保障人权的呢？本书认为，《非法证据排除规定》中的规定，都属于人权保障的内容；而《死刑案件审查判断证据规定》中的规定与《非法证据排除规定》相重合的部分，也属于人权保障的内容；与《非法证据排除规定》不相重合的内容，则属于发现真实的内容。例如，《死刑案件审查判断证据规定》第 12 条第 1 款规定："以暴力、威胁等非法手段取得的证人证言，不能作为定案的根据。"这是完全不考虑证言的真实性的，因此属于人权保障的内容，此规定在《非法证据排除规定》中得到重申。《死刑案件审查判断证据规定》第 19 条"采用刑讯逼供等非法手段取得的被告人供述，不能作为定案的根据"这一规定，也具有相同的性质。但是其第 13 条因询问证人没有个别进行取得的证言应予排除，第 14 条收集证人证言时没有填写询问人、记录人、法定代理人姓名或者询问的起止时间、地点的，证人证言也应排除的规定，则均属为发现真实而设置的规定。

又如，对于有关物证、书证的规则，《死刑案件审查判断证据规定》第6条第(二)项规定："物证、书证的收集程序、方式是否符合法律及有关规定；经勘验、检查、搜查提取、扣押的物证、书证，是否附有相关笔录或者清单；笔录或者清单是否有侦查人员、物品持有人、见证人签名，没有物品持有人签名的，是否注明原因；对物品的特征、数量、质量、名称等注明是否清楚。"这就是关于物证、书证审查判断的一个总括性规定，它并没有指出什么样的物证、书证要排除，而是概括性地强调对物证、书证的取得程序要进行审查判断。第9条第1款"经勘验、检查、搜查提取、扣押的物证、书证，未附有勘验、检查笔录，搜查笔录，提取笔录，扣押清单，不能证明物证、书证来源的，不能作为定案的根据"这一规定就属于为发现真实而设置的规定。但第9条第3款的规定："对物证、书证的来源及收集过程有疑问，不能作出合理解释的，该物证、书证不能作为定案的根据"，就属于非法证据排除的规定，属于人权保障的内容。

对两种不同内容的规定，当然要用两种不同的解释方法。凡是以发现真实为目的设置的规定，均应当以认识论理论来解释；相反，凡是以人权保障为目的设置的规定，均应当以人权保障理论来解释。这正是《死刑案件审查判断证据规定》中规定其目的既包括惩罚犯罪，也包括保障人权的原因。因此，尽管该规定中的大多数规定实际上是着眼于对死刑案件中证据的真实性、可靠性进行审查，但是由于加入了非法证据排除规则，就不能仅以发现真实来解释，而是应当用人权保障的理论来解释那些基于人权保障目的而设置的规定。否则，如果解释者在解释这些规定时，既要考虑打击犯罪的价值，又要考虑人权保障的价值，在具体的案件中，当排除一个证据有利于保障人权却不利于打击犯罪时，法官将会无所适从。

根据这一原理，则《非法证据排除规定》第14条中的"明显违反法律”,就应当解释为违反宪法或侵犯公民的基本权利,而不仅仅是违反刑事诉讼法的有关规定。1996 年《刑事诉讼法》部分条文规定了一部分基本权利,还有部分条文则不涉及基本权利。《死刑案件审查判断证据规定》中的规定实际上明显表明,该规定是在一定程度上覆盖了 1996 年《刑事诉讼法》关于搜查、扣押、勘验、检查中的笔录原则和见证人在场并签名盖章原则。《死刑案件审查判断证据规定》中对物证、书证在审查判断证据时提出的其他要求既着眼于原件、原物、来源等方面,侧重于对发现真实的关照,也着眼于人权保障。因此,在人权保障的意义上,《死刑案件审查判断证据规定》中与《非法证据排除规定》重合的部分,就是对笔录原则、见证人在场原则的关照。而《刑事诉讼法》有关笔录原则、见证人在场原则的规定,一方面可以保障刑事被追诉人的合法权利,保证搜查、扣押以文明、正当的方式进行,另一方面也起到固定证据、方便对被追诉人定罪的作用。从这个角度来看,《死刑案件审查判断证据规定》的规定,既关照了宪法对被追诉人的权利保护,也侧重了侦查人员按照法定的程序收集证据,以利于实体真实的实现。

但是,《死刑案件审查判断证据规定》将发现真实与保障人权的规则混合起来规定的做法,容易在理论上产生混乱,在实践中产生误导,在解释上产生分歧。例如,该规定将“惩罚犯罪”与“保障人权”并列为该规定追求的价值目标,就不大好理解究竟哪些规定是保障发现真实和打击犯罪的,哪些规定又是追求保障人权的。因此,最好的办法,还是应当在修改刑事诉讼法时,将以人权保障为核心的非法证据排除规则的内容全部吸收(该愿望在 2012 年《刑事诉讼法》中已基本实现);同时,在适当的时机,单独制定一部通行于刑事诉讼、行政诉讼和民事诉讼的,以发现真实为核心目标的,以证据可采性为基本表现形式的证据法典。这样,两个不同的规则群才各自找到自己的归宿。

结　语

综上所述,美国的非法证据排除规则是建立在公民宪法权利这一坚实的基础之上的,其目的基本为实现公民宪法权利在刑事诉讼中的保障。非法证据排除规则本身并非目的,而仅是手段。非法证据排除规则的理论基础主要是震慑,其适用领域主要是刑事诉讼中的审判阶段,适用方式体现为强制排除或自动排除,其排除的范围则涵盖了非法手段间接获得的证据。比较而言,对于美国联邦宪法中赋予的公民权利,在中国宪法中也存在着类似的规定,只是中国宪法关于公民基本权利的规定略显概括与抽象。也正是由于这个缘故,中国更加需要通过刑事诉讼法的具体规定来明确和保障宪法规定的公民权利。因此,对于中国刑事诉讼法来说,在有关搜查与扣押的领域,首先需要完善的是关于被搜查、被扣押人权利的规定,并在界定权利的基础上,对国家侵犯权利的行为予以规范。其中尤其重要的是,在侦查程序中引入裁判机制,重构刑事诉讼侦查程序的结构,对由警察主导的侦查行为进行由司法机关主导的事先的审查和约束。美国联邦宪法修正案只规定了对政府行为的事先审查和约束机制,而没有规定非法证据排除规则本身,这恰恰说明事先审查和约束机制才是最重要的,非法证据排除规则作为一种事后的补救,其意义虽然无可替代,但其作用却只能是补充性的和辅助性的。因此,完善对侦查机关的权力制衡机制,才是保障公民宪法权利的根本方向。也只有在这个基础上建立的非法证据排除规则,才是真正意义上的非法证据排除规则。

附录：非法证据排除规则的历史与理论基础

——与达马斯卡教授的对话

上午十点一刻拜访达马斯卡教授。

达马斯卡（Damaska）于1960年毕业于南斯拉夫卢布尔雅那大学（University of Ljubljana），获博士学位；此后在南斯拉夫萨格勒布大学（University of Zagreb）任教授；现为耶鲁大学法学院斯特林荣誉退休教授[113]，从事比较法学研究数十年，曾兼任美国比较法学会会长。

达马斯卡的办公室在法学院二楼。我走进他办公室，首先自我介绍说我来自清华大学法学院，如今在耶鲁大学法学院做访问研究。他问我来这里多久了，我说大约四个月。他又问清华大学在哪儿，我说清华大学在北京。这是我第二次碰到外国人问我这个问题。第一次是在从拉萨飞往北京的飞机上，一位坐在我旁边的老太太问我是哪儿的，我说我是清华的。她的第二个问题就是“清华在哪儿”。由于自尊心小小地受了一下挫折，我向达马斯卡教授补充说清华大学在中国是排在第一位的（嗯，北京大学表示不服！）（坦率地说，无论清华大学排第几，清华大学法学院在国人心目中一直都离第一还比较远，尽管很多时候我们自己认为其实离得并不远）。达马斯卡说：“哦，我们通常没有这样清晰的排名概念，通常只有院长、校长才知道大学的排名情况，其他教授自己介绍自己的时候通常都说我是哈佛或者我是耶鲁或者别的学校的。”

---

〔113〕 斯特林教授（Sterling Professor）是耶鲁大学规格最高的教授，法学院大约有10名斯特林教授。

好吧,我知道他的意思了,不再说这个。我说我十年前读过他的论文和书,其中包括 *Faces of Justice and State Authority* 那本书。他接过去说:"哦,我听说那本书被翻译成了汉语,但并不清楚详情。"他自己解释说,他从来没有到过中国,所以对中国情况不太了解;这些年他不断地接到一些来自中国的邀请,但是因为受不了坐飞机的劳累,所以一直没去过。他开玩笑说(他自己说是在开玩笑),奥巴马经常去中国,如果奥巴马邀请他一起去,他或许可以考虑。他说奥巴马可以在飞机上躺在床上,很舒服;可是他享受不了这个待遇,所以他不去了。我说您可以坐公务舱。他说是的,公务舱可以把座位放下来,就像床一样,可惜还是不如奥巴马的床舒服。我说:"好吧,说不定哪天您可以跟奥巴马一起坐空军一号想去哪儿去哪儿。"

他及时转移话题:"听说你是来研究非法证据排除规则的,很抱歉,我对美国的非法证据排除规则一直持怀疑的态度。"他说,非法证据排除规则其实可以一直追溯到 12、13 世纪。他最近刚刚在 *The American Journal of Comparative Law* 上发表了一篇论文,其中一段就是说这个意思。他说在 12 世纪的时候,英国的刑事诉讼还没有变成纠问式诉讼,但是欧洲大陆已经开始走向纠问式诉讼。纠问式诉讼允许刑讯逼供,但是刑讯逼供有一定的证据条件。他说他看到一个案例,其中的辩护人就提出意见,说刑讯逼供所依据的证据是非法取得的,所以刑讯逼供也是非法的,刑讯逼供取得的供述也应当予以排除。我表示很惊讶。我说大多数人都认为非法证据排除规则起源于美国,而且一般都追溯到 19 世纪,从 1914 年的威克斯诉美国案,或者说从 1886 年的博伊德诉美国案,但是从来不会提到 12、13 世纪的非法证据排除规则。

他说是的,不仅一般不会认为非法证据排除规则起源的时代那么久远,而且,他也不看好美国的非法证据排除规则。他说德国的制度更好。我害怕没听清,重复了一下:“您认为德国的制度比美国的更好?”他说是的。他说他不久就要去欧洲,要去讲德国的非法证据排除规则(这有点气人啊,去欧洲就不用坐空军一号了)。他说德国的制度赋予法官较大的自由裁量权,法官可以在犯罪的严重程度和违反程序的严重程度之间进行权衡;如果一个人被指控犯了严重的罪行,但是警察违法的情节比较轻微,那为什么一定要排除证据呢?反过来说,如果被告人被指控的犯罪比较轻微,而警察违法的情节比较严重,甚至让人良心深处深感不安,那时候排除非法证据才是应当的。他说美国人到处宣传自己的制度,但是德国并不买账。他更倾向于德国的制度。

我说,在非法证据排除的问题上,美国的制度的确没有赋予法官更多的裁量权。美国人似乎更相信法官,美国的法官享有比欧洲法官更高的威望,但是在非法证据排除规则方面,美国的制度却没有赋予法官裁量权,而欧洲的制度却赋予了法官更大的裁量权。这究竟是怎么回事呢?

达马斯卡说,这个现象确实存在,但是仅限于非法证据排除规则。也就是说,在其他领域,美国法官享有的自由裁量权还是远远大于其欧洲同行。他说美国的制度其实很奇怪。联邦最高法院喜欢把制度弄得很复杂。非法证据排除规则就是很复杂的制度。德国相对比较简单,也能够给警察比较实际的指导。美国搞得太复杂了。而且联邦最高法院允许有不同意见,一会儿四名法官是一个意见,一会儿另外四名法官又是另一个意见,还有一名法官既不是这个意见又不是那个意见。这在公众看起来是很荒谬的。公众理解不了这个制度。

他还提到他的同事阿玛教授。我说是阿玛(Akhil Reed Amar)吗?他说是阿玛己,他特意强调了“己”。我说是不是那个写第四修正案第一原理的？他说就是。好吧，我服了。我的英语实在太烂，不知道这个写第四修正案第一原理的家伙叫阿玛己，也许他是把阿玛的名字倒过来念，就成了阿玛己（Amar Akhil）。我说我读过阿玛己的论文和书。还好读过，否则不知道他说的是谁。他说阿玛己的观点和他是一致的，他们都认为第四修正案是用来保护无辜者的，不是用来保护犯罪分子的；他们一致不看好美国的非法证据排除规则，一致认为美国的规则将来会发生改变。他还论证说，美国的公众也并不喜欢美国的非法证据排除规则。从公众的角度来看，如果一个人确实犯了罪，警察也确实违反了程序，那么，连同警察一并惩罚好了，为什么非要排除非法证据，不去惩罚警察，却把事实上犯罪的人放了呢？这样的做法公众是难以接受的，被害人也难以接受——你想想，警察犯了错，不去惩罚警察，却把证据排除，把明知有罪的被告人放了，你说一般人谁能接受呢？所以他认为公众是有道理的，美国的制度是违反常识的，美国的制度很难被公众所接受，德国的制度更容易为公众所接受。

我说，我并不特别了解德国，所以对德国的制度并不十分清楚。但是从他说的情况来看，似乎中国新修订的刑事诉讼法更接近德国的模式。因为根据中国刑事诉讼法，对于刑讯逼供获得的供述、证人证言、被害人陈述等言词证据，采取的是绝对排除的模式；而对于物证、书证等证据，则只有在违反法定程序可能影响司法公正时才排除。他说："那恭喜，你们做得很对！如果我是立法者，也会这么做！"我说："好吧，我会把您的意见传递给中国的立法者，他们听了一定会很高兴。"

我接着说，中国刑事诉讼法规定的排除规则的确与德国的制度很相似：德国对于物证、书证等采取的是相对排除的政策，而对刑讯逼供获得的供述等则采取了绝对排除的政策。我说，尽管是这样，我还是相信,无论是德国的制度还是中国的制度,都还是有共通之处,因为它们的目的可能都是为了震慑警察的行为。

达马斯卡回答说,美国和德国的制度的区别确如你所描述。美国的非法证据排除规则也的确是基于震慑理论。但是德国非法证据排除规则的目的却不是震慑,而是基于人类的尊严(human dignity)。他说德国的判例和刑事诉讼法都是基于人类尊严而排除非法证据。他举了个例子说,如果是警察殴打犯罪嫌疑人,无论是美国还是德国,都会排除非法获得的供述;这个在美国用震慑理论讲得通;但是在德国,如果不是警察殴打犯罪嫌疑人,而是被害人的父母对犯罪嫌疑人进行了殴打,被告人的供述一样是要排除的;这时候震慑理论是说不通的,因为在这种情况下排除被害人因实施刑讯逼供获得的供述无论如何也震慑不了警察。但是在美国,如果是被害人的父母对被告人实施了殴打,被告人的供述仍然可能具有可采性。也就是说震慑理论在美国能说得通,但是不适用于欧洲国家。他补充说,国际刑事法院程序规则和证据规则也说得很清楚,其排除非法证据的原因就是不愿法院的声誉因为容许了受到玷污的、肮脏的证据而受到不良影响。所以在欧洲大陆,排除非法证据的理论基础不是震慑,而是人类尊严,还包括法庭的声誉。我说是不是有些类似于美国判例中提到的司法的纯洁性?他说正是。

我说:“您刚才提到,对于供述证据,无论是德国还是美国,都是绝对排除;对于物证、书证等证据,德国的制度赋予了法官裁量权;美国的制度却没有赋予。您也更倾向于公众认同的做法:如果警察实施了违法行为,应当一方面惩罚警察,另一方面惩罚罪犯,或者在犯罪程度和警察违法程度之间进行衡量。我的问题是,既然您赞成在实物证据问题上采取权衡的立场,那为什么不将这一逻辑延伸至刑讯逼供获得的供述证据上:如果有其他证据证明被告人供述是真实的,那么我们一方面容许该证据,另一方面惩罚犯错的警察,那不是也很好吗？不是也有很多犯了很残忍的罪行的人在刑讯逼供的情况下招供了吗？在这种情况下,我们也像在警察无证搜查的场合一样,在被告人罪行和警察违法程度之间进行权衡,岂不是在逻辑上更加融贯？我很想听您再多解释一些。”

达马斯卡说:“你的逻辑很强大,在这一点上我很赞成你。”(我赶紧说:谢谢!)他说,按照我的看法,美国的制度的确在逻辑上更加融贯。但是刑讯逼供的危险确实比较明显,它给人类尊严带来的损害也比较直接。法律史上的早期理论都认为刑讯逼供的危害是冤枉无辜,但是它实际上的危害是侵犯人的尊严(我插了一句说,在这个问题上我完全赞同他的意见)。这是因为,很多时候被刑讯逼供的人所作的供述得到了其他证据的印证和补强,我们不能不认为它实际上是真的。例如,当一个被告人遭受刑讯逼供后,他把抢来的东西放在哪里了,把被害人埋在哪里了,只有行凶的人自己知道的事情,他供出来,按照他的供述找到了,能说他的供述不真实吗？但是为什么还要排除？就是因为这种野蛮的行为侵犯了人的尊严,让我们良心深处感到不安。他还举例说,刑讯实际上是基于一种功利主义的立场。例如一个嫌疑犯在人群聚集的地方放置了一个炸弹,只有嫌疑犯自己知道炸弹藏在哪里,但是他就是不说,他说我有权保持沉默。你除了打他,还能做什么呢？但是你不能打他。在国际公约中,不受刑讯是绝对的权利。但是只有这一项权利是绝对的,其他都不是绝对的。为什么？就是因为刑讯侵犯了人的基本尊严。所以就这一点来说,无论是美国、德国还是其他国家,对刑讯都是绝对禁止的。

达马斯卡最后起身说,他很高兴我们最后在这个问题上达成了一致。由于他还要参加一个会议,所以只能谈到这里。我觉得十分遗憾,但是也很感谢他给了我一个见面的机会。我把自己去年发表

在 *Tsinghua China Law Review* 的 State Ideology Transition and Procedure Model Transformation：China's Criminal Procedure Law and Its Revisions 这篇论文留给了他。这篇论文的第一部分就是介绍他的诉讼模式理论，然后主要是根据他的理论分析中国 1979 年《刑事诉讼法》的立法背景、法典内容，国家理念对中国刑事诉讼模式形成的影响，国家理念的变迁以及 1996 年《刑事诉讼法》的修改，市场经济的实施以及社会观念变化导致的 2012 年《刑事诉讼法》的进一步修改及其局限，以及中国刑事诉讼的未来等。上个星期我还收到一位加拿大多伦多大学专精于刑事诉讼法的教授发来的邮件，说我去年送给他的 *Tsinghua China Law Review*，他终于抽时间仔细看过，觉得写得非常好，信息量很大，他也同意我的结论：中国刑事诉讼的进一步法治化有赖于根本上的政治体制的改革。我很高兴国际同行能对我的论文有如此的评价。所以就把这篇论文的最后编校稿打印出来带给了达马斯卡教授。我还给他带去一个装有一整套清华大学百年校庆纪念邮票的礼盒。希望他能记住清华大学。

出来一看时间，刚好十一点一刻，整整一个小时。这是来耶鲁大学之后第一次与耶鲁大学著名教授的直接交流。很快就要回国了，但是直到现在才觉得时间过得好快。

2013 年 5 月 2 日

第二章　非法证据排除规则的适用

——美国康涅狄格州地区法院庭审侧记

2013年3月15日,我终于有机会在美国法院实地旁听法官审案并与法官座谈。这是一个非常典型的有关非法证据排除规则适用的案例。案例本身很有意思,法庭审理过程也比较完整,审理中我还与法官有比较深度的交流。我认为很有意义,必须要记录下来。以下分九个部分,分别介绍该案的案件事实、制度背景、辩方动议、控方答辩、庭审对抗、法官座谈、庭审结束和法院判决,以及作者自己的一些心得体会。

一、案件事实

被告人卡洛斯·帕迪拉(Carlos Padilla),被指控非法持有和以出售为目的的非法持有毒品1180克。被告方认为警察对被告人的汽车以及房屋进行的搜查为不合理搜查,因此申请排除该搜查获得的毒品海洛因、手机以及手机上的信息。控方认为警察实施的搜查为合理搜查,上述证据不应当排除。以下是双方无争议的事实。

2012年1月到2月(具体日期不详),康涅狄格州毒品管理局(Drug Enforcement Administration,简称DEA)纽黑文(New Haven)地区办公室的警察鲁宾斯坦(Rubinstein)接到线人报告,说有两名多米尼加裔(Dominican)男子将会把重达1公斤多的毒品海洛因从纽约运往罗得岛州,途经康涅狄格州;线人强调说这两人会乘坐 2008 年版的在纽约登记的车牌号为 FMT-6987 的福特翼虎汽车,海洛因就藏在汽车尾部用于藏匿走私物品的夹层中。

基于上述信息,执法官员马斯登(Marsden)于 2012 年 2 月 11 日上午 9 点左右,在康涅狄格州的伊斯特黑文(East Haven,离纽黑文非常近,我们去法院的路上驾车经过此地)第 95 号州际公路上拦下一辆在纽约登记,车牌号为 FMT-6987 的福特翼虎汽车,该车正从北往罗得岛州方向行驶,车上有 2 名乘客:帕迪拉驾驶车辆,另一名乘客自称马尔多纳多(Maldonado)。当警察走近该汽车并向帕迪拉问话时,帕迪拉告诉警察说这车不是他自己的,而是借的朋友的车,目的是送马尔多纳多到罗得岛州。警察问帕迪拉以前是否有过犯罪记录,帕迪拉回答说曾经被定过罪但只服刑了几个月(美国的犯罪分子好像普遍比较愚蠢,连这都说!)。在警察的请求下,帕迪拉同意警察搜查他的汽车,并签署了书面的、以英文书写的同意书。获得同意后,警察对汽车进行了搜查;其中一名警察——马斯登——就是将帕迪拉汽车截停的那位——牵着一条名叫 K-9 的警犬对汽车进行了闻嗅,结果显示车上有毒品。

警察来到汽车尾部进行查看。他们凭借经验,立即发现该车尾部车厢有安装过"捕鼠器"(Trap,陷阱;捕鼠器;在本书语境中,该单词的意思可能是:汽车后备厢的地毯下面挖了一个类似陷阱的槽,用于存放东西并隐藏)的迹象。特别是,汽车尾部的储存空间上的地毯及隔热材料很明显被改装过。警察将储存空间部分的地毯和隔热材料抬起来,发现下面果然有一个凹陷进去的容器,其中有一个塑料袋,里面装了大约 1100 克的物品,后经检验为海洛因。警察立即逮捕了帕迪拉和马尔多纳多,并向其宣读了米兰达警告。

之后,鲁宾斯坦又押送帕迪拉回到他在纽约的住处。在这里,警察再次让帕迪拉签署了一份同意搜查其公寓的书面声明,只不过这次用的是西班牙语。帕迪拉请求警察在搜查时允许他在场陪同并获得允许。警察同时还允许他给自己的家人打电话。帕迪拉的家人不久后赶到。警察对住处的搜查一无所获。

帕迪拉和马尔多纳多都被带到警察局。警察再次向两人宣读了米兰达警告,但两人均放弃其米兰达权利,表示愿意配合。帕迪拉再次表示,他对车上的毒品一无所知;他只是送马尔多纳多回罗得岛州。马尔多纳多也表示愿意配合,并坦白承认自己从罗得岛州到纽约,目的就是从纽约接回这批毒品;他拒绝透露罗得岛州的老板,但是坦白说老板给了25 000美元,让他把这笔钱交给帕迪拉,以换取帕迪拉将这批毒品运送到罗得岛州;他在纽约把这笔钱给了帕迪拉;帕迪拉知道有关这批毒品的一切。马尔多纳多一直声称自己是马尔多纳多,住在罗得岛州,他身份证上的信息就是他的真名。但是指纹识别结论表明,他的真名是托雷斯(Torres)。

被告人帕迪拉的辩护律师申请排除警察在车上搜查并扣押的毒品、手机以及手机上的信息等证据,因为这些证据都是非法搜查的结果(毒树之果)。

二、制度背景

这个案件中警察收集证据的合法性居然会存在争议,这在很多中国人看来会觉得不可思议。因此在介绍双方争议的焦点及各自所持的理由之前,有必要先对美国有关搜查与扣押的法律作一个简要的介绍。必须要说的是,在搜查与扣押的法律方面,美国与中国存在很大的区别。

作为一个简单的对比,先说一下美国的情况。美国非法证据排除的途径主要是三种:(1)违反第四修正案关于搜查和扣押的规定;

(2)违反第五修正案关于反对自我归罪特免权的规定;(3)违反第六修正案获得律师帮助权的规定。可以看出,美国的非法证据排除规则不是按照证据种类来分类,而是按照违法行为的种类来分类。一个行为,如果违反了宪法,不论收集到的是何种证据,均可以被申请排除。例如,第四修正案是关于非法搜查与扣押的,扣押既包括对物品的扣押,也包括对人身的扣押,也就是逮捕。如果一名警察非法逮捕犯罪嫌疑人,犯罪嫌疑人在逮捕期间所作的供述也是要被排除的。所以第四修正案不仅排除物证和书证,也排除被告人供述。

另外,美国的非法证据排除规则适用毒树之果原理,就是说无论一个证据是直接渊源于违宪行为还是间接渊源于违宪行为,都应当予以排除。换句话说,只要是基于违宪行为所获得的证据,都属于违宪行为这棵毒树上结出的果实,都应当予以排除。其理论基础在于:如果间接渊源于违宪行为的证据不被视为毒树之果,非法证据排除规则的效力就会打折扣,因为如果排除规则只排除直接源于毒树的证据,不排除间接源于毒树的证据,警察就很容易将排除规则视为侦破案件的代价,也就是以排除直接渊源于违宪行为的证据为代价去获取更大量的同样足以给被告人定罪的其他证据。因此,如果警察违反第五修正案对被告人实施刑讯逼供,不仅供述要排除,根据供述获得的其他证据,如尸体、杀害被害人的工具等,都必须予以排除。又如,如果警察违反第四修正案对被告人住宅进行搜查,搜查获得的被告人的日记、根据日记找到的其他证人的证言,也都必须予以排除。

中国目前的非法证据排除规则主要限定于言词证据,也就是通常所说的被告人供述、被害人陈述和证人证言。它包含了美国联邦宪法第五修正案的排除规则中的大部分,同时也包含了第五修正案的排除规则中没有包含的部分:第五修正案只排除政府执法人员违法获得的供述,不排除诸如被害人陈述、证人证言等信息。另外,中国对被告人供述的排除,也仅排除供述本身,依据供述找到的其他证据例如杀人工具、记载犯罪过程的日记等,不在排除之列。这是中国的第一类排除规则,对应于美国联邦宪法第五修正案的排除规则。第二类排除规则是关于物证、书证等的排除规则,司法解释和《刑事诉讼法》的界定是严重影响司法公正时才排除,也就是几乎完全由法官自由裁量。这一规则可以理解为大体上对应第四修正案的排除规则。但是,如前所述,第四修正案的排除规则不仅包括对物证、书证的排除,而且也包括非法羁押人身之后对供述的排除。所以只能说中国的这类排除规则部分包含了第四修正案的排除规则。还必须要看到,在物证、书证方面,中国这种极具模糊性的法律表述在实践中要落实为现实,需要假以时日。目前还没有看到先例。

综上所述,如果按照中国法律的习惯,美国实际上有四类排除规则:(1)非法搜查、扣押获得的任何证据;(2)非法逮捕羁押获得的供述证据和其他证据;(3)刑讯逼供等方法获得的供述证据及其他证据;(4)侵犯律师帮助权获得的任何证据。美国司法实践中最经常适用的是第 1 类和第 2 类。第 3 类很少适用,因为自从米兰达判决之后别说直接违反第五修正案,就连违反米兰达规则的情形都已经十分少见了(违反第五修正案和违反米兰达规则是不一样的,限于主题,此处不予讨论)。第 4 类规则在实践中也很少被援引,因为获得律师帮助的权利是美国联邦宪法修正案中最没有争议的权利,Gideon 案之后美国刑事被告人包括贫穷的被告人都能得到律师帮助,所以违法的情形也很少发生。按照这个方法来比较,则中国目前法律上只存在第 1 类和第 3 类非法证据排除规则;第 2 类和第 4 类在法律文本上就是缺失的;实践中实际上只存在第 3 类非法证据排除规则,第 1 类规则实施起来相当困难,或者说几乎没有。

三、辩方动议

下面让我们再回到该案。在美国,公民的人身、住宅、文件、物品等都受宪法保护。宪法保护公民的人身、住宅、文件、物品等不受不合理扣押的权利。判断一个搜查与扣押是否合理,要根据搜查的对象与程度视不同情形而定。(1)一般情况下,对住宅等的搜查通常要求有法官签发的令状,也就是搜查令;但是紧急情况下例外,至于何为紧急情况,要根据个案综合各种情况总体判定。搜查令必须建立在适当根据(Probable Cause)的基础上。也就是说对住宅等的搜查实行的是适当根据+令状的原则,辅以各种各样的以紧急情况为法理基础的例外。(2)第二种情况是对人身、车辆等的截停和搜查(stop and frisk),判例要求必须有合理的怀疑(reasonable suspicion),一种低于正当根据的证明标准。但是搜查必须有限度,对人仅限于拍身搜查,类似于机场的安检;对车辆仅限于基于自卫目的、为防止驾车人持有武器、可能袭警等情况发生。(3)第三种情况是经过同意的搜查。如果警察到您家中,亮明身份,说想要搜查一下,但是没有搜查令,您说没关系,热烈欢迎,那么警察的搜查就是合法的,这种情况下无需适当根据,也无需令状。

正是基于以上法律,该案中辩方申请排除非法证据。辩方的理由主要由以下三个主张组成:

第一,警察拦下被告人车辆并不存在合理怀疑。

如前所述,在美国,对所有私人物品、财产、房屋、办公室、住宅、车辆等进行搜查与扣押都必须是"合理的"。所谓合理,就是必须符合上述三种情况。如果是对住宅等进行常规搜查,必须有适当根据和令状;如果是对人身或汽车进行有限度的搜查,必须有合理怀疑;或者经过被搜查人同意。

该案当中,辩护人提出的第一个理由是警察截停被告人的车辆并不存在合理怀疑的基础。那么,该案警察截停的依据是什么呢?就是那个线报。所以,辩护人的重点在于解释,该线报为什么不能构成合理怀疑。辩护人声称,为建立起合理怀疑的基础,警察必须能够特别地指出特定的、可以言说的事实,结合从这些事实中得出的理性推论,方能实施有限度的搜查。辩护人也承认,并引用 1972 年的一个案例(*Adams v. Williams* 案),说明警察可以根据秘密线报进行搜查。辩护人还引用了 1983 年的 *Illinois v. Gates* 案判决,承认判断是否存在合理的怀疑应当以案件总体情况综合判定。但是辩护人认为,综合该案总体情况,不能认为警察有实施搜查的合理怀疑。因为,(1)警察得到的线报仅仅是说有 2 名多米尼加裔男子将要运输毒品从纽约到罗得岛州并途经康涅狄格州,警察将其搜查单独地建立在这个线报提供的信息的基础上,但是警察在追踪被告人车辆时并没有发现两名嫌疑人的任何犯罪行为。辩护人的意思是,两名嫌疑人在车上、路上并没有实施任何犯罪行为,因此不足以引起任何理性人的怀疑。(2)警察获得的线报信息的真实性本身也值得怀疑,因为根据警方报告,这是该案中的探员第一次根据该线人提供的情报采取措施;尽管该探员提到这名线人以前曾经提供过可靠的情报,但是却拒绝披露情报的内容。因此该线人提供的信息不足以构成合理的怀疑。

第二,警察截停被告人的汽车时并没有适当的根据。辩护人之所以争辩这个问题,是因为,即使该案中警察有根据证明存在合理怀疑,其搜查的程度也相当有限。该案中警察的搜查显然超出了 *Terry v. Ohio* 一案判决所允许的搜查限度。超出限度的搜查,仅有合理怀疑是不够的。因为 *Terry v. Ohio* 一案所确立的规则,实际上是对令状主义设置的一个例外;该例外的法理主要是基于紧急情况。所以其搜查只能限于防止警察自身受到伤害。如果需要做进一步的搜查,就必须要有适当根据,并且申请令状。所以,辩护人指出该案警察的搜查没有适当根据。

辩护人引用了 *United States v. Arvizu* 一案,根据该案判决,警察是否有适当根据截停一个人或一辆汽车,应当根据当时的具体情况综合判断。从该案情况来看,如前所述,警察连合理怀疑的根据都没有,因此当然更谈不上适当根据这一更高的要求。另外,控方声称警察的截停是因为被告人在驾驶时有违章行为,辩护人认为这一说法不足为信。

第三,警察并没有获得一个有效的同意以进行合法的搜查。根据 *Schneckloth v. Bustamonte* 一案,在搜查的合法性基础是被搜查人同意的场合,控方必须证明被搜查人的同意是自愿作出的。该案控方显然不能证明被告人同意搜查是在自愿的情况下作出的。首先,帕迪拉是被非法截停的,因此,其所作出的同意声明已经被之前警察的非法截停行为所玷污;根据 *Florida v. Roger*(1983)一案,当一个人被非法拘留时其所作出的同意搜查的声明无效因而不足以正当化之后的搜查行为。其次,在考察作出同意的环境时,一些微妙的细节都应当被考虑进去。尽管被告人签署了两份同意搜查的书面声明,但是第一份书面声明是用英文书写的,而被告人是一个几乎完全不懂英语的人。他可能完全不懂他所要签署的文件的意义。最后,该同意搜查的声明是在高速公路的路边,在全副武装的警察的环绕下作出的。这一细节也影响到同意搜查声明的自愿性。

基于上述理由,辩护方申请排除上述证据。

对于辩护人的上述主张,本书认为第一个理由实在难以成立。原因是,联邦最高法院在辩护人援引的 *Illinois v. Gates* 一案中说得很明确:是否存在适当根据应当根据总体情况综合判断;一方面要对举报人本身是否可信进行判断,另一方面要对举报信息是否可靠进行判断;这两个标准虽相互独立但又相互依存;如果能够通过举报信息对举报人的可信度作出判断,那么,仅仅依据举报信息,哪怕举报人是匿名的,也可以断定合理怀疑或适当根据存在。就该案来看,举报信息与 *Illinois v. Gates* 案中的举报信息极其相似,因为都涉及犯罪的许多细节,所以举报信息本身就足以构成适当根据。又由于适当根据是高于合理怀疑的标准,所以既然构成适当根据就必然能形成合理怀疑。所以,辩护人主张该案不存在合理怀疑,本书表示怀疑。至于第二个理由,其不成立的原因和第一个理由是一样的。辩护人的第三个理由本书认为成立。但是如果第一个理由和第二个理由均不成立,则即使辩方提出的第三个主张成立,该案警察的搜查也可能符合宪法。因此辩护人的主张可能难以获得法院支持。

该案另一被告人托雷斯没有申请非法证据排除。被告人帕迪拉申请排除的也是搜查和扣押直接获得的证据,对于逮捕并宣读米兰达警告之后获得的被告人帕迪拉及被告人托雷斯的供述,辩方没有申请排除。如果搜查和对物证的扣押被认定为非法的话,逮捕之后的供述也有可能作为非法扣押人身的毒树之果予以排除。但是该案中,就帕迪拉的供述而言,目前看来对控方几乎没有价值,所以辩方没必要申请排除。托雷斯的供述对于帕迪拉的定罪至关重要,可以说是致命性的。但是由于托雷斯自己不申请排除,帕迪拉无权申请排除。在这一点上,美国非法证据排除规则的吓阻效果是打了折扣的。因为非法证据排除规则要求提出排除证据动议的一方必须具备申请排除非法证据的资格;但根据判例,只有那些宪法权利受到侵犯的人才有资格提出排除非法证据的动议。例如,假设张三在侦查讯问中遭受刑讯逼供并作出了供述,指认自己和李四是杀人凶手。在针对李四的审判中,李四是无权申请排除张三的证言的,因为只有张三才是宪法权利受到侵犯的直接受害者。因此,在该案中,如果警察的搜查、扣押被认定为非法,对于托雷斯的供述,即使事实上属于毒树之果,帕迪拉也无权申请排除。

四、控方答辩

控方的答辩当然是所有上述证据均系合法搜查取得,具有可采性。

控方的第一个理由是:警察截停被告人帕迪拉驾驶的汽车有合理依据,因此是恰当的。控方指出,警察马斯登在看到帕迪拉驾驶的汽车的时候,该汽车正在骑线行驶,而且是反复违反交通规则。根据《康涅狄格州法典》第 14 章第 14 节的规定,如果一条高速公路被分成两条或两条以上车道,任何车辆均只能在其中一条车道内行驶。根据 2009 年的 *Arizona v. Johnson* 一案,截停汽车只需要有合理理由怀疑该汽车实施了或正在实施犯罪行为。根据 2009 年的 *United States v. Stewart* 一案,只要有合理根据怀疑一辆汽车违反了交通法规即满足截停该汽车所要求的合理怀疑标准。该案当中,警察马斯登观察到帕迪拉驾驶汽车违反交通法规,又接到电话说这辆车上有海洛因,其截停的行为完全适当。

第二个理由是:警察截停汽车的行为并非“不合理”行为。根据 *Terry v. Ohio* 一案,警察可以在存有合理怀疑的情况下对人身和车辆进行简短的截停、询问和搜查。根据 *United States v. Lawes*(2002)一案,“合理怀疑”并不是一个很高的门槛。根据 *United States v. Sokolo*(1989)一案,它显然是一个比“适当根据”低的要求。根据 *United States v. Quarles* 一案,一个线人提供的小建议也可以构成合理怀疑的基础——只要它是可靠的。该案当中,线人提供的情报包括汽车牌照、型号、行驶的目的地、驾驶人员的大致情况等信息。这些信息与警察在实施截停之前观察到的情况相互印证。线人还说在汽车尾部储藏间可能会有一个“陷阱”装置,用于藏匿毒品。由于之前提到的信息都得到印证,所以线人提到的车上藏有毒品的说法真实的可能性也相当高。不仅现场信息证明线人提供的情报非常可靠,线人之前也有提供过可靠的信息。这一信息为警察马斯登截停被告人的汽车提供了合理怀疑的基础。另外,马斯登观察到被告人有恰好以限速速度的上限行驶、不停地检查后视镜、反复地违反交通规则等行为,结合其收到的线人情报,完全可以构成截停并搜查的合理怀疑。甚至,即便马斯登是将被告人违反交规的行为作为截停其汽车的借口(就是说以违反交规为借口,实际上则是因为想要查获毒品),也不影响其截停与搜查之行为的合理性。因为,根据先例,“即使是以违反交规为借口而真实目的在于发现更为严重犯罪的证据的截停与搜查也是符合宪法的”。

第三个理由是:被告人的同意是自由签署的。根据 *United States v. Jones* 一案,法官在审查被告人同意是否是自愿作出时要考虑被告人的年龄、智商、教育背景、询问时间的长短以及警员是否采用强迫性手段等因素,综合所有情况总体判定。除此之外,法院还应当考虑被告人在多大程度上与警察保持了合作,以及被搜查人对可能发现违禁品的态度。根据 *United States v. Matlock* 一案,控方应当将同意出于自愿的事实证明到优势盖然性的程度。该案当中,警察均证明他们请求被告人同意进行搜查。该案并无证据证明警察对被告人采取了任何强制性的手段。同意搜查的书面声明还特别地记载了搜查的目的。在这个过程中,被告人帕迪拉也一直保持合作的态度。基于此,我们认为他的同意是出于自愿。

检察官还指出,被告人还签署了一份西班牙语的同意搜查声明,但是这不能说明被告人就不懂英语。事实上,警察马斯登还与被告人用英语谈过被告人的夹克,鲁宾斯坦则不仅用英语跟帕迪拉说过同意搜查的事情,还用英语说过帕迪拉家所在的方向。只是后来在 DEA 位于纽黑文的办公室,一名叫米兰达的警察才跟帕迪拉说过西班牙语。但这不意味着帕迪拉就不会说英语。

值得注意的是,控方在反驳辩方主张时虽然也提供了三个理由,但第一、第二个理由均是针对辩方的第一个主张提出的;第三个理由才是针对辩方的第三个主张提出的。也就是说,控方对辩方提出的第二个主张未予答辩。但如果控方第三点理由成立,则该案警察的搜查仍然符合宪法。

五、庭审对抗

因美国实行联邦制,各个州对于非法证据排除听证程序的规定都不尽相同。但是概括起来,非法证据排除程序的启动和听证一般存在三种模式:第一种是在庭前程序中启动,通常要求辩护律师提供书面申请,并在申请书上签名;第二种方式是在正式的审判程序中启动;第三种模式是审前阶段和审判阶段均可启动。康涅狄格州显然采取了第一种模式。因此非法证据排除听证属于审前程序的一部分,该案尚未进入审判程序。

值得一提的是,该案被告人于 2012 年 2 月 11 日被逮捕,之后一直处于被羁押状态,自从辩护律师提出非法证据排除的动议之后,法庭确定过数次听证的时间,但每一次都临时延期。所以直到今天才举行听证。在去法庭之前我还担心:会不会今天又被延期?很幸运——这一担心没有成为现实。

上午十点,法官到庭,证据听证正式开始。被告人戴着手铐到法庭,法警将手铐打开,被告人坐在辩护人旁边。法庭正中间是审判席,高高在上。下面有两张桌子,法官左手边是公诉人席,右手边是辩护人席。辩护人席和公诉人席均与法官有一定距离，在控辩席的前方正中间位置放着一张较高的桌子，上面有话筒，适合于控辩双方站着向证人发问或作总结陈词时使用。公诉人面对法官的右前方是证人席。法官是一位 45 岁左右的中年女法官，微胖，白人。公诉人首先传唤证人——两名警察到庭作证。

第一名警察叫马斯登，就是在现场牵着那条警犬到处嗅的那个人。因为是控方证人，所以首先由公诉人进行直接询问。公诉人的询问主要涉及马斯登何时赶到现场，在现场看到什么情况，为什么截停汽车，截停后跟被告人说的是英语还是西班牙语，跟被告人交谈的时间大约有多长等。证人的回答大致是，去年 2 月 11 日上午 7 点左右，他接到 DEA 打来的电话，说有一辆福特翼虎汽车上有毒品；9 点左右，他来到 95 号州际公路上巡逻，看到有一辆汽车不时变更车道，变更后不时压线行驶；他跟踪了这辆车，觉得该车违章行驶比较可疑，所以将其截停。截停之后与被告人交谈大约几分钟的样子，用的是英语。他说被告人在这个过程中一直说英语。

轮到被告人的辩护律师进行发问，问的几乎都是诱导性问题。根据美国的证据规则，直接询问一般不允许问诱导性问题，理由是诱导性问题容易诱导证人以律师对案情的看法来陈述案情，禁止诱导性问题就是希望证人以自己的方式来陈述案情。但是在交叉询问中诱导性问题是允许的，因为传唤证人的一方已经以直接询问的方式让证人以自己的方式陈述了案情，而交叉询问的目的主要在于对证人在直接询问中涉及的事项进行澄清、质疑、求证。

辩护律师的问题主要集中在几个方面：警察是如何跟踪被告人的车的？如果不是接到 DEA 打来的电话，他还会截停这辆车吗？当警察示意被告人停车时，被告人是否慢慢地将车靠路边停了下来？当被告人将车停下来时，警察是否要求被告人下车？对于警察而言,要求被告人下车是否属于比较通常的做法?警察和被告人交谈的时间有多长?警察当中有没有人说西班牙语?在与被告人交谈的过程中有没有发现异常情况?证人的回答是:跟踪被告人的车是因为被告人违章;被告人按要求慢慢地将车开到路边并停了下来;警察要求被告人下车;这种做法并不异常;交谈时间大约几分钟的样子,不太长;辩护律师追问说不太长是多长,以分钟计还是以小时计?警察回答说比一分钟长比一小时短;警察当中刚开始没人说西班牙语;后来来的警察有 2 人说西班牙语;在用英语与被告人交谈的过程中没有发现有异常情况;他与被告人交谈了大约 5 分钟。

听了辩护律师对第一名证人的交叉询问,我认为辩护人还是很优秀的,所有的问题都相当有针对性。其提问中的前半部分主要是想论证:被告人按照警察的要求将车停下来的整个过程表明被告人对于警察的指令都是服从的,完全没有任何可疑之处,因此如果警察将车截停是因为被告人违章驾驶的话,其之后的搜查应当仅限于一般性的拍身搜查性质的搜查;被告人的行为并没有给警察进行深度搜查的理由;后半部分主要是想说明被告人因不懂英语,所以尽管警察获得了被告人签署的同意搜查的书面声明,该声明也应当归于无效。

第二名出庭作证的警察是鲁宾斯坦,就是那个获得线人情报、将情报转给马斯登并让其截停汽车、在汽车被截停后赶到现场的警察。他作证的内容和第一名警察并无本质不同。直接询问时,检察官的重点在于他获得的情报的内容,他与线人接触的历史,他到现场和被告人交流的情况,搜查的情况,以及将被告人带到他家中进行搜查的情况。交叉询问中,辩护人问的也主要是这些问题,但是质疑的成分比较明显。

这里顺便交代一下,法庭上有一女子是负责给被告人作翻译的。

在第一名证人出庭作证之后,法庭休息了一下。第一次休庭期间,我问了一下检察官,谁给翻译付费?检察官回答说法院。

第二名证人作证之后,法庭再次宣布休庭十分钟。但实际上休庭了将近一个小时。大约下午一点的时候,法庭第三次开庭,双方进入结辩阶段。因为是辩护人提出排除证据的动议,所以辩护人先发言。辩护人发言后公诉人发言。双方都很简短,大约各自 10 分钟。内容其实和他们之前提供的书面申请书、答辩词没有太大区别。双方都只做一次发言,都没有进行第二轮反驳和结辩。

令人印象深刻的是,第一,整个庭审过程中,法官几乎没有发言,只是在第二名证人出庭作证、双方都发问完毕的时候,法官才简单地问了证人一个问题。第二,控辩双方对对方的发问也基本上没怎么反对,辩方律师只反对过一次,控方还没来得及解释法官就作出了裁决:证人请回答检察官的问题。第三,辩护人席和公诉人席离得很近,辩护人与公诉人相谈甚欢。公诉人、辩护人、法官都是法律人,他们使用共同的语言,有着相同的身份认同。今天主持庭审的法官是检察官出身,明天主持庭审的也许就是律师出身。控辩双方都对法庭非常尊敬,当然也对法官的素养十分信任。可以说,法治建设到了这一步,法庭已经相当和谐了。这才是法律人共同体的世界。

六、法官座谈

在法官第二次宣布休庭 10 分钟时法庭书记官来叫我们,说法官可以和我们座谈。我们来到法官办公室。法官让助理给我沏了一杯咖啡。然后开始座谈。

(一)法官的职责和分工

法官自己先介绍说她当法官之前做了十几年的检察官。这个案子非常独特,非常典型,可能在教科书里都很难找得到这样经典的案例。另外，这个案子本来是要在纽约州的地区法院（Magistrate Court）审理的，但是她也不知道为何放到了康涅狄格州地区法院（District Court）来审。我问她这个法院一共有多少法官，她回答说只有8名法官。又问道这个案件是否会由陪审团来审理，回答说如果将来进入正式审判的话可能会由陪审团审理。我问她该法院每年用陪审团审判的案件大约有多少？回答说大约40件。

法官提到她其实并不负责刑事案件的审判，她主要是负责民事案件的审理、刑事诉讼中搜查令和逮捕令的签署以及非法证据排除的听证。换句话说，如果这个案件将来进入陪审团审判，她是不会主持这个案件的实质性审理的。我当时听了觉得很奇怪，不过很快觉得这样安排很合理。第一，搜查令、逮捕令的签署与非法证据排除听证这两项工作是天然联系在一起的；搜查令、逮捕令的关键是审查判断是否存在适当根据；非法证据排除听证的关键，也是审查警察的搜查、扣押行为是否存在适当根据，两者具有同质性，不过一个是事前审查，一个是事后审查而已；第二，对警察的搜查、扣押、逮捕申请是否具备适当根据进行事先审查，以及对逮捕、搜查、扣押等行为是否存在适当根据进行事后判断，本质上都属于事实问题，都只需具备常人的理性与经验即可。因此，美国法院如此安排法官的职责分工实际上具有相当程度的合理性。

（二）被告人的迅速审判权

美国宪法规定被告人有获得迅速审判的权利。我说，我注意到被告人数次放弃迅速审判的权利。这个案件本来是2012年2月就已经将被告人抓捕归案，好像被告人一直被监禁至今，这有些奇怪。被告人为何不交保证金获得保释？另外，难道因为被告人放弃迅速审判的权利，法院就可以一直拖延不决？

法官回答说，这个案件确实很奇怪。被告人没有交保证金，所以一直处于羁押状态,已经关了一年多了。奇怪的地方在于,这个案件本来是政府指派公设律师为被告人辩护的,但是被告人后来自己更换了律师。今天出现在庭上的律师是他自己花高价聘请的。我们不知道为什么他付不起保证金却能高价聘请律师。这位律师是当地最有名、最优秀的刑辩律师。这让我吃了一惊,因为我一直以为今天出现在庭上的律师是公设律师。我还为他在法庭上的表现喝彩,心想美国的免费律师都这么优秀,那谁还请私人律师呀。没想到这位就是私人律师。真是一分价钱一分货。至于被告人为什么数次放弃获得迅速审判的权利,法官解释说有可能是因为他的辩护律师希望在庭前更多地了解情况,能有更多时间准备非法证据排除听证,并在此基础上,在将来进行答辩交易时手中拥有更多筹码。

法官还补充说,该案被告人也放弃了大陪审团告发书(indictment)起诉的权利,而是选择接受检察官起诉书(informant)起诉的方式。法官分析说被告人如此选择很可能是为了避免自己在审前程序中就暴露在公众面前;另外,从策略上说,如果被告人坚持大陪审团告发书起诉的方式,将来如果希望通过答辩交易结案,检察官可能会面临公众压力,对被告人提出更为严厉的和谈条件(也就是说可能会寻求更加严厉的刑罚)。

(三)证人出庭作证的意义

我说,我注意到刚才两位警官都出庭作证,我觉得他们非常敬业,他们并没有因为出庭作证而觉得降低了身份;我昨晚读了一晚上的案卷材料,包括辩护方申请排除证据的动议、检察官关于反对排除证据的备忘书、警察提供的一份详尽的侦查报告等,我认为凭借这些案卷材料就可以对该案中是否存在非法搜查、非法扣押的情形作出比较确定的判断,而不会有丝毫良心上的不安;可是证人来到法庭上,说了那么多,和他们之前提供的书面证言又没有什么区别,辩护人和公诉人都发问那么长时间,难道不是很麻烦吗?难道不是浪费时间吗?您是否也这样认为呢?

法官笑了笑说是的。该案材料很清晰。事实很清楚。基本上可以根据书面材料作出判断。但是我们的宪法有规定,被告人有权与提供了不利于他的证言的证人当庭对质。所以警察作为该案的关键证人必须出庭。我又问:那,假设,如果你们的宪法没有规定被告人享有对质权,也就是说允许证人不出庭,在这样的前提下,您是倾向于就以书面材料为基础作出决断,还是把证人叫到法庭上,亲自听取他们的证言,之后再作出判断?法官又笑了,说:您的问题非常好。我还是倾向于把证人叫到法庭上,通过对证人的观察,通过双方对证人的询问,可以对证人的可信度作出更加准确的判断;我已经习惯于这样做;我认为这样能够更好地实现司法的正义。

我说,我对这样的制度设置也很赞成。但是,如果是一位强奸案件的受害妇女在法庭上作证,如果是您主持审判,您是否愿意在被告人和被害人之间设一道幕帘,不让被告人看到被害人,防止被害人遭受被告人的第二次伤害?法官说这个确实有些两难,因为依据宪法,被告人有与被害人对质的权利,但对于强奸案件中的女性受害人,让她们直接面对被告人的发问,确实容易导致二次伤害。因为她不负责审理刑事案件,因此对于这个问题她不能告诉我她自己的经验。但是她听说过一个案件,被害人是一位十一二岁的少女,遭受性侵犯,法官准许在被告人和被害人之间设置幕帘。但是对于成年被害妇女,是否允许,她没有听说过。

(四)该案是否存在适当根据

我问道:这个案件争议的焦点就是争议证据获得手段的合法性问题。假定,该案中警察根据线人的这份举报材料,到您这里来请您签发搜查令,您会允许吗?法官回答很干脆:如果警察事先就到我这里来申请签发搜查令,我会给他签署的。我心里想这位法官真坦率,可以说毫无遮掩!这相当于明确告诉我:她认为该案中警方所依据的举报材料已经足以构成搜查和扣押所必须具备的“适当根据”。当然,这和我的判断基本一致。我对这个结局并不惊讶,但是却惊讶于法官的开诚布公。她也不怕我回头就去告诉检察官和律师:你们别争了,法官已经有决定了!

不过,这个案件复杂的地方在于,即使有正当根据,也只能正当化警察的截停汽车并进行一般性搜查的行为。所以,即使法官认定警察的截停行为符合宪法,她也必须继续判断:截停之后的搜查是否超过了 *Terry v. Ohio* 一案所规定的限度并符合该案判决确立的原则。如果超过了限度,则仅有适当根据还是不够的,仍然要申请令状;既然没有令状,法官就必须继续考虑:该案中被告人帕迪拉所作的书面同意的声明是否是基于自愿。本章在第三部分辩方动议中曾经提到,我认为辩方的第三个主张也许是成立的,因为警察是在将汽车截停的情况下、被告人是在很多全副武装的警察的环绕下作出的同意搜查的声明。这一声明是否有效,值得怀疑。但是检察官说,根据判例,同意搜查的声明是否有效,也要考虑被搜查人合作的程度——也就是说,搜查时越愿意合作,其同意搜查的声明越可能是有效的,因为被搜查人以实际行动证明了其同意搜查的自愿性。该案证据也确实显示被告人一直比较配合——除声明自己与毒品无关以外。所以,该案究竟应当如何判定,还是存在着比较大的变数。

(五)非法证据排除规则的目的

我说,我再问一个假设性问题。如果在该案中您判定辩方胜诉,也就是将该案中的证据予以排除,警察会因为他们的过错受到纪律惩戒吗?法官笑着说不会,他们会说法官又判错了!

我觉得这个回答很幽默,接着说:我觉得你们美国的非法证据排除规则非常复杂。双方的材料都引用到无数的判例。这些判例确立的规则有些并不明确。你们联邦最高法院关于非法证据排除规则的目的,最经常的说法是吓阻警察的非法行为。但是,如果这个规则如此复杂,警察能够有效地掌握这些规则吗?法官说对,这些规则的确太复杂了。对于州的警察而言,很难说他们能够完全、准确地掌握这些规则。但是联邦的警察通常都训练有素,我认为他们能够掌握,但是也不尽如人意。所以说吓阻效果并不明显。

我说,那可不可以这样说:美国的非法证据排除规则表面上是为了吓阻警察的违法行为而设计,但实际上并没有多少效果?法官马上说那也不能这样说。尽管规则很复杂,有时候警察可能并不了解全部,但是作为法院,通过对非法证据的排除,可以达到确立法治的效果,可以通过个案的正义,达到全局预防的目标;任何事情都不是一蹴而就,法律规定的目标及其效果的实现是一个渐进的过程;在这个过程中,任何个案的判定都会产生积极或消极的效果;长期坚持,法律规则设定的目标一定会实现。

因为法官在宣布休庭时说了休庭10分钟,但是我明显感觉到我们已经聊了超过半小时。我本来还有问题想问,考虑到法官的时间,还是止住了自己的一些好奇心。法官倒是不紧不慢,好像完全忘记了她说过休庭10分钟的话。

七、庭审结束

从法官办公室出来。几分钟后法官再次出现在法庭上,并宣布双方结辩。结辩之后法官宣布,她还要看看各自的申请书、答辩词和相关的证据,结论会在下周送达控辩双方。这个比较让我惊讶。我还以为法官会立即给出结论呢。不过也许下周会给出比结论更加有意义的判词。法官退庭后我跟法庭书记官说了一下,希望能收到法庭的结论。书记官说应该没有问题。

好吧,我认为这个案件在存在合理怀疑、存在适当根据的问题上公诉人应当稳操胜券,但是在被告人签署的同意搜查的声明是否是基于自愿的问题上双方应当是旗鼓相当,这方面辩护人的主张也很有分量。不过,毕竟法官最有经验。下周就有结论,让我们拭目以待。

八、法院判决

美国诉帕迪拉一案有关非法证据排除的问题早在 3 月 15 日就举行了听证,但法院迟至 4 月 29 日才作出裁决,法官在这个案件上可谓颇费思量。我们接到法院裁决则是在 5 月 7 日。虽然法官的判决没有在意料之外,但是法官推理的过程却值得我们的法官学习。另外,该案是典型的"审判中的审判",也就是在对被告人贩运毒品的事实进行正式审理之前,先对有关证据的合法性进行审理。其程序、其规则、其法理均有可圈可点之处。因此决定还是写出来,既供自己学习参考,也供大家点评思考。

(一)事实认定

判决书开宗明义,判定被告人败诉,其提出的排除非法证据的动议被拒绝。然后再从事实认定、法律适用的角度对判决书的结论进行论证。其第一部分就是事实的认定。以下是法院认定的事实。

2012 年 2 月,一名警方的线人向毒品管理局的警官鲁宾斯坦报告了有关贩运毒品海洛因的情况。线人向警官详细描述了即将贩运毒品的汽车的情况,包括汽车的颜色、车牌号、车型以及车上的乘客。鲁宾斯坦在法庭上作证说线人向他报告约有 1000 克甚至更多海洛因将于 2012 年 2 月 11 日由两名多米尼加裔男子经由纽约运往罗得岛州;线人还报告说毒品将藏在汽车尾部的一个隐蔽装置中。鲁宾斯坦向上级报告了此事并奉命侦查此案。鲁宾斯坦还作证说他之前与该线人合作过,虽然没有因其线报而将任何人逮捕,但是数月的合作让他感觉此人可靠。(判决书表明此段事实的认定主要是依据出庭作证的警官鲁宾斯坦的证言。)

2012 年 2 月 11 日,毒品管理局在纽约通往罗得岛州的 95 号州际高速公路上展开了对车牌号为 FMT-6987 的福特翼虎车辆设点寻找工作。一名警察在康涅狄格州境内发现并跟上了被告人的汽车,原因是该车与线人提供的有关情报吻合。(判决书表明该事实的认定依据的是控辩双方对事实达成的 1 号协议,就是说双方对该事实在庭前已经达成一致;根据美国法律,控辩双方均可在庭前就相关事实达成协议,协议一致的事实在法庭上不再举证和辩论)。该警察立即向鲁宾斯坦和在附近设点的警察进行了通报。在康涅狄格州边界附近,警察再次靠近并跟踪了这辆车,并且发现与线人提供的有关车型、颜色、车牌号以及车上乘客的数量的信息均吻合。

康涅狄格州警察马斯登在法庭上作证说他大约在早上 7 点接到毒品管理局的电话,通知他在从纽约到罗得岛州的高速公路上将有一辆车可能会运输毒品。他被要求注意一辆挂有纽约牌照且车牌号为 FMT-6987 的黑色福特翼虎。就在他接听电话时,同时被告知该车已经在康涅狄格州的斯丹佛(Stamford)被靠近跟踪。马斯登及时赶到并在伊斯特黑文将该车截停(这一事实的认定主要是依据双方庭前达成的 2 号协议)。马斯登的巡逻车装有摄录装置,但是马斯登在法庭上作证说当时他的摄录装置不能正常工作。马斯登说他跟上被告人的车并确认该车与线人报告的情况一致。他观察到车上有 2 名乘客。他还注意到该车正好以路上标记的最高时速 45 英里的速度行驶。该车驾驶人员不断地从后视镜往后看,他认为这一举动不正常。马斯登还作证说当被告人看后视镜时该车越过了车道线,这属于违章行为。因此他拉响了警报器,将车逼停。

马斯登走近驾驶员一侧,看到2名多米尼加裔男子在车上。马斯登作证说他用英语与他们交流,他们毫不犹豫地用英语回答。驾驶员提供了他的驾驶证并回答了他要去哪儿的问题。按照警察的要求,驾驶员从车内走出并来到汽车后面。警察说他想要看一下这辆车并希望得到他们的允许。他们回答说可以。该车驾驶员后来被确认为该案被告人帕迪拉,车上乘客为同案被告人马尔多纳多。

毒品管理局的警察在被告人下车后到达现场。马斯登作证说这些警察也是用英语与被告人交流,而被告人也用英语回答问题。鲁宾斯坦也作证说这时他们都是用英语提问,被告人也用英语回答。经帕迪拉的口头和书面同意,他们进行了搜查(有帕迪拉签署的书面的同意书为证)。经过警犬的闻嗅,在汽车尾部发现了重约1200克的海洛因(双方庭前3号协议)。

(二)法律适用

判决书的第二部分是对法律适用问题的讨论,其标题为"DISCUSSION"。该部分首先概述了被告人的主张,说被告人申请排除车上获得的毒品以及根据手机获得的相关信息,其主张的理由是根据美国联邦宪法第四修正案,警察的截停行为欠缺合理怀疑的依据,之后的搜查虽经同意,但是该同意不是明知且自愿的,所以无效。

1. 该案的举证责任

法院首先指出,根据判例,在有关实物证据(physical evidence)的非法证据排除问题上,首先应当由被告方举证;在被告方完成举证之后,举证责任就转移至控方,由控方证明搜查是合法的(*United States v. Breckenridg*, 400 F. Supp. 2d 434)。另外,双方举证责任所要求的证明标准都是优势盖然性(Preponderence of evidence)(*United*

States v. Allen, 289 F. Supp. 2d 230, 242, N. D. Y. 2003)。

2. 截停汽车的合法性

被告人声称,由于马斯登警车上的摄录装置失灵,该案并没有独立的证据证明警察截停被告人车辆时被告人有道路违法行为。因此警察的行为侵犯了其依据宪法第四修正案享有的权利。

法院首先援引了 *Holeman v. City of New London* 这一判例。根据该案判决,(1)在路上短暂地扣留人身构成第四修正案所说的"扣押";(2)这样的截停或扣押要求具备适当根据或者有合理怀疑地相信该车实施了交通违法行为或者准备实施其他犯罪活动;(3)判断适当根据及合理怀疑是否存在的标准是客观标准而非主观标准;因此,警察截停的实际动机与判断适当根据或合理怀疑是否存在并无关联。

值得注意的是最后这句话。根据 *Holeman* 案判决,判断适当根据及合理怀疑是否存在,只考虑行为人的行为在一般人看来是否值得怀疑,而不考虑警察当时是否对行为人的行为产生了怀疑。举个极端的例子,本来白人警察就对黑人有偏见,看见黑人驾车就想查,没有适当根据,也没有其他合理怀疑,但是刚好黑人驾车违章(其实就是越线行驶),就给了白人警察截停其汽车的合法理由,因为在判断截停是否有合理怀疑时,警察的动机是不予考虑的。这就是 *Holeman* 案判决的主旨。具体到该案当中,即使警察截停被告人汽车的实际动机是因为接到线报而不是因为被告人违章驾驶,只要被告人实施了违章驾驶的行为,警察截停的做法就是合法的。

法院接着说,根据康涅狄格州法律,越线行驶属于违章驾驶。法院采信警察马斯登在法庭上的证言,认定被告人当时有违章驾驶行为。(这段话是判决书中的原话,其实是对被告人的主张的反驳,因为被告人说警车摄录装置失灵,控方没有独立证据证明其当时违章驾驶)。法院接着援引了 *Whren v. United States* 案。该案中,联邦最高法院判定,交通违法行为足以正当化警察截停的行为,而不必顾及警察截停的真正动机(注:包括种族偏见)。

法院还说,该案不仅交通违法行为正当化了警察的截停行为,而且该案的客观证据也足以构成警察怀疑被告人在实施其他犯罪的合理性。换句话说,即使没有被告人的交通违章行为,警察接到的线报也足以构成“合理怀疑”。因为该线报已经足够详细。这些信息在警察的贴近跟踪过程中得到验证。同时根据 *Illinois v. Wardlow* 案,证明存在合理怀疑的证明标准低于正当根据的证明标准,该案已经完全满足了这一标准,并且超过了这一标准。

因此,法院判定该案中警察的截停行为满足美国联邦宪法第四修正案判例法确立的合理怀疑这一要求。其截停行为符合宪法。

3. 搜查的合法性

根据 *Schneckloth v. Bustamonte*(1973)案,经被搜查人同意的搜查,即使没有正当根据,也可以作为例外符合宪法。根据 *Bumper v. North Carolina*(1968)案,如果政府行为的依据是被搜查人的同意,则政府对同意的自愿性承担证明责任。根据 *Schneckloth v. Bustamonte*,同意是否自愿,属事实问题,应当根据所有当时情况综合判断。

根据 *United States v. Jones* (2001)案,法院在判断同意是否自愿时应当考虑个体的年龄、智力、教育背景、询问的时间长短、警员是否有强制性的行为等因素。根据 *United States v. Oguns*(1990)案,还要考虑被告人是否懂英语。判决书在此处引用了一系列被告人懂英语的事实在与警察的交流中得到证实的判例。其中一个判例提到,被告人英语理解能力有限的事实不妨害其作出的同意的有效性[*United States v. Sanchez*-Valderuten(1993)]。

在援引了一系列判例之后,法院判定,根据该案案情(判决书重复了鲁宾斯坦的证言、马斯登的证言）和该案证据，被告人帕迪拉作出的同意搜查的书面声明是明白的、自由的、自愿的。其所作出的同意是有效的。

判决书对被告人所说的警察全副武装围在被告人身边从而影响了其同意的自愿性的说法进行了回应。判决书说，法院采信证人马斯登的说法，帕迪拉的口头同意完全是自由的和自愿的，没有证据显示他的同意是不自由或不自愿的。执法官员在大街上执勤时常常都穿着警服和佩戴徽章，因此不足为奇。该案当中警察也没有拔出其手枪。警官们在帕迪拉签署书面同意的声明之前也没有进行搜查。所以法院认定该案不存在骚扰、恫吓、身体强制、羞辱以及任何延长了的询问的情况。

基于以上理由，法院判定该案搜查符合宪法。

综合以上三项，法院判定被告人申请排除证据的理由不能成立，该案证据具有可采性。

法院最后还说，本判决为建议性的。任何反对意见都可以在收到本判决之日起 14 日内以书面形式提交给法庭书记官。如 14 日内无异议，则不允许任何形式的上诉。

九、简要点评

在本章第七部分，笔者明确提到："我认为这个案件在存在合理怀疑、存在适当根据的问题上公诉人应当稳操胜券，但是在被告人签署的同意搜查的声明是否是基于自愿的问题上双方应当是旗鼓相当，这方面辩护人的主张也很有分量。"法院判决明确了第一个问题和第三个问题，也就是说警察的搜查存在合理怀疑的依据、被告人签署的同意搜查的声明是基于自愿。法院没有回答第二个问题，当然也没有必要回答第二个问题。因为截停汽车只需要合理怀疑，不需要适当根据。搜查需要适当根据,但是经同意的搜查除外。所以法院回避了第二个问题。当事人之所以争论第二个问题,是因为如果法院判定书面同意的声明无效,则警察截停之后进行深度搜查的行为就需要适当根据。在法院作出裁决之前,双方都不知道法院是否会认定该案同意搜查的声明有效,所以均对是否存在适当根据的问题进行了阐述和论证。

该案体现了充分的当事人主义。法庭举证和法庭辩论完全是双方当事人主导的。该案审判法官只问了证人一两个问题。实际上很多案件法官都不问问题。证据规则的适用也完全是当事人主义,双方可以在庭前就各自达成一致的事实达成协议,从而不必在法庭上举证和辩论。当事人主义实际上加强了法官的权威而不是削弱了其权威。因为在这种模式之外,权利被充分赋予了当事人,法官真的只是居中裁判,所以,如果任何一方败诉,也只能是"不怨天、不怨地,只怨自己不争气"。相反,在职权主义模式之下,法官被赋予较大的权力,人们也对法官在发现真实方面的能力赋予了过高的期望,当事人则往往被当作信息的来源而不是程序的主导。在这种模式下,如果法院判决没有发现真实甚至冤枉了无辜或者放纵了罪犯,人们当然有理由指责法院。

该案不同于陪审团审判的地方在于,虽然也存在事实认定,但认定事实的是法官而不是陪审团;法官对事实的认定需要说明理由,陪审团对事实的认定无须说明理由。我们原先接触的绝大多数判例都是美国联邦最高法院或者上诉法院的判决,却很少接触基层法院也就是地区法院的判决。从该案裁决来看,法官对事实认定的说理是非常讲逻辑的,通常都是一个事实一个事实地论证,而不像我国有些法院,通常都是"本院经审理查明",然后列出一堆事实,之后再列出一堆证据,说上面那堆事实有下面这堆证据予以证实;到底哪个证据证明了哪个事实,证据与事实之间的逻辑关系,则是不管的。另外,该案法院判决对双方涉及的争点基本上都作出了回应。只要是法院不同意的地方,法院都给予了充分的说明和论证,至少控辩双方都知道法院考虑了自己的意见,以及法院为何赞成了对方的意见而否定了己方的意见;这一做法也有利于控辩双方了解法院判决的逻辑结构,也便于双方就其裁决提出上诉。我国的法院,很多时候对律师的观点只有一句话,就是"不予采纳"。至于为什么不予采纳,却不说。甚至很多时候连律师提出的法律意见在判决书中提都不提,仿佛根本没有发生。我认为我国法院在判决书的说理方面还有待提高。

该案是典型的"审判中的审判"。根据法院判决,当事人双方均可在接到判决后 14 日内提出意见,否则将不得进行任何形式的上诉。也就是说,双方均可上诉,但是否接受上诉,却由上诉法院决定。即当事人双方虽有上诉的机会,却没有上诉的权利。这也是美国法律制度的特色。美国的绝大多数案件对于事实问题,我的理解都是一审终审;只是对法律问题才可以上诉。美国制度的理论基础是:上诉法院法官擅长的并非事实认定,而是法律适用和法律政策的解释,所以针对事实问题往往不允许上诉。以该案为例,即便双方提出上诉,上诉法院一般也不会改变审判法院对事实的认定;所以,只有在被告方或者公诉人对于法官援引的法律有不同意见,例如其中援引的某个判例不是法官说的那个意思,或者其中某个判例的规则已经被别的判例修改,从而其所赖以裁决的法律基础不存在或者错误,则可以提出上诉;单纯就审判法院认定的事实提出上诉,通常不会被受理。所以我经常说美国的审级制度对于事实问题常常是一锤定音,我国和大陆法系很多国家都是很多锤都定不了音。

我们还可以从该案联想到美国的很多制度,并拿来与中国比较。但再作过多评论,就属于“过度诠释”了。我对该案的判断是辩护律师很可能不再就非法证据排除问题提出上诉,而是在此基础上接受控方提出的条件,双方达成辩诉交易,该案不再由陪审团审判,双方以辩诉交易的形式结案。

中篇

本土渊源

The Chinese Model of Exclusionary Rules

第三章　中国非法证据排除规则的形成与特色

——兼与美国规则之比较

引　言

非法证据排除规则是美国刑事诉讼程序中最具争议的问题之一。反对派学者认为，这项规则是对美国联邦宪法第四修正案的权利本质及救济之误解带来的产物。在美国独立战争以前，当人们遭受不合理搜查或扣押时，一般采用民事救济，比如，按照非法侵入住宅来处理，而不是排除证据。[1] 支持派学者认为，在这里讨论美国联邦宪法第四修正案的立法历史毫无用处。如果宪法解释仅仅是为了确定一个特定的历史实践在1789年是否被允许，那不如让法学家离场，换上历史学家登台。[2] 当支持者对非法证据排除规则的威慑作用感到自豪时[3]，反对者却对这些效果存疑。这项规则并不直接

---

〔1〕 Akhil Reed Amar, *Fourth Amendment First Principles*, 107 Harv. L. Rev. 757, 759 (1994).

〔2〕 Tracy Maclin, *When the Cure for the Fourth Amendment is Worse than the Disease*, 68 S. Cal. L. Rev. 1, 46 (1994).

〔3〕 *Mapp v. Ohio*, 367 U.S. 643 (1961).

惩罚警察的不当行为,而是一种具有普遍威慑力的手段。〔4〕 有些学者甚至认为,非法证据排除规则造成了过度威慑,它不仅影响到警方,而且影响到检察官、司法系统甚至整个社会。〔5〕 美国的非法证据排除规则可谓受到了全方位的攻击。〔6〕

环顾之下,几乎没有哪个西方国家效仿美国的这项规则,一定程度上正是因为其广受争议。一位美国律师甚至断言,美国是唯一一个以取证方式违法为由排除可靠的关联性证据的国家。〔7〕 伯格大法官曾批评道,非法证据排除规则不仅对其他国家来说是陌生的,甚至对美国法律而言也是独特的;因此,尽管英国和加拿大高度重视其法律体系,但却都没有效仿美国的这项规则。〔8〕 事实上,加拿大是经过深思熟虑,才慎重地拒绝了美国模式的非法证据排除规则。〔9〕 加拿大采取了自由裁量排除的运作模式,目的是保护司法体系的声誉,这和美国模式极为不同。〔10〕 英国也制定了有关非法证据

---

〔4〕 Christine M. D'Elia, *The Exclusionary Rule: Who Does It Punish*, 5 Seton Hall Const. L. J. 563(1995).

〔5〕 Richard A. Posner, *Excessive Sanctions for Governmental Misconduct in Criminal Cases*, 57 Wash. L. Rev. 635, 638 (1982).

〔6〕 See, for example, Bryan T. Gonzales, *Making It Fit—The Good Faith Exception to the Exclusionary Rule: A Critical Examination of Arizona v. Evans*, 17 Whittier L. Rev. 609 (1996); Stephen J. Markman, *Six Observations on the Exclusionary Rule*, 20 Harv. J. L. & Pub. Pol'y, 423 (1997).

〔7〕 Malcolm Richard Wilkey, *The Exclusionary Rule: Why Suppress Valid Evidence*, 62 Judicature 214, 216 (1978); Lawrence Crocker, *Can the Exclusionary Rule Be Saved*, 84 J. Crim. L. & Criminology 310 (1993); Christine M. D'Elia, *supra* note 4, p. 564.

〔8〕 *Bivens v. Six Unknown Fed. Narcotics Agents*, 403 U. S. 388, 415 (1971); Christine M. D'Elia, *supra* note 4, p. 565.

〔9〕 See Robert A. Harvie, *The Exclusionary Rule and the Good Faith Doctrine in the United States and Canada: A Comparison*, Loyola of Los Angeles International and Comparative Law Journal, October, 1992, p. 792.

〔10〕 Antonio Lamer, *Protecting the Administration of Justice from Disrepute: The Admissibility of Unconstitutionally Obtained Evidence In Canada*, 42 St. Louis U. L. J. 345, 345 – 61 (1998). See also Robert A. Harvie, *supra* note 9, p. 795.

的排除规则,但很难看出和美国模式有何相似。[11] 随后,德国也制定了非法证据排除规则。[12] 同英美法系相比,德国结合了特定的社会政策作为证据排除规则的基础。[13]

近年来,中国也制定了非法证据排除规则。表面来看,中国兼采了加拿大、英国和德国的经验:对供述采取强制排除或自动排除,而对书证和物证采用裁量排除或酌情排除。若深入研究,却会发现中国的该项规则没那么简单。中国是否整体移植了美国模式,或仅仅采用了美国的一些特定规则,这个问题需进一步审视,其结论在很大程度上取决于如何解释中国《刑事诉讼法》的相关条文。本章旨在深入研究中国的非法证据排除规则,详细探讨条文解释的不同可能性,进而在比较法的视野下分析规则的优势与不足。

本章第一部分简要介绍中国的非法证据排除规则,包括相关的立法背景、推动立法的理念等。研究发现,从历史起源来看,我国非法证据排除规则的确立,更大程度上是为了保护无辜者免受

---

〔11〕 See Larry Glasser, *The American Exclusionary Rule Debate*: *Looking To England And Canada For Guidance*, 35 Geo. Wash. Int'l L. Rev. 159,159-95 (2003). 尽管英国被认为确立了排除非法获取的物证的规则,但本书持否定意见,具体见本章第五部分的论述。

〔12〕 Dr. Christian Fahl, *The Guarantee of Defence Counsel and the Exclusionary Rules on Evidence in Criminal Proceedings in Germany*, German L. J. 1053, 1053-66 (2007); see also Craig M. Bradley, *The Exclusionary Rule in Germany*,96 Harv. L. Rev. 1032,1032 (1983).

〔13〕 例如,德国在 1977 年的一个案例,因涉及康复诊所使用麻醉品的医疗记录,法院拒绝采纳该记录作为证据,主要是考虑到社会利益强烈鼓励人们在使用麻醉品和面临其他健康问题时积极寻求治疗。See Craig M. Bradley, *supra* note 12, p. 1047. 这种排除证据的理由显然不同于非法证据排除规则。相反,它考虑的是社会政策,与美国《联邦证据规则》第 407—411 条有更多的相似之处。简而言之,第 407 条旨在鼓励人们采取措施保障安全;第 408 条旨在促进有利于妥协和解决争端的公共政策;第 409 条旨在鼓励对受伤人员的援助;第 410 条旨在鼓励被告人认罪;第 411 条是为了防止陪审团因为保险公司有钱而不公平地惩罚保险公司。See Fed. R. Evid., Rule 407-411 and the Advisory Committee's notes. 在此意义上,一些比较法学者认为,德国的证据排除规则不是非法证据排除规则,因为它的目的不是为了阻却警察的非法行为,而是为了促进社会利益。

错误定罪,是为了促进消极实体真实主义的实现。第二部分比较了最高人民法院、最高人民检察院、公安部、国家安全部、司法部2010年《非法证据排除规定》和《死刑案件审查判断证据规定》之间的关系,指出,在分析中国的非法证据排除规则时,应当区分哪些规则是为了确保发现真相的准确性,哪些规则是为了保障人权。第三部分详细介绍了中国非法证据排除规则的适用范围,探讨了规则解释的不同可能性。第四部分探讨非法证据排除规则的相关程序事项,以及证据合法性的证明问题。第五部分以美国非法证据排除规则为基本参照,在比较法的视野下总结中国非法证据排除规则的特点。

概括而言,与美国非法证据排除规则比较起来,本书认为:第一,美国非法证据排除规则虽然也保护无辜者不被错误追究,但是无辜者却并非确立非法证据排除规则的基本考量,维护所有人的宪法权利才是核心驱动因素,中国非法证据排除规则的主要出发点恰恰是保护无辜者不受错误定罪,对公民基本权利的关注也肇始于对无辜者遭受冤屈的人道关怀;第二,中国的规则是基于证据种类的分类,带来了很多不便,这与基于权利分类的美国规则形成了鲜明的对比;第三,针对物证和书证采用裁量排除的规则并不适合中国;第四,中国规则只是有限地引入了毒树之果原理,使非法证据排除规则在实践中的效果大打折扣;第五,中国的非法证据排除规则可被归类为"法官共享型"非法证据排除规则,与美国"法官垄断型"的规则模式亦形成对照。

一、中国非法证据排除规则的历史沿革

(一)1979—1998年:中国非法证据排除规则的诞生

从1949年至1979年,中国尚无成文的刑事诉讼法,更别提非

法证据排除规则了。1979 年第一部《刑事诉讼法》颁布时，立法机关和法律学者尚不了解非法证据排除规则。第一部《刑事诉讼法》借鉴了苏联经验，在许多方面卓有成效，整体而言是成功的。但是，其为犯罪嫌疑人、被告人提供的权利非常有限。中国的刑事诉讼程序仍存在许多缺点，远未实现现代化，而且未考虑建立非法证据排除规则。〔14〕

从 1990 年起，中国学者就主张修改《刑事诉讼法》以推动刑事程序现代化。非法证据排除规则成为一个修法的议题。1996 年的《刑事诉讼法修改建议稿》第 60 条明确规定了非法证据排除规则："收集证据，必须依照法定程序进行。严禁刑讯逼供和以威胁、引诱、欺骗以及其他非法的方法收集证据。用非法方法获得的证据，不得作为定案的根据，但是行为严重危害国家安全、社会利益的案件除外。前款例外不适用于以刑讯逼供取得的嫌疑人、被告人供述。"〔15〕

根据《刑事诉讼法修改建议稿》，取证程序合法是证据可采性的先决条件。作为一项原则，非法取得的证据应当排除，除非是在涉及国家安全和公共利益的案件中，通过非法手段获得证据才有可能作为一项例外而被采纳。但是，这项例外不适用于供述证据。换言之，如果所涉及的证据是供述，即使是关系到国家安全和公共利益的案件，也应将非法取得的证据予以排除。显而易见，在起草《刑事诉讼法》修正案的修改建议稿时，学者们尽力在两种价值之间寻找平衡：一方面要保证非法证据排除规则的效果，另一方面要考虑到国家安全与公共利益。虽然"公共利益"的含义模糊不清，但这是中国法

〔14〕 关于 1979 年《刑事诉讼法》的成功和不足之处，参见 Yi Yanyou, *State Ideology Transition and Procedural Model Transformation: China's Criminal Procedure Law and its Revisions*, 2 Tsinghua China Law Review 151, 151–221 (2012)。

〔15〕 陈光中、严端：《中华人民共和国刑事诉讼法修改建议稿与论证》，中国方正出版社 1999 年版，第 17 页。

律学者首次试图将非法证据排除规则引入《刑事诉讼法》。幸运抑或不幸的是,1996 年的《刑事诉讼法》修改并没有采纳这项建议,故没有引入任何非法证据排除规则。

然而,在 1996 年《刑事诉讼法》修订后,最高人民法院和最高人民检察院分别于 1998 年和 1999 年颁布了有关非法证据排除规则的规定。根据这些规定,“凡经查证确实属于采用刑讯逼供或者威胁、引诱、欺骗等非法的方法取得的证人证言、被害人陈述、被告人供述,不能作为定案的根据”〔16〕。这是中国首次颁布非法证据排除规则,自然令人欢欣鼓舞,但它实际上远未满足人们的期望。首先,它只规定排除言词证据,亦即,犯罪嫌疑人、被告人供述,证人证言以及被害人陈述。它并不排除通过非法手段获得的物证、书证,尤其是通过非法搜查和扣押获取的证据。其次,它只规定了非法证据排除的实体性规则(即何种证据在何种情况下应予排除),却没有规定相应的程序性规则,也没有说明法院是否应当就有关非法证据排除问题举行听证等。虽然存在诸多缺点,难能可贵的是,中国在建立综合性的非法证据排除规则之路上,终于迈出了第一步。

(二)2000—2010 年:三个案件和“两个规定”

在推动非法证据排除规则从颁布到逐渐完善的过程中,人们反复提到三个案件——杜培武案、佘祥林案和赵作海案。

第一个案件是杜培武案。杜培武是昆明市公安局强制戒毒所的一名民警。1998 年 4 月 20 日晚,警方发现杜培武的妻子和她的情人在一辆面包车内被枪杀。两名死者都是公安局的工作人员。杜培武被认定为犯罪嫌疑人,涉嫌对妻子的婚外情怀恨在心而起意谋杀。他在当

〔16〕 最高人民法院《关于执行〈中华人民共和国刑事诉讼法〉若干问题的解释》(1998,已失效),第 61 条;最高人民检察院《人民检察院刑事诉讼规则》(1999,已失效),第 265 条。

年的7月2日被采取强制措施,8月3日被刑事拘留。[17] 1999年2月2日,在庭审中,杜培武指出办案人员在讯问过程中对他进行了刑讯逼供。为证明遭受过虐待,杜培武在法庭上展示了自己在刑讯中被撕破的衣服,还有手脚和膝盖上的伤痕和淤青。主审法官要求杜培武把衣服穿好,但对于是否应该排除被告人的供述却只字未提。[18] 事实上,合议庭依据被告人的有罪供述和其他证据,认定杜培武犯故意杀人罪。直到2000年6月,昆明警方破获了一起抢劫案,在搜查犯罪嫌疑人杨天勇的住处时,竟然找到了杀害杜培武妻子及其情人的枪支。杨天勇对他杀害二人之事供认不讳。[19] 至此,杜培武案获得重审。再审时,被告人遭受刑讯逼供的事实也浮出水面。

第二个案件是佘祥林案。1994年1月2日,患有精神病的佘妻张在玉和丈夫争吵之后出走失踪。同年4月,佘祥林所在村里的池塘中发现了一具女尸。警方通过辨认其年龄和身上的标记,认定死者正是张在玉。佘祥林因涉嫌杀人被批捕,湖北省荆州市中级人民法院一审对其判处死刑。被告人提出上诉,湖北省高级人民法院认为该案事实不清、证据不足,将案件发回重审。后因行政区划变更,佘祥林一案移送荆门市中级人民法院审理,荆门市中级人民法院将该案退回检察院进行补充侦查。再后来,该案由荆门市人民检察院下辖的京山县人民检察院对佘祥林提起公诉,京山县人民法院于

---

〔17〕 中国的"刑事拘留"通常被用来作为一种紧急情况下的强制措施,旨在制止和逮捕在紧急情况下公然犯罪的罪犯和重大嫌疑人,并将其带到警察局进一步讯问,"逮捕"则是一种审前正式拘留的手段。See Yi Yanyou: *China's Criminal Detention as a Measure under Exigencies: A Comparative Analysis*, 6 Tsinghua China Law Review 173, 173 – 78 (2014)。

〔18〕 参见陈昌云:《劫后余生说噩梦:杜培武访谈录》,载《工人日报》2000年9月14日,第5版。

〔19〕 参见王达人、曾粤兴:《正义的诉求:美国辛普森案与中国杜培武案的比较》,北京大学出版社2012年版,第216—233页。

1996年对佘祥林判处15年有期徒刑，荆门市中级人民法院于1998年9月22日维持原判。只要是粗通程序法的人都知道，这个案件在程序上的处理直接显示了其在实体上的问题。因为，根据刑事诉讼法的规定，对于可能判处死刑的案件，只能由中级以上的人民法院受理和审判，但该案在被发回重审后几经辗转最后居然由一个基层人民检察院起诉并由基层人民法院审判，实际上就说明该案司法机关在审查起诉和审判的过程中就意识到该案证据不足、事实不清，所以采用了由较低级别的法院审判并判处较轻刑罚的处理方案。直到2005年3月28日，佘妻张在玉突然从山东省回到京山县，此时，佘祥林已在狱中服刑长达11年之久。据张在玉说，她当时和丈夫打了一架之后就从家里跑了，一路乞讨到了山东省，在那儿嫁给了一个男人，还生了个儿子。她这次就是和新丈夫和儿子一起回的京山县老家。[20]

第三个案件是赵作海案，和佘祥林案很相似。赵作海因谋杀邻居赵振响而被定罪，并于2002年12月被河南省商丘市中级人民法院判处死刑缓期二年执行。2003年2月，河南省高级人民法院维持原判。直到2010年4月30日，早被认为死了的赵振响，突然离奇地回到了村里。商丘市中级人民法院听说了此事，立即派人赶到村里。通过和村干部讨论、访问赵振响本人及其亲属之后，官方证实了这名返回的男子正是赵振响。法院同时还了解到，1997年10月30日晚，赵振响与赵作海打了一架，赵作海的头部受伤。赵振响害怕遭到报复，就连夜打包了行李，带着400块钱、被子、身份证和其他个人物品等，在10月31日一大清早就骑着自己的自行车跑了。到了2009年，他因为没钱治疗偏瘫，才终于回到了村里。[21]

---

〔20〕 载 http://www.chinacourt.org/index.shtml，访问日期：2014年12月10日。
〔21〕 载 http://news.qq.com/a/20100512/000100.htm，访问日期：2014年12月10日。

值得注意的是，这三个案件的被告人都对杀人行为供认不讳。但是，案件的定罪证据明显不够确实充分，因此，三人都没有被判处死刑立即执行。[22] 这三名被告人最终被无罪释放后，都揭露出他们一度遭到残酷刑讯的事实。这些案件让公众哗然，也引起了高层领导的关注。刑讯逼供的问题暴露出来，引起最高人民法院、最高人民检察院、公安部、国家安全部、司法部的重视。[23] 五机关在2010年联合出台了《非法证据排除规定》和《死刑案件审查判断证据规定》。中国法律学者通常将其称为"两个规定"或"五机关规定"。[24] 曾任最高人民法院副院长、现任最高人民检察院检察长的张军在发言中强调，"两个规定"并非针对近期披露的严重刑事错案而为回应社会制定的，而是多年来司法审判经验的总结，是为了进一步完善我们的证据制度。[25] 张军意在说明，"两个规定"的出台和司法实践中暴露出来的冤假错案没有直接关系。但是，张军在发言中还是提到了："河南赵作海案，在侦查阶段就存在刑讯逼供，凤凰台播出来采访他的画面，的确是很损害我们司法机关的形象，很损害我们国家的形象。"[26] 这又说明，"两个规定"的颁布和那些著名的冤案还是有一定的关系。

---

〔22〕 毋庸讳言，这些案件都反映了"留有余地"的司法习惯做法，即当定罪证据不足时，对被告人施加较轻的刑罚，而不是按照指控罪行应当判处的刑罚。例如，在佘祥林案中，被告人在审判期间否认了针对他的所有指控，该案也不存在其他可以从轻或减轻处罚的情形。按照指控的罪行，应当判处被告人死刑。但是，由于案件中的事实不够清楚，定罪证据不够充分，当局最终选择允许京山市人民检察院提起公诉，京山市人民法院审理此案。根据法律规定，基层人民法院最高只能判处有期徒刑十五年的刑罚。杜培武案也属于"留有余地"的处理模式。

〔23〕 中国政府的各个主管部门，在解释全国人民代表大会及其常务委员会颁布的法律时，通常会联合出台相关规则。例如，在1996年的《刑事诉讼法》颁布两年后，最高人民法院、最高人民检察院、司法部、公安部、国家安全部和全国人大常委会法制工作委员会（统称"六机关"）共同颁布了《关于刑事诉讼法实施中若干问题的规定》，通称为"六机关规定"。在2012年《刑事诉讼法》修改后，六机关规定也作了相应的修改，并在2013年颁布。

〔24〕 参见张军：《刑事证据规则理解与适用》，法律出版社2010年版，第1页。

〔25〕 同前注24，第2页。

〔26〕 同前注24，第3页。

(三)《刑事诉讼法》及其解释

2012年修订的《刑事诉讼法》基本上囊括了《非法证据排除规定》的所有重要内容,包括非法证据排除规则的适用范围、证据被排除的法律后果、非法证据排除规则的启动程序、调查方法和举证责任等。2018年《刑事诉讼法》再次修订,对非法证据排除规则的表述相较2012年《刑事诉讼法》并没有新的变化。

2012年《刑事诉讼法》修改后,最高人民法院和最高人民检察院分别颁布了相应的司法解释,有部分内容涉及非法证据排除规则。〔27〕此外,最高人民法院于2013年颁布了《关于建立健全防范刑事冤假错案工作机制的意见》,对如何应用非法证据排除规则作了进一步解释。〔28〕2017年6月,最高人民法院、最高人民检察院、公安部、司法部和国家安全部这五大机关又颁布了《关于办理刑事案件严格排除非法证据若干问题的规定》,对非法证据排除规则作了完善,对其中有些规则作了明确。2018年《刑事诉讼法》再次修改后,最高人民检察院、最高人民法院分别于2019年12月30日、2021年1月26日颁布了新的司法解释,对刑事诉讼法中的非法证据排除规则作了更加详细的规定。

二、"两个规定"之间的关系

(一)《非法证据排除规定》的主要内容

《非法证据排除规定》的颁布是中国刑事诉讼的里程碑。虽然它只有15个条款,但已经包括了非法证据排除规则的所有必要内容。第1条规定了规则的适用范围,只提到言词证据。第2条和第3条指出人民法院、人民检察院和公安机关在工作过程中都有义务对非

〔27〕最高人民法院《关于适用〈中华人民共和国刑事诉讼法〉的解释》(2012,已失效);最高人民检察院《人民检察院刑事诉讼规则(试行)》(2012,已失效)。

〔28〕最高人民法院《关于建立健全防范刑事冤假错案工作机制的意见》(2013)。

法证据予以排除。第 4 条规定了被告人向人民法院提出非法证据排除申请的形式(原则上应当提交书面意见)。第 5 条规定,当被告人针对某个证据的取证合法性提出异议时,法院应当进行调查。第 6 条要求被告方在申请非法证据排除时,承担提供涉嫌非法取证的人员、时间、地点、方式、内容等相关线索或者证据的举证责任。第 7、8、9 条要求取证方承担举证责任,证明争议证据取得方式的合法性。第 10、11、12 条列举了一些情形说明是否应当采信或者排除被告人的审判前供述。第 13 条将非法证据排除规则适用于被害人的书面陈述和证人证言。第 14 条是关于物证和书证的排除规则。第 15 条规定规则的生效时间是 2010 年 7 月 1 日。

(二)《死刑案件审查判断证据规定》旨在提升案件发现真实的准确性

《死刑案件审查判断证据规定》也包含了一些非法证据排除规则。例如,非法证据的排除范围、排除证据的法律效力等实质性规则。但是,该规定并未提及程序性问题。显然,死刑案件审查判断证据的规则,也同样适用于不会判处死刑的一般案件。因此,"两个规定"具有相同的适用范围。虽然"两个规定"由相同的五机关同时颁布,但却必须对其进行分别解读。毫无疑问,《死刑案件审查判断证据规定》更加强调证据搜集的过程,旨在提升发现真相的准确性。例如,在规范物证和书证时,强调了关联性和原始性〔29〕;对证人证言,则强调证人的作证能力,并明确要求侦查人员关注证人的年龄、智力、记忆力、沟通表达能力和其他身体或心理状况。〔30〕 同时,该规定还包括了意见证据规则,排除了外行意见,这条是英美法系的基本

---

〔29〕 参见《死刑案件审查判断证据规定》第 6 条。

〔30〕 参见《死刑案件审查判断证据规定》第 11 条。

证据规则。[31] 因此,显而易见的是,《死刑案件审查判断证据规定》移植并改造了源自英美法系的证据规则,将英美法系的可采性规则改造为证据的审查判断规则;由于英美法系的证据可采性规则主要目的在于提高法院判决中认定事实的精确性,这些移植和改造而来的证据审查判断规则也旨在提高法院认定事实的精确性。[32]

(三)《死刑案件审查判断证据规定》中似是而非的非法证据排除规则

《死刑案件审查判断证据规定》中,有些规则看起来很像是非法证据排除规则,事实却并非如此。例如,第 9 条第 3 款规定:"对物证、书证的来源及收集过程有疑问,不能作出合理解释的,该物证、书证不能作为定案的根据。"表面上看,该规定似乎属于非法证据排除规则。中国的刑事诉讼法要求侦查人员在进行搜查或扣押时制作记录和清单,根据这条规定,若缺乏记录或清单,则取得的物证、书证在来源上、收集过程上就有了疑问,该证据就不得作为定案依据。但是,这并不是什么非法证据排除规则。这条规则要求对物证、书证的搜查或扣押应当有搜查笔录、扣押清单,实质上是对证据关联性的隐

---

〔31〕 参见《死刑案件审查判断证据规定》第 12 条。

〔32〕 威格莫的分析认为,所有证据规则应分为四种类型:(1)可采性规则(可作为证据提供的事实),(2)规范举证责任的规则(必须由谁提供证据),(3)提供证据目标的规则(必须向谁提交证据)和(4)不需要提供证据的主张的规则。See John Henry Wigmore, *Evidence in Trials at Common Law*, Vol. 1, revised by Peter Tillers, Little Brown and Company, 1983, pp. 22-25. 第一种类型,即可采性规则,可进一步分为三种类型:(1)关联性,(2)证明力,以及(3)外部政策规则,包括绝对排除规则和裁量排除规则。绝对排除规则是指排除通过非法手段获得的证据,裁量排除规则是指特免权规则。传统上,前两种规则通常被视为旨在提高发现真实的准确性的规则。正如 Nance 所说,证据法的组织原则是,所有诉讼当事人都应向法庭提交证据,核心任务是促进有争议的事实问题获得准确证明。See Dale A. Nance, *The Best Evidence Principle*, 73 Iowa L. Rev. 227(1988). 为简化起见,本书将所有可采性规则分为两大类:一类是旨在提高发现真实的准确性的规则,另一类是考虑外部政策的规则。非法证据排除规则属于第二类。

含要求。因为,当一个物证或书证欠缺搜查笔录、扣押清单的时候,该证据是否来自与案件有关的场所或人员,就会有疑问;相应地,该证据的关联性也就没有得到确认,自然不能作为定案的根据。在英美法体系下,有关勘验、检查笔录的要求是对证据验真的要求,验真被认为是有条件关联性的一种形式。〔33〕该规则与旨在保护宪法权利的非法证据排除规则截然不同。很显然,《死刑案件审查判断证据规定》的主要目的是提升法院认定事实的精确性。

同样值得注意的是,这些规则允许侦查机关在证据收集程序有缺陷时,进行补正或作出合理解释。例如,《死刑案件审查判断证据规定》第 14 条规定,“证人证言的收集程序和方式有下列瑕疵,通过有关办案人员的补正或者作出合理解释的,可以采用:(一)没有填写询问人、记录人、法定代理人姓名或者询问的起止时间、地点的;(二)询问证人的地点不符合规定的;(三)询问笔录没有记录告知证人应当如实提供证言和有意作伪证或者隐匿罪证要负法律责任内容的;(四)询问笔录反映出在同一时间段内,同一询问人员询问不同证人的”。这条规则同样具有误导性,看起来很像宪法性非法证据排除规则。然而,之所以允许对争议证据进行补正并提供合理解释,并不是为了保障某种基本人权,而是基于此类证据的程序性瑕疵仅仅影

---

〔33〕美国《联邦证据规则》第 901 条规定,“为满足对证据进行验真或者辨认的要求,证据提出者必须提出足以支持该证据系证据提出者所主张之证据的认定证据”。《死刑案件审查判断证据规定》第 9 条规定,记录或调查或扣押清单的证据,证据提出者必须提出“足以支持该证据系证据提出者所主张之证据的认定证据”。美国《联邦证据规则》第 104(b)规定,“当证据的相关性取决于某事实是否存在时,必须提出足以支持认定该事实确实存在的证明。法院可以以随后提出该证明为条件采纳该准备提出的证据”。《死刑案件审查判断证据规定》第 9 条,易言之,“当物证、书证的相关性取决于记录、调查或扣押清单时,必须有记录、调查或扣押清单支持关于某物证或书证与案件有关,如果没有这些记录,则不得将争议证据用作定案的依据”。显然,该规则并非意在保护公民宪法权利的非法证据排除规则。相反,它应被视为旨在提高法院事实调查准确性的证据排除规则。

响事实认定的准确性。[34]

这些规则都不应被视为非法证据排除规则。在普通法体系中,证据规则和刑事诉讼程序是两种截然不同而各自独立的规则。在证据法领域,证据可采性规则通常被用于排除认识论上次优的证据,借此提高判决中事实调查结果的准确性。相比之下,在刑事诉讼程序中,非法证据排除规则旨在更好地保护宪法权利。[35] 两种规则之间存在显著差异,法律学者不应轻易将其混淆。然而,在中国法律体系背景下,缺乏独立的证据法或证据规则,许多人不认可两种规则之间存在差别,因此在描述两种规则时使用相同的术语,很容易带来混淆而造成困惑。事实上,正是由于有些学者将《死刑案件审查判断证据规定》中的上述规则视为非法证据排除规则[36],才引发了理论上的混乱和实务中的困惑。即使将它们归类为"可补正的非法证据排除规则"也存在问题,人们可能会怀疑警察的不当行为能否真正被"补正"。[37] 至关重要的是,在刑事诉讼程序中,保护公民免受任意侵扰的价值和发现真相的价值之间几乎总是存在冲突。在寻找真相的过程中,被告人权利的保护是一个绊脚石。特别是在排除侦查机关取得的证据时,会严重破坏案件真相调查的效率和价值。基于这些考虑,包括美国在内的许多国家都认为,只有当基本权利受到侵犯时,才能排除相关证据。因此,在讨论中国的非法证据排除规则

〔34〕 换言之,扣押清单的瑕疵只影响证据的可靠性,而不影响任何基本权利的保护;排除此类证据是为了确保法院判决事实的准确性,而不是为基本权利受到侵犯的人提供法律救济。

〔35〕 Antonio Lamer, *supra* note 10; Craig M. Bradley, *supra* note 12; Larry Glasser, *supra* note 11.

〔36〕 参见陈瑞华:《刑事证据法学》,北京大学出版社 2012 年版,第 290—291 页。

〔37〕 同前注 36,第 293 页。这里的"可补正排除规则"意味着,在不违反基本权利的情况下,执法部门可以采取一些措施来纠正技术性错误,例如,修改获取某项证据的扣押清单的时间。

时,应该将两种规则分开,即只考虑"非法证据排除规则"中那些旨在保护宪法基本权利的规则。

三、非法证据排除规则的适用范围

2012年《刑事诉讼法》在第54—58条(2018年《刑事诉讼法》第56—60条)中规定了非法证据排除规则。本部分集中介绍2012年《刑事诉讼法》和《非法证据排除规定》中有关规则的主要内容。

(一)针对言词证据的排除规则

1. 2010年《非法证据排除规定》的重点是言词证据

2012年《刑事诉讼法》第54条第1款规定:"采用刑讯逼供等非法方法收集的犯罪嫌疑人、被告人供述和采用暴力、威胁等非法方法收集的证人证言、被害人陈述,应当予以排除。收集物证、书证不符合法定程序,可能严重影响司法公正的,应当予以补正或者作出合理解释;不能补正或者作出合理解释的,对该证据应当予以排除。"

2012年《刑事诉讼法》和《非法证据排除规定》都将言词证据分为三类:犯罪嫌疑人、被告人供述,被害人陈述以及证人证言。依据的是2012年《刑事诉讼法》第48条,该条将所有证据分为八种:物证;书证;证人证言;被害人陈述;犯罪嫌疑人、被告人供述和辩解;鉴定意见;勘验、检查、辨认、侦查实验等笔录;视听资料、电子数据。第54条第1款第一句规定除鉴定意见之外的三种言词证据在非法取得的情况下应当予以排除。鉴定意见也被视为言词证据,但从2012年《刑事诉讼法》的法条表述来看其似乎不受非法证据排除规则的制约。

为何2012年《刑事诉讼法》和《非法证据排除规定》都主要针对言词证据?有一种观点认为,通过非法手段(包括刑讯逼供)收集言词证据的现象在一些地区长期存在,造成极其恶劣的社会影响。而在过去几十年里,媒体披露的杜培武案、佘祥林案和赵作海案等冤假错案,其共同特点是使用酷刑,导致被告人被迫认罪,造成错判。几乎所有报道的冤案都存在刑讯逼供的问题。[38]

针对言词证据,非法证据排除规则采用了强制排除原则,这和物证、书证的裁量排除规则形成对比。就此,法律学者提出了三种解释:首先,如果通过非法手段获得言词证据,不仅损害证据的可信度和真实性,而且损害了程序的合法性;其次,德国、法国、日本和英美法系国家针对言词证据都采用了绝对排除规则;最后,中国签署并经全国人大批准的《禁止酷刑和其他残忍、不人道或有辱人格的待遇或处罚公约》针对非法获取的言词证据也采取绝对排除规则。[39]

2. 法律解释中关于"非法方法"的定义

通过非法手段获取犯罪嫌疑人、被告人供述仅限"刑讯逼供等非法方法",而获取证人证言、被害者陈述的非法手段仅限于"暴力、威胁等非法方法"。

关于"刑讯逼供",2012 年最高人民法院《关于适用〈中华人民共和国刑事诉讼法〉的解释》(以下简称 2012 年《刑诉法解释》,已失效)第 95 条第 1 款将其定义如下:"使用肉刑或者变相肉刑,或者采用其他使被告人在肉体上或者精神上遭受剧烈疼痛或者痛苦的方法,迫使被告人违背意愿供述的,应当认定为刑事诉讼法第五十四条规定的'刑讯逼供等非法方法'。"最高人民检察院的解释和最高人民法院的解释基本相似,更进一步阐明"其他非法方法"是指"违法程度和对犯罪嫌疑人的强迫程度与刑讯逼供或者暴力、威胁相当而迫使其违背意愿供述的方法"[40]。2013 年最高人民法院印发的《关

[38] 参见陈光中:《〈中华人民共和国刑事诉讼法〉修改条文释义与点评》,人民法院出版社 2012 年版,第 69 页。

[39] 同前注 38,第 69—70 页。

[40] 《人民检察院刑事诉讼规则(试行)》(2012,已失效),第 65 条。

于建立健全防范刑事冤假错案工作机制的意见》第8条第1款指出："采用刑讯逼供或者冻、饿、晒、烤、疲劳审讯等非法方法收集的被告人供述，应当排除。"该意见第8条第2款对讯问场所和记录方式进行了严格规定："除情况紧急必须现场讯问以外，在规定的办案场所外讯问取得的供述，未依法对讯问进行全程录音录像取得的供述，以及不能排除以非法方法取得的供述，应当排除。"

在1979年和1996年《刑事诉讼法》中，法律禁止的"非法方法"就已经包含了刑讯逼供和威胁。除此之外，诱导、欺骗和其他非法方法也都被禁止。但是，《非法证据排除规定》仅包含了刑讯逼供、暴力和威胁等非法方法，尚不清楚这里的"等"的范围是否包含引诱和欺骗的方法。领导起草立法的法官们指出，"如何界定'刑讯逼供'，如何理解'等非法方法'的范围，采用威胁、引诱、欺骗等非法方法收集的供述是否应当排除等等，在规范层面尚不明确，实践中也存在不同认识"[41]。例如，在司法实践中，很难将一些旨在突破嫌疑人心理防御障碍的策略性威慑行为，和诱导与欺骗区分开来。倘若这些策略性手段都被认为是非法方法，那么将会有大量的供述被排除，而侦查工作会受到严重影响。基于这些因素的考虑，《非法证据排除规定》的起草者决定避开这些问题。

（二）针对物证、书证的排除规则

1. 物证、书证普遍采用裁量排除规则

《非法证据排除规定》第14条规定，"物证、书证的取得明显违反法律规定，可能影响公正审判的，应当予以补正或者作出合理解释，否则，该物证、书证不能作为定案的根据"。2012年《刑事诉讼法》基本沿袭了该2010年的规定，只有两个微小的变化：一是删除了

---

〔41〕 吕广伦、罗国良等：《〈关于办理刑事案件排除非法证据若干问题的规定〉理解与适用》，载《人民检察》2010年第16期。

“违反法律规定”之前的“明显”一词,表述为“不符合法定程序”;二是在“公正审判”这一短语之前加上“严重”一词,表述为“严重影响司法公正”。这两点变化传递了两条信息:一是“不符合法定程序”与“明显违反法律规定”之间没有区别;二是在实物证据是否排除的问题上,强调只有当采纳某个非法取得的实物证据可能严重损害司法公正时,才会将证据排除。

整体而言,该规则允许侦查机关在收集证据时对违法行为进行补正或解释,因此通常被称为“可补正的排除规则”〔42〕,或称为“瑕疵证据补正规则”〔43〕。

根据2012年《刑事诉讼法》第54条的规定和《非法证据排除规定》,大多数中国法律学者认为,通过非法搜查和扣押收集的所有证据都可能通过补正使其瑕疵得到清除,法官有权通过权衡来决定是否接受补正或解释,进而决定是否排除有争议的证据。这种解释赋予了法官针对非法证据排除的裁量权,因此本书将其称为“裁量排除说”。中国大多数的法律学者和司法官员都赞成此种解释。例如,在一本由全国人民代表大会、最高人民法院和最高人民检察院的工作人员联合撰写的专门解释2012年《刑事诉讼法》的书中,作者将刑事诉讼法中有关物证、书证的条款解释如下:

> 违法收集物证、书证的情况比较复杂,物证、书证本身是客观证据,取证程序的违法一般不影响证据的可信度。而且许多物证、书证具有唯一性,一旦被排除就不可能再次取得。大部分国家的法律对于违法取得的实物证据,都没有规定绝对予以排除,而是区分情况作不同的处理。本条统筹考虑惩治犯罪和保障人权的要求,规定对于收集物证、书证不符合法定程序,可能

---

〔42〕 牟绿叶:《论可补正的排除规则》,载《中国刑事法杂志》2011年第9期。

〔43〕 陈瑞华:《论瑕疵证据补正规则》,载《法学家》2012年第2期。

严重影响司法公正的，应当予以补正或者作出合理解释；不能补正或者作出合理解释的，对该证据才应当予以排除。〔44〕

在一本由学者们撰写的2012年《刑事诉讼法》注释类书中，中国法学界的主要学者确定了排除物证和书证的三个条件。第一，收集物证、书证违反法定程序；第二，采纳该证据可能严重损害司法公正；第三，无法进行合理解释或补正。〔45〕中国刑事诉讼法的其他注释和教科书也普遍采用类似解释。〔46〕事实上，2012年《刑事诉讼法》中关于物证、书证的上述规定是直接沿袭了2010年《非法证据排除规定》，2010年的规定乃是借鉴了著名的刑事诉讼法学者的建议。例如，在《中华人民共和国刑事诉讼法再修改专家建议稿与论证》中，第78条规定了有关物证、书证的排除规则，表述如下：

禁止以非法方法搜查、扣押，非法监听，非法侵入他人住宅以及以其他非法方法收集物证、书证和音像、电子资料；严禁违反法定程序进行勘验、检查。以上述非法方法收集的证据，由人民检察院、人民法院根据取证行为违法的程度和案件的具体情况决定是否可以采用。〔47〕

《中华人民共和国刑事证据法专家拟制稿》第17条规定："非法实物证据是否具有可采性由法庭根据取证行为违法的程度和案件的具体情况裁定。在审查起诉阶段，非法实物证据是否具有可采性，由

---

〔44〕 朗胜主编：《中华人民共和国刑事诉讼法修改与适用》，新华出版社2012年版，第124—125页；孙谦主编：《新刑事诉讼法条文精解与案例适用》，中国检察出版社2012年版，第98页。

〔45〕 同前注38，第71页。

〔46〕 参见宋英辉主编：《中华人民共和国刑事诉讼法精解》，中国政法大学出版社2012年版，第63—64页；孙长永：《刑事诉讼法》，法律出版社2013年版，第196页。

〔47〕 陈光中主编：《中华人民共和国刑事诉讼法再修改专家建议稿与论证》，中国法制出版社2006年版，第40—41页。

人民检察院决定。”[48]很明显地，针对物证、书证的排除规则，专家意见稿明确提出了裁量排除的规则。

2. 裁量排除规则的利弊

裁量排除说至少具有三个方面的优势。第一，裁量排除规则让立法机关更好地平衡相互矛盾的价值，既是在实体正义和程序正义两者之间的平衡，也是在惩罚犯罪和保障人权之间的平衡。[49] 一方面，通过非法方法取得证据损害了程序正义，侵犯了被告人的权利。另一方面，物证、书证通常是客观证据，收集证据的手段对证据的可信度影响不大，排除此类证据可能会导致有罪之人被无罪释放。因此，为了平衡这些相互冲突的价值，立法机关对物证、书证的排除规则设置了限制性条件。第二，针对物证、书证的裁量排除规则，是自动排除规则的替代选项。虽然美国对物证、书证采用自动排除规则，但在更多国家（包括德国、日本和英国）则使用了自由裁量排除的模式。[50] 第三，裁量排除规则是对中国司法实践进行适度妥协的结果。虽然中国最高人民法院在1998年颁布的《关于执行〈中华人民共和国刑事诉讼法〉若干问题的解释》中就规定了以非法方法获得的言词证据应当予以排除，但实际上只有少数非法证据最终被排除，这表明司法实践中对非法证据排除规则的运用存在许多障碍。基于对这一现实问题的考量，立法机关在制定中国的非法证据排除规则时采取了相对保守的立场。[51]

裁量排除规则也存在着明显的缺陷。在某些情况下，“补正”和“解释”毫无意义。例如，2012年《刑事诉讼法》第136条规定，在进

---

〔48〕 陈光中主编：《中华人民共和国刑事证据法专家拟制稿》，中国法制出版社2004年版，第159页。

〔49〕 同前注38，第71页；同前注44，朗胜书，第125页；同前注44，孙谦书，第99页。

〔50〕 同前注38，第72页；同前注44，朗胜书，第125页。

〔51〕 同前注38，第72页。

行搜查时，必须有搜查证，除非是在执行逮捕、拘留时遇有紧急情况。从 2012 年《刑事诉讼法》的规定来看，通常情况下，搜查需要搜查证是原则，此处规定的例外情况必须符合两个条件：一是执行逮捕或刑事拘留时的附带搜查；二是处于紧急情况。假设两名警察在普通案件中于没有搜查证的情况下，搜查了公民的房屋，并扣押了海洛因作为证据。该案中，海洛因证据是通过非法搜查获得的。按照一些著名学者和政府官员的说法，第一个解决方案是要求侦查人员进行补正，或作出合理解释。但是，在这种情况下，既无法作出补正，也无法作出合理解释。"补正"非法搜查所扣押的海洛因的唯一方法是将其归还至被扣押的地方，在获取搜查令之后，再去进行搜查、扣押、查封，这除浪费时间以外，没有其他任何意义，因为它起不到为基本权利受到侵犯的公民提供救济的作用。至于作出合理解释，本书认为对于这一非法搜查和扣押的行为唯一合理的解释就是执法者明知且明智地故意违反法律。〔52〕

3. 物证、书证的强制排除

另一种解释认为，针对物证和书证，刑事诉讼法已经建立了强制排除规则。亦即，一旦满足既定条件，就必须强制排除通过非法手段获得的证据。本书将此种解释观点称为"强制排除说"。2012 年 11 月颁布的《人民检察院刑事诉讼规则（试行）》（以下简称《最高检规则（试行）》，已失效）第 66 条明确指出，"补正是指对取证程序上的非实质性瑕疵进行补救；合理解释是指对取证程序的瑕疵作出符合常理及逻辑的解释"。按照这种解释，只有当取证程序的瑕疵是一个非实质性的瑕疵时才能进行补正，但若瑕疵是实质性的，就不能进行补正。按此逻辑，类推到底，只有当程序性瑕疵无关紧要时，才能通过合理解释来弥补。从这个意义上说，2012 年

〔52〕 易延友：《刑事诉讼法：规则、原理与应用》，法律出版社 2013 年版，第 254 页。

《刑事诉讼法》规定的物证、书证的排除规则至少具有部分强制性：当取证程序存在实质性瑕疵的情况下，相关的物证、书证应当自动排除；只有当程序瑕疵是非实质性的时，法官才可以裁量是否采纳相关证据。[53]

这种解释存在不少问题。首先要解决的是，哪些程序瑕疵是实质性瑕疵？最高人民检察院未予回答。有主张采用强制排除规则的学者认为，"实质性瑕疵"指的是程序瑕疵侵害了犯罪嫌疑人、被告人的基本权利，而"非实质性瑕疵"并未侵害犯罪嫌疑人、被告人的基本权利。[54]至于"基本权利"，有一种解释认为，它包含了不受非法搜查、扣押的权利，反对强迫自证其罪的特免权和律师帮助权。[55] 这似乎在逻辑上解决了这个问题。然而，强制说还面临其他问题。其中最重要的是，人民法院和公安机关并不接受这种解释。[56] 最高人民检察院似乎赞成这种解释，但也只是含蓄地表示了支持，人民检察院系统内的多数官员可能持反对态度。由此可见，若没有官方支持，强制说即使在理论上获胜，也难以在实践中推行。

（三）毒树之果相关问题

1. 不实行毒树之果原理的制度安排及其缺陷

在大多数涉及非法证据排除规则的案件中，通常人们能够非常明显地发现，争议证据与之前的非法方法（如非法搜查、逮捕、讯问或辨认）之间存在"直接"或"主要"关系。然而，在某些情况下，争议证据只是"次生"或"衍生"于之前的非法方法。这种情况通常包括，非

---

[53] 同前注52，第255页。

[54] 聂建华、易延友等：《检察机关落实非法证据排除规则的职责要求与机制建设》，载《人民检察》2014年第7期。

[55] 同前注52，第44页。

[56] 同前注24，第345页。

法获取供述[57]或非法逮捕后通过获取供述而进一步发现的物证。[58] 依毒树之果的原理,非法证据排除规则不仅适用于违法行为直接获取的证据,也适用于违法行为这棵毒树上面生长的所有果实——次生或衍生方式获取的证据。[59] 这里,侦查活动中的违宪行为被认为是"毒树",而从违宪行为所直接或间接获取的证据是"果"。

毒树之果原理的最初意图是排除通过违宪方法间接获得的证据,即毒树的衍生证据。当然,这并不意味着通过违宪方法直接获取的证据不是有毒的果实。相反,这意味着通过违宪方法获取的直接证据是有毒的果实是毋庸置疑的,因此,该原理才只强调了间接获取的证据。正如霍姆斯法官曾指出:"法律禁止以某种特定方法获取证据的规定,其本质并不仅仅在于以如此方法获得的证据不能在法庭上使用,而在于这样的证据根本完全不能使用。"[60] 霍姆斯大法官在这里就指向了通过非法手段所间接获取的证据。在那多恩诉美国案中,首先使用了"毒树之果"这一短语,法兰克福特大法官拒绝采纳非法窃听所获得的信息证据,并指出"若禁止非法证据,仅限于非法手段所直接获取的证据,而让间接获得的证据放任自流,只会纵容那些

---

[57] *New York v. Quarles*, 467 U.S. 649 (1984). 该案中,警方在未向犯罪嫌疑人发出米兰达警告的情况下,通过获得供认找到了一把枪支。在使用枪支作为证据时受到质疑,但是,美国联邦最高法院承认,米兰达警告的要求存在公共安全的例外。这里的枪支显然是原始非法手段(在没有给予米兰达警告的情况下进行的审讯)间接获取的证据,而非法手段的直接证据就是供述。

[58] *Brown v. Illinois*, 422 U.S. 590 (1975). 该案中,布朗经非法逮捕被带到警察局,后警方发出了米兰达警告,他在之前非法逮捕的两小时内作出了有罪供述。州最高法院维持定罪,理由是"米兰达警告"本身清除了先前的程序污点。美国联邦最高法院推翻了判决,因为受到质疑的是逮捕后的供述证据,即通过非法手段获得的间接证据,而在供述与先前的非法逮捕之间存在审讯。

[59] Joshua Dressler, *Understanding Criminal Procedure*, LexisNexis, p. 413 (3d ed. 2002).

[60] *Silverthorne Lumber Co. v. United States*, 251 U.S. 385, 64 L.Ed. 319, 40 S. Ct. 182 (1920).

破坏道德标准和损害个人自由的非法方法"[61]。这里使用的"毒树之果"明显指的是衍生证据。然而,随着时间变迁,"毒树之果"也被用来指通过违宪方法获取的直接证据。[62] 同时,还发展出了"毒树之果"的例外情形。[63]

中国的非法证据排除规则是否采纳了毒树之果原理,在《非法证据排除规定》颁布之初是不清楚的。很多学者和官员都认为没有采纳。例如,张军检察长明确指出,"本规定所要排除的是上述非法言词、实物证据,而不包括它们的派生证据,也就是所谓的'毒树之果'"[64]。《非法证据排除规定》在制定之初曾尝试对毒树之果问题作出规定:"对于以前两款证据(非法言词证据和非法实物证据)为线索取得的证据,法庭根据取证行为违法的程度和案件的具体情况决定能否作为定案的根据。"这里规定的"通过源自非法手段的线索获得的证据"包括非法手段的直接产品(线索)和间接产品(通过线索获得的证据),非法手段的间接产品是应该由法院通过行使自由裁量权而纳入非法证据排除规则的。不幸的是,这项规定最终从草案中删除了。[65] 以此为基础,很多法律学者认为中国尚未确立毒树之果原理,而其他一些针对 2012 年《刑事诉讼法》的阐释性书籍在这个问题上也一致保持沉默。[66]

---

〔61〕 *Nardone v. United States*, 308 U.S. 338, 341 (1939).

〔62〕 *Wong Sun v. United States*, 371 U.S. 471, 9 L. Ed. 2d 441, 83 S. Ct. 407 (1963). 该案不仅考虑了直接证据也考虑了间接衍生证据。

〔63〕 *Nix v. Willaims*, 467 U.S. 431, 81 L. Ed. 2d, 377, 104 S. Ct. 2501 (1984) ("必然发现之例外"); *United States v. Ceccolini*, 435 U.S. 268, 55 L. Ed. 2d 268, 98 S. Ct. 1054 (1978) ("独立来源之例外")。

〔64〕 同前注 24,第 345 页。

〔65〕 同前注 24,第 347 页。

〔66〕 同前注 38,第 68—73 页;同前注 46,宋英辉书,第 63—66 页;同前注 44,朗胜书,第 123—125 页。

2. 毒树之果原理及其力量

中国人民大学法学院陈卫东教授认为,2012 年《刑事诉讼法》规定的非法证据排除规则要求排除通过非法手段间接获取的证据。"新《刑事诉讼法》第 58 条规定对于经过法庭审理,确认或者不能排除存在以非法方法收集证据情形的,对有关证据应当予以排除。那么对此条规定的'有关证据'进行扩大解释时,应当认为此处的'有关证据'不仅包括一般的非法证据,还应包括'毒树之果'。"[67] 值得注意的是,该论证是基于学者个人对 2012 年《刑事诉讼法》第 58 条的理解,有可取之处。事实上,2012 年《刑事诉讼法》第 54 条通常被理解为定义和限制非法证据排除规则范围的规定,该定义和限制适用于随后的所有相关规则。如果陈卫东教授的解释成立,第 58 条应被视为第 54 条的细化和发展。如果这种观点被普遍接受,非法证据排除规则的范围可能在逻辑上不仅能扩展到非法手段的派生证据,从而适用毒树之果原理,而且还适用于其他类型的证据,如视听资料、电子数据勘验检查记录以及专家意见。此外,非法手段的范围还将扩大到非法搜查,扣押,讯问犯罪嫌疑人、被告人,询问证人,非法使用强制措施以及违反有关律师权利的规定。这种解释,便解决了上一节的讨论中所涉及的相关问题。

3.《关于办理刑事案件严格排除非法证据若干问题的规定》对毒树之果原理的明确

如前所述,最高人民法院、最高人民检察院、公安部、国家安全部、司法部于 2017 年颁布了《关于办理刑事案件严格排除非法证据若干问题的规定》。在这个法律文件中,五机关终于明确了毒树之果的适用原则。该规定第 5 条规定:"采用刑讯逼供方法使犯罪嫌疑人、被告人作出供述,之后犯罪嫌疑人、被告人受该刑讯逼供行为影

〔67〕 陈卫东:《刑事诉讼法修改条文理解与适用》,中国法制出版社 2012 年版,第 98 页。

响而作出的与该供述相同的重复性供述，应当一并排除，但下列情形除外：（一）侦查期间，根据控告、举报或者自己发现等，侦查机关确认或者不能排除以非法方法收集证据而更换侦查人员，其他侦查人员再次讯问时告知诉讼权利和认罪的法律后果，犯罪嫌疑人自愿供述的；（二）审查逮捕、审查起诉和审判期间，检察人员、审判人员讯问时告知诉讼权利和认罪的法律后果，犯罪嫌疑人、被告人自愿供述的。”根据以上规定，毒树之果原理在我国刑事诉讼中已经确立，但仅限于采用刑讯逼供方法获得犯罪嫌疑人、被告人重复供述的情形，并且还设置了两个例外。

毫无疑问，如果没有公布新规则来明确要求排除以刑讯逼供手段获得重复供述之外的派生证据，那么在实践中排除非法手段的派生证据将不会成为普遍做法。也许有一天，在法律学者的共同呼吁下，“毒树之果”学说将成为中国法律人的共识，并成为实践中的规律。

四、程序问题和证明责任

（一）程序问题

1. 非法证据不仅应排除在审判之外，而且不得作为起诉建议或决定的依据

2012 年《刑事诉讼法》第 54 条第 2 款规定：“在侦查、审查起诉、审判时发现有应当排除的证据的，应当依法予以排除，不得作为起诉意见、起诉决定和判决的依据。”在我国的刑事诉讼程序中，侦查、审查起诉和审判都是独立的阶段，公安机关、人民检察院和人民法院分别负责三个阶段的工作。在侦查阶段结束时，如果侦查机关发现嫌疑人有罪并且有充分的证据证明犯罪，则应提出书面起诉意见书，并

将案件材料和证据一并移交给同级人民检察院审查和决定。〔68〕在各个阶段,公安机关、人民检察院和人民法院应当独立审查案件和证据,并按照2012年《刑事诉讼法》第54条第2款的规定,当发现一项证据属于非法证据时,应将其排除在外,不能作为起诉意见、起诉决定或定罪量刑的依据。这意味着非法证据排除规则不仅适用于审判阶段,而且适用于侦查阶段和起诉阶段。除人民法院的法官外,人民检察院的检察官和公安机关的警察也可以行使排除非法证据的权力。对此,参与立法的专家们解释道:“在刑事诉讼中,将排除规则的适用范围扩大到调查阶段,规定每个阶段的办案机关都有排除非法证据的义务,目的是确保任何非法获取的证据尽早被发现和排除,从而提高案件处理质量,保护诉讼参与人的合法权益。”〔69〕

2. 人民法院和当事人都可以启动非法证据排除程序

根据2012年《刑事诉讼法》的规定,有两种启动非法证据排除程序的模式:一种是依职权启动,一种是依申请启动。第一种模式之下,法官如认为可能存在第54条规定的非法获取证据的行为,可积极主动地调查证据的合法性问题。据说,这种模式是效仿了德国、英国和俄罗斯。在英国,法官可能会要求检察官明确证明被告人的供述不是通过胁迫手段取得的。〔70〕在德国和俄罗斯,法院可能会要求检察官证明有关证据的合法性。〔71〕

当案件当事人、辩护人或诉讼代理人提出申请时,法官也可以对一份证据的合法性进行回应性调查。当事人、辩护人或者诉讼代理人有权向人民法院申请排除非法取得的证据。而在提出该申

〔68〕《刑事诉讼法》(1996),第129条;《刑事诉讼法》(2012),第160条;《刑事诉讼法》(2018),第162条。

〔69〕同前注44,朗胜书,第125页。

〔70〕同前注24,第309页。

〔71〕参见陈瑞华:《中国模式的非法证据排除规则》,载《中国法学》2010年第6期。

请时,应提供相关线索或材料。毫无疑问,2012年《刑事诉讼法》要求了申请排除非法证据的一方承担一定的举证责任。然而,值得注意的是,法律只要求申请人提供相关的线索或材料即可,而证明标准是法官认为执法部门很可能存在采取非法手段收集证据的行为。[72]本书认为,一旦当事人向法院提供了有关线索或证据,法官就应当对所涉证据的合法性进行调查。法律并未规定线索的具体范围。从理论上讲,任何线索,如带血的衬衫、疤痕或受伤的照片、医疗证明、伤情鉴定、讯问记录、牢房囚犯的证词,以及任何其他线索或证据可能验证时间、地点、方法和刑讯逼供的内容以及其他非法使用的方法等,都足以启动调查程序。[73]

3. 非法证据排除既可以在庭前启动,也可以在庭审过程中启动

《非法证据排除规定》第5条规定:"被告人及其辩护人在开庭审理前或者庭审中,提出被告人审判前供述是非法取得的,法庭在公诉人宣读起诉书之后,应当先行当庭调查。法庭辩论结束前,被告人及其辩护人提出被告人审判前供述是非法取得的,法庭也应当进行调查。"该条款解决了三个问题。首先,明确要求法院对是否通过非法手段获取证据进行调查,因此一旦提出排除非法取得证据的申请,就应当启动调查程序。其次,规定了被告人及其辩护人提出非法证据排除申请的时间,既可以在庭审开始之前,也可以在庭审过程中,直到法庭辩论结束。最后,规定一旦启动了非法证据排除的调查程序,在调查实体问题和其他相关问题之前,应先对获取证据的合法

---

〔72〕 2012年《刑事诉讼法》第56条第1款规定:"法庭审理过程中,审判人员认为可能存在本法第五十四条规定的以非法方法收集证据情形的,应当对证据收集的合法性进行法庭调查。"该规定不仅是赋予法官有权排除非法证据的程序条款,而且还规定了法官启动非法证据排除程序的条件。因此,也应当视为申请排除证据的当事人提供证据的举证责任标准的规定。

〔73〕 同前注24,第318—319页。

性进行调查。

《非法证据排除规定》赋予了被告人及其辩护人在庭审期间提出排除非法证据申请的权利，这意味着被告人及其辩护人可以在人民法院受理案件后提出此类动议，但是规定并不要求人民法院在庭审之前对有争议的证据的合法性进行调查。相反，对证据合法性的调查只能在庭审期间进行。换言之，对于所涉证据的合法性没有独立的听证程序，而是在庭审期间与其他实体问题一起对证据的合法性进行调查。但是，2012 年《刑事诉讼法》对此问题有所改进，第 182 条第 2 款规定："在开庭以前，审判人员可以召集公诉人、当事人和辩护人、诉讼代理人，对回避、出庭证人名单、非法证据排除等与审判相关的问题，了解情况，听取意见。"有学者认为，该规定不仅指明人民法院有权"收集信息和听取意见"，而且赋予了人民法院对重大程序问题作出决定的权力，包括排除非法证据。[74] 倘真如此，这意味着法院可以在开庭前举行关于排除非法证据的独立听证会。

但是，即使在开庭前举行独立听证会，法律也未要求另由独立的法官来主持听证会。易言之，主持听证会以排除非法证据的法官和主持庭审的可能是同一位。因此，即使发现某证据是通过非法手段获得的，也将其排除在外，但该证据仍可能会影响到审理案件的法官。这种"被排除但未被遗忘"的担忧不仅存在于中国，也存在于美国等其他国家，主要是在免除了陪审团审判的场合。[75]

---

〔74〕 同前注 67，第 106—107 页；同前注 52，第 372—273 页。

〔75〕 A. Leo Levin and Harold K. Cohen, *The Exclusionary Rules in Nonjury Criminal Cases*, University of Pennsylvania Law Review 905-931 (1971); Dr. Christian Fahl, *The Guarantee of Defence Counsel and The Exclusionary Rules on Evidence in Criminal Proceedings in Germany*, 8 German L. J. 1053, 1064 ("我们在德国法律中面临的另一个问题是，决定是否可以听取证据的人是后来必须决定案件的同一人。法官或法官们必须忽视他们已经知道的事情")。

(二)证明责任

1. 控方承担证明责任

法院一旦启动了排除非法证据的调查程序,就由控方来承担证明责任。2012 年《刑事诉讼法》第 57 条第 1 款规定:“在对证据收集的合法性进行法庭调查的过程中,人民检察院应当对证据收集的合法性加以证明。”值得注意的是,2010 年《非法证据排除规定》第 13 条第 1 款规定,“庭审中,检察人员、被告人及其辩护人提出未到庭证人的书面证言、未到庭被害人的书面陈述是非法取得的,举证方应当对其取证的合法性予以证明”。根据该 2010 年的规定,双方即控方和辩方都有义务证明提交给法院的证据的合法性。换言之,一旦提交给法院的证据受到对方的质疑,举证方就应证明获得证据的合法性。然而,2012 年的《刑事诉讼法》则仅仅要求控方承担取证合法性的证明责任。

2012 年修订的《刑事诉讼法》是否改变了 2010 年《非法证据排除规定》规定的证明责任?抑或,该 2010 年的规定是否仍然有效,即无论何时控方对证人证言和未出庭的被害人陈述的合法性质疑时,辩方均应证明其取得证据的合法性?这个问题没有答案。针对 2010 年《非法证据排除规定》的相关解释书籍,只是指出为什么其要求双方证明获得有关证据的合法性[76];而针对 2012 年《刑事诉讼法》的解释性书籍,则只是阐释了为什么控方应当承担取证合法性的证明责任。[77]没有一本书暗示 2010 年的规定与 2012 年《刑事诉讼法》规则之间存在差异。自然,也没有任何法律学者和官员解释这两个规则之间的区别。本书认为,2012 年的《刑事诉讼法》事实上改变了 2010 年《非法证据排除规定》中取证合法性的证明责任规则,这

---

〔76〕 同前注 24,第 340 页。

〔77〕 同前注 44,朗胜书,第 129 页;同前注 38,第 79 页。

一变化借鉴了美国的规则。

在科罗拉多州诉康纳利案中,美国联邦最高法院认为,根据正当程序条款的意涵,认定供述非自愿性的必要先决条件是警察的行为的强制性特征;若认为任何政府行为都损害了被告人的正当程序权,显然是没有依据的,除非被告人的供述和警察的非法强制性行为之间存在因果关系。[78]这种情况下,在很大程度上,排除供述的目的是阻却将来的违宪行为。宪法是为了约束政府行为。因此,只有当执法人员违反了公民的宪法权利时,才应排除证据。如果没有警察的强制性的不当行为,单纯对言论的压制没有适用宪法正当程序条款保护的依据。在这种情况下,即使证明某项证言是非常不可靠的,也应该根据法院的证据规则而不是正当程序条款来处理。基于这些考虑因素,在科罗拉多州诉康纳利一案中法院明确宣布"私人采取极不公正的手段获取针对被告人的证据,不能援引正当程序条款来排除其可采性"[79]。亦即,非法证据排除规则只针对控方证据,而辩方证据不受任何排除规则的约束,因为警方查封获取的证据主要为控方使用。

对于2012年《刑事诉讼法》在证明责任方面的变化,如果立法机关打算维持2010年《非法证据排除规定》的规定,即双方都应承担证据合法性的证明责任,那么维持2010年的规定的表达方式会更好,因为它更简单,不易混淆。因此,2012年《刑事诉讼法》的内容变化必然意味着规则改变。除此之外没有更合理的解释。但是,仅仅要求控方证明所涉证据的合法性,而使辩方免除这种义务的意图是什么呢?可能合理的解释是,中国的立法参考了美国的非法证据排除规则。

---

〔78〕 *Colorado v. Connelly*, 479 U.S. 157 (1986).
〔79〕 *Colorado v. Connelly*, 479 U.S. 157 (1986).

2. 满足证明责任的方法

《非法证据排除规定》第7条第1款规定，“经审查，法庭对被告人审判前供述取得的合法性有疑问的，公诉人应当向法庭提供讯问笔录、原始的讯问过程录音录像或者其他证据，提请法庭通知讯问时其他在场人员或者其他证人出庭作证，仍不能排除刑讯逼供嫌疑的，提请法庭通知讯问人员出庭作证，对该供述取得的合法性予以证明”。

2012年《刑事诉讼法》继续采纳了这些规则，第57条第2款规定：“现有证据材料不能证明证据收集的合法性的，人民检察院可以提请人民法院通知有关侦查人员或者其他人员出庭说明情况；人民法院可以通知有关侦查人员或者其他人员出庭说明情况。有关侦查人员或者其他人员也可以要求出庭说明情况。经人民法院通知，有关人员应当出庭。”

根据这一规定，法院应通过三个步骤调查有争议证据的合法性问题。第一，法院应审查被告人及其辩护人所提出的关于非法证据排除的申请，并且在进行审查时，应着重于审查其是否提供了相关的线索或证据，比如讯问人、讯问时间、地点和非法方法的手段等。若经审查，法院合理地认为有关供述存在违法取证的可能性，则应进入下一环节。第二，检察官有责任证明取证的合法性。亦即，一旦法院认定讯问存在违法的可能性，检察官必须通过提供讯问的书面记录、讯问的原始录音录像以及其他相关证据向法院证明取证行为的合法性，也可以向法院申请传唤讯问的目击证人或其他证人出庭作证。如果在这些措施之后，法院仍然对供认的合法性有疑问，那么将采取第三步。亦即，通知讯问人员出庭作证并证明其所获供述证据的合法性。〔80〕

〔80〕 同前注67，第111页。

3. 证明标准问题

2012年《刑事诉讼法》第58条规定了证据合法性的证明标准："对于经过法庭审理,确认或者不能排除存在本法第五十四条规定的以非法方法收集证据情形的,对有关证据应当予以排除。"该条款规定了应排除证据的两种情况:一是确认相关证据是非法取得的;二是不能排除相关证据存在非法收集的可能性。在第二种情况下,排除证据的条件是不能排除证据收集行为的非法性。亦即,控方必须将收集证据的合法性证明到排除合理怀疑的程度。这和《非法证据排除规定》的规定基本一致,其要求的是,"公诉人提供的证据确实、充分,能够排除被告人审判前供述属非法取得的"。而这个证明标准和定罪标准也是一致的。针对收集证据过程合法性的证明标准要求之高,表明了立法机关希冀于通过提高证明标准以遏制刑讯逼供,并推动侦查模式转型。

五、非法证据排除规则的中国特色

(一)保护无辜者 v. 保护每个人

美国的非法证据排除规则旨在保护公民的宪法权利。一般而言,所有非法证据规则都是为了遏制警察的不当行为。[81] 尤其是1966年宣布的米兰达规则旨在保护被告人免受三级审讯。[82] 证据是否真实可靠并不是非法证据排除规则的关注点。相反,在大多数涉及非法证据排除的案件中,法官明知被排除的证据是可靠的。例

---

〔81〕许多目的都可以为美国的非法证据排除规则提供辩护:首先是美国联邦宪法第四修正案防止国家对私人领域的侵犯;其次是保护司法廉正;最后也最重要的是,非法证据排除规则是合理的,因为它阻却了警察和其他国家官员侵犯公民的宪法权利。See Barry F. Shanks, *Comparative Analysis of the Exclusionary Rule and Its Alternatives*, 57 Tul. L. Rev. 648, 651-657 (1983)。

〔82〕*Miranda v. Arizona*, 384 U. S. 436, 16 L. Ed. 2d 694, 86 S. Ct. 1602 (1966).

如,在马普诉俄亥俄州案中,虽然警察的不当行为是显而易见的,但查获的证据是可靠的。[83] 但是,法院排除了虽然可靠然而来源于非法扣押的证据。米兰达案中,没有证据显示米兰达的供词是通过暴力、威胁、引诱或欺骗获得的。[84] 从自愿性标准来看,米兰达的供词绝对是自愿的并且是可以接受的。[85] 然而,美国联邦最高法院的大法官宣布了一项新的供述准入标准。显然,被排除在外的非法证据是否属实,以及米兰达是否真实无辜,并不是米兰达规则制定者所关注的问题。真正重要的是,警察的行为是否合法。正如卡梅伦大法官在反对意见中所评论的那样,"(非法证据排除)规则的主要缺陷之一是,这种过于专注法律规则而不是证据本身的行为,让是否有罪变得无关紧要"[86]。

相反,中国在制定非法证据排除规则的过程中,防止无辜者被错误定罪是其首要关注点。无论是中国非法证据排除规则的官方解释还是学术解读,都会反复提到并强调从以往的错案中汲取教训,并从制度设计上防范冤假错案,而杜培武、赵作海、佘祥林的案件也反复被提及和引用。[87] 因此,中国的非法证据排除规则更倾向于排除真实性存疑的证据。人们普遍认为,与物证和书证相比,言词证据不真实的可能性更高,尤其是当这些证言通过刑讯逼供才得以获取的时候。这就是中国的非法证据规则主要侧重于言词证据的原因,而在言词证据中,规则主要侧重于通过刑讯逼供获得的供述。

---

〔83〕 *Mapp v. Ohio*, 367 U. S. 643 (1961).

〔84〕 Paul G. Cassell, *The Statute that Time Forgot*: 18 *U. S. C.* § 3501 *and the Overhauling of Miranda*, 85 Iowa L. Rev. 175,183-84(1999).

〔85〕 *Bram v. United States*, 168 U. S. 532 (1897).

〔86〕 *State v. Bolt*, 142 Ariz. 260, 270, 689 P. 2d 519, 529 (1984).

〔87〕 同前注 41,第 60—61 页;同前注 24,第 302 页;同前注 38。

但是，中国非法证据排除规则的这一特点也很容易被过分夸大。制定法律最初的动力并不一定达致其预期的目的。建立非法证据排除规则的初衷是保护无辜的人使其不被错误定罪，但这一事实并不一定意味着该规则最终只能保护无辜之人。审慎观察之后，不能简单地说中国的非法证据排除规则的设计初衷只是保护无辜的人。这是因为，真实的言词证据和物证也都可能被排除，所以也可能导致事实上有罪的人被释放。简而言之，有罪的人也将受到该规则的保护。无论规则背后的想法是什么，法律本身并不是说只有无辜的人才能享受非法证据排除规则。从某种意义上说，事实上有罪的人也会从该规则中受益，因为中国的非法证据排除规则的运作方式与美国的规则是一样的——倘若该规则能够被正确解释并在实践中得到很好的执行。

然而，立法本意将对司法实践产生影响。如果无辜的被告人成为司法实践中的主要关注点，法官对非法证据排除规则的使用将产生偏离。如果法官认为被告人事实上有罪，很可能就不愿意排除非法证据。司法实践中的这种做法，将会让非法证据排除背离规则的意旨。首先，非法证据排除规则是对侵犯公民基本权利的补救措施。无论一个人事实上有罪或无辜，都应当平等地享有这项救济。其次，法官行使了过多的自由裁量权，若被普遍接受，那么有罪或无罪之人都将失去该规则的保护。这是因为在审判程序结束之前，被告人是否真实无辜总是不确定的。那么，非法证据排除规则所提供的保护，几乎完全取决于法官的自由裁量。从这个角度而言，中国的非法证据规则在司法实践中的应用似乎并不乐观。

（二）基于权利分类的规则 v. 基于证据分类的规则

中国的非法证据规则将证据分为言词证据和实物证据（包括物

证和书证),并为不同类型的证据制定了不同的排除规则。这同美国基于权利分类的非法证据规则形成对比。美国的该项规则源于联邦宪法,旨在保护公民的宪法权利。借此,美国联邦最高法院依据美国联邦宪法第四修正案反对不合理搜查和扣押的权利[88],第五修正案反对强迫自证其罪的权利[89],第六修正案的律师帮助权[90],第十四修正案的正当程序权[91],分别发展出了相应的证据排除规则。米兰达规则,是第五修正案反对自证其罪的权利与第六修正案律师帮助权的结合。[92]第十四修正案被囊括在内,主要因为美国是一个联邦制国家,只有联邦法院受联邦宪法的约束。为了在全国范围内实施第四、第五修正案的权利,美国联邦最高法院必须使用第十四修正案的正当程序条款。[93]在基于权利分类的排除规则模式中,任何违反宪法而获得的证据,无论是言词证据、物证还是书证,均应予以排除。这种基于权利的排除规则能更全面地保护公民的宪法权利,因此更加有效。

中国则借鉴德国、英国等西方国家,根据不同类型证据的分类制定了排除规则。这削弱了中国非法证据排除规则的有效性。首先,如前所述,中国的2012年《刑事诉讼法》规定了八种证据。除犯罪嫌疑人、被告人的供述和辩解,证人证言,被害者陈述,物证和书证之外,还有其他三种证据:(1)鉴定意见,(2)勘验、检查、辨认、侦查实验等笔录,以及(3)视听资料和电子数据。[94]根据2012年《刑事诉

---

[88] *Weeks v. United States*, 232 U. S. 383, 34 S. Ct. 341, 58 L. Ed. 652.

[89] *Miranda v. Arizona*, 384 U. S. 436, 16 L. Ed. 2d 694, 86 S. Ct. 1602 (1966).

[90] *Massiah v. United States*, 377 U. S. 201 (1964); *Escobedo v. Illinois*, 378 U. S. 478 (1964).

[91] *Watts v. Indiana*, 338 U. S. 49 (1949); *Harris v. South Carolina*, 338 U. S. 68 (1949); *Turner v. Pennsyvania*, 338 U. S. 62 (1949).

[92] *Miranda v. Arizon*, 384 U. S. 436, 16 L. Ed. 2d 694, 86 S. Ct. 1602 (1966).

[93] *Brown v. Mississippi*, 297 U. S. 278, 80 L. Ed. 682, 56 S. Ct. 461 (1936).

[94] 2012年《刑事诉讼法》第48条。

讼法》的规定,犯罪现场勘验、检查、辨认、盘查和技术侦查,包含了窃听、拦截和秘密侦查,都可能侵犯公民基本权利。若将其放在美国的规则背景下来看,其中一些侦查措施属于美国联邦宪法第四修正案的保护范围,而另外一些属于美国联邦宪法第六修正案的保护范围。例如,律师帮助权在辨认程序中是必要的,侵犯该项权利将导致相关的辨认证据被排除。[95] 窃听和拦截被视为搜查,属于美国联邦宪法第四修正案的保护范围。[96] 对人身的检查则可能触发美国联邦宪法第五修正案的排除规则。[97] 不幸的是,从字面上看,在中国的规则之下,这些侦查措施所获得的证据通常不会被排除。

视听资料证据也面临着相似问题。根据 2012 年《刑事诉讼法》,在某些情况下,审讯犯罪嫌疑人时强制性要求全程录音录像,而在另外一些情况下,录音录像并非强制要求。但是,在任何一种情况下,录音录像都可能成为庭审中的证据。然而,在美国,如果录音录像是用来证明犯罪嫌疑人或被告人在讯问期间的供述,则将其视为言词证据,受美国联邦宪法第五修正案和米兰达规则的约束。只有当录音录像是用来表明在审讯期间使用了非法手段时,法庭才将其视为视听资料,或者更准确地说是展示性证据。在前一种情况下,录音录像也可能依非法证据排除规则而被排除。但是,在中国,如果按字面意思解读《刑事诉讼法》,非法证据排除规则并不适用于视听

---

〔95〕 *United States v. Wade*, 388 U.S. 218, 87 S.Ct. 1926, 18 L.Ed. 2d 1149 (1967). 该案中,布伦南法官认为,在法庭上对被告人身份的辨认应当排除。因为证人在开庭前被告人律师缺席的情况下,已经通过辨认程序指认了被告人的身份。

〔96〕 *Katz v. United States*, 389 U.S. 347 19 L. Ed. 2d, 576, 88 S. Ct. 5007 (1967).

〔97〕 中国的人身检查和搜查不同。人身检查的目的是确定犯罪嫌疑人或受害者的某些特征、生理条件和受伤的严重性。检查时,可以收集指纹信息、血液、尿液和其他生物样本。如果嫌疑人拒绝接受检查,侦查机关可以在必要时进行强制检查。参见 2012 年《刑事诉讼法》第 130 条。相比之下,搜查的目的,通常是追查刑事证据或武器。

资料。[98]

（三）强制排除 v. 裁量排除

虽然理论上可以将2012年《刑事诉讼法》解释为已经确立了物证、书证的强制排除规则，但是目前在理论和实践中的主流观点都主张的是裁量排除规则。非法证据排除规则的自由裁量模式似乎更贴近立法原意。[99]针对物证、书证采用裁量排除规则的理由已经反复提及：一是物证、书证的真实性通常比较可靠，不会对发现真实形成妨碍；二是大多数西方国家都对物证、书证采用了裁量排除规则；三是司法实践中排除物证、书证存在许多困难和障碍，采用强制排除容易过犹不及。[100]

本书难以认同上述的任何一种理由。首先，非法证据排除规则旨在保护基本权利免受任意侵犯。即使必须考虑发现真实的价值，采纳非法取得的物证、书证也不会比采纳非法取得的言词证据更有助于查清真相。从表面上看，物证、书证似乎比言词证据更可靠。因为物证、书证在本质上是客观的，不容易被篡改，侦查人员对其进行伪造或篡改的难度更大。正如张军曾说，"与言词证据相比，实物证据发生变化的可能性较小，即使是采取违法的方法去收集，一般也不会改变物证本来的属性和状态"[101]。这种说法根本站不住脚，因为物证、书证和言词证据一样容易被伪造，有时物证、书证甚至更容易伪造。首先，改变一个物证、书证要比改变一个人的想法容易得多。当去改变一个客观事物时，人们可以根据自己的意愿去改变。

---

〔98〕 参见易延友、田昌喜：《同步录音录像问题研究》，载《人民检察》2012年第2期。

〔99〕 立法原意是针对物证和书证制定相应的酌情排除规则。同前注36。

〔100〕 同前注42，第71—72页（重复了三个理由）；同前注44，朗胜书，第124页（提到了前两个理由）；同前注24，第345页（提到了第一个理由）；同前注41，第64页（提到了第一个理由）。

〔101〕 同前注24，第345页。

然而,当要去改变某人的想法(强迫某人作证)时,必须努力了解他,以便找出一种有效的方式来进行说服,这极其困难。其次,在伪造物证、书证时,与逼取供述相反,执法人员不必直面他人,因此心理压力较小。[102]

此外,裁量排除规则能维持落后的司法实践惯例并不能够自证规则的合理性。中国法律学者和立法机关普遍拒绝采纳强制排除规则模式,因为过去的司法经验中很少有物证、书证被排除,也正说明了中国的司法机关不愿意排除物证、书证。在这样的司法环境之下,针对物证、书证的自动排除规则很难被接受,即使立法如此规定,也难以保证司法实践能够将其落实。[103]这一理由是说不通的。首先,立法编纂的一项功能就是改变实践中已经落后的做法,而不是顺应或纵容。因此,如果自动排除规则对于保护公民的基本权利是可取的,那么正确的做法就是建立自动排除规则。纵容落后的司法实践必然会损害公民的基本权利。正如中国有句古谚云:"法乎其上,得乎其中;法乎其中,得乎其下;法乎其下,则无所得矣。"[104]目前主流的观点是主张自由裁量排除规则,因此,可以预见的是实践中物证、书证的排除会比预期更少。其次,考虑到中国的审判独立并非西方意义上的独立司法制度,因此排除物证、书证的情况非常稀少。

基于以上种种考虑,即使大多数国家都采用裁量排除的规则模式,中国并非一定应该效仿此种模式。

(四)适用毒树之果原理 v. 不适用毒树之果原理

美国的非法证据排除规则旨在确保警方不会从违法行为中获得

---

〔102〕 目前为止,可以发现真正的问题不是物证或书证比言词证据更可靠,而是通过非法手段收集言词证据比收集物证或书证更有害。同前注 24,第 345 页。

〔103〕 同前注 24。

〔104〕 (唐)李世民:《帝范》,第四卷第十二章。

任何好处，唯一方法是排除通过违法行为而获得的所有证据。为了实现这一目标从而建立了毒树之果学说，是明确告诫警方不能使用非法手段获取的“成果”，进而消灭实施非法取证行为的动机。[105]显然，如果没有毒树之果原理，警方仍然可以使用通过非法手段间接获取的“果实”，这必然会鼓励他们使用非法手段。如前所述，中国已经针对刑讯逼供获得的重复供述十分有限地确立了毒树之果原理。在此条件下，警方很可能会使用其他非法手段获取证据，甚至使用刑讯逼供获取供述之外的其他证据，因为即使根据2017年颁布的《关于办理刑事案件严格排除非法证据若干问题的规定》，也只需要排除重复供述，而根据供述获得的物证、书证等证据，仍然可以不排除。不可避免地，非法证据被排除将仅仅被视为采用非法方法的“代价”，而不是对非法行为的“制裁”。

此外，缺乏毒树之果理念可能比缺乏任何排除规则更容易损害犯罪嫌疑人、被告人的权利。有学者曾经指出，如果只有直接获取的证据被排除而派生证据不被排除，那么在讯问时，警方如果不把被告人逼到招供就不会停止讯问，这是因为“警方要一直逼迫嫌疑人或被告人，直到他说出证人或者交代隐藏赃物的地方，换言之，直到嫌疑人或被告人带领警察找到进一步的衍生证据”[106]。随着时间的推移，这个问题将会变得越来越明显和普遍。

（五）法官垄断型 v. 法官共享型

美国的非法证据排除规则由联邦最高法院制定，通常被视为法官设计的规则。在实践中，只有法官才能认定非法证据，从而将其排

---

〔105〕 Ronald J. Allen et al., *Criminal Procedure: Investigation and Right to Counsel* 692(2d ed. 2011).

〔106〕 Werner Sarstedt, in: LöWE / Rosenberg, Strafprozessordnung, Section 136a / 7 (22nd ed.). See Dr. Christian Fahl, *The Guarantee of Defence Counsel and the Exclusionary Rules on Evidence in Criminal Proceedings in Germany*, 8 German L. J. 1053, p. 1064.

除在外。这种排除规则模型可以归类为“法官垄断型”的证据排除规则。相形之下，中国的非法证据排除规则不仅适用于审判阶段，也适用于侦查阶段和起诉阶段。不仅法院有权认定非法证据并将其排除，检察院和公安机关也共享此项排除非法证据的权力。这种排除规则模式可以归类为“法官共享型”的证据排除规则——法官并不完全控制排除非法证据的权力，相反法官与检察官和公安人员共享这项权力。

这种“法官共享型”的非法证据排除规则实际上是中国的特有创造，没有其他国家设计过这种规则。对此，有流行观点认为，“规定刑事诉讼每个阶段的办案机关都有排除非法证据的义务，有利于尽早发现和排除非法证据，提高办案质量，维护诉讼参与人合法权利”〔107〕。本书不同意该观点。非法证据排除规则是一种体现和保护法治的象征机制。这项规则是法治的一部分，反映了政府行政部门的权力有限的观念，并且受到司法部门的制衡。在法庭上裁定和排除非法取得的证据，是宣布行政权力有限并承认这种制衡。若允许检察官和警察排除非法取得的证据，将使法院无法向公众传达行政权力对司法机关进行制衡的理念，也剥夺了公开谴责行政机关的不当行为的机会。

更严重的是，一旦检察官或警察已经排除了有争议的非法证据，被告人再申请排除与“已排除”的非法证据相关的其他非法证据就变得更加困难。这是因为，只要检察官使用有争议的证据，被告人就可以将其作为申请排除其他证据的依据。相反，一旦非法取得的证据被“排除”，被告人就不可能将其作为攻击其他证据的工具。由于相当多的中国法官不愿意排除非法证据，这种“保护”让法官更有理由拒绝启动非法证据排除程序。在这种情况下，允许人民检察院

---

〔107〕同前注44，朗胜书，第125页。

和公安机关“排除”非法取得的证据,无异于是允许他们“隐瞒”非法取得的证据。因此,允许人民检察院和公安机关排除非法获取证据的规则,不是对诉讼当事人的一种保护形式,而是对侦查人员和检察官以及过度热衷于打击犯罪的法官的一种保护。

结 语

中国的非法证据排除规则并非直接来源于宪法。恰恰相反,该规则是通过司法解释逐步发展起来的。非法证据排除规则首先是作为司法解释进行颁布,然后逐渐纳入《刑事诉讼法》,并通过进一步的司法解释再实施。在制定规则的过程中,最高人民法院和最高人民检察院都发挥了重要作用,法律学者也提供了法律专业知识和道德层面上的支持。最高人民法院和最高人民检察院有时会在一些具体规则上存在观点冲突,有时也会与司法部、公安部、国家安全部和全国人民代表大会常务委员会等部门共同行动。《刑事诉讼法》是非法证据排除规则的权威依据,但在实践中,司法机关公布的相关解释通常更具影响力。

针对言词证据采纳了自动排除规则,但是物证、书证则采取了裁量排除。有关物证、书证的裁量排除说得到了大多数中国著名学者和政府官员的支持。这也是立法对中国司法实践的妥协,我们可以合理地相信,裁量排除说将在大多数情况下获胜。相反,强制排除说,则反映了一些中国法律学者的理想观念。与其说这是一种学理解释,不如说这只是一种希望,大多数中国人特别是司法官员是很难接受这种观点的。然而,这并不意味着强制排除说是失败的。值得注意的是,最高人民检察院似乎对其表示过一些支持,尽管非常含蓄。这意味着一些司法官员确实倾向于美国的自动排除规则。此外,尽管只有一位学者表达了对2012年《刑事诉讼法》确立了强制排除说的理解,但大多数学者确实认可并期待着强制排除规则。学者们理所当然地认为刑事诉讼法确立了裁量排除规则,而理想类型是强制排除规则。这反映了中国刑事诉讼法学者仍然不习惯按照自己的意愿解释法律。相反,如果学者对官方的法律解释感到不满,更倾向于去尝试建议修改法律。一旦中国法律学者专注于解释法律而不是热衷于修改法律,就会有更多学者认同强制排除说。一旦他们有机会再次修改法律,强制排除规则很可能会胜过裁量排除规则。

除物证、书证的裁量排除规则之外,中国的排除规则仍有许多方面有待改进。其中,尚未完整地确立毒树之果原理是尤其值得关注的问题,人们普遍认为这个弱点必然会破坏非法证据排除规则的影响力。应当承认,采纳通过非法手段间接获取的证据会带来很多问题。最高人民法院和最高人民检察院有必要就此问题作出进一步的明示。不仅必须排除直接源自非法手段的言词证据,还应排除相关物证,例如用作犯罪工具的武器以及用作证据的书证等。若要解决这个问题,必须改变现有规则建立于"证据分类"的规则背景,考虑按照"权利分类"。与此相关的是,刑事诉讼法不仅要求人民法院,还要求人民检察院和公安机关排除非法取得的证据。这种规定看似是对犯罪嫌疑人和被告人的一种保护,但实际上却妨碍了被告人申请排除非法取得的证据。因此,也应该作出相应改变。经过这些修改后,中国的非法证据规则才能得以完善,从而真正有效地运用于实践。

第四章　非法证据排除规则的立法表述与意义空间

——《刑事诉讼法》第 56 条第 1 款的教义学分析

引　言

2012 年《刑事诉讼法》第 54 条第 1 款规定："采用刑讯逼供等非法方法收集的犯罪嫌疑人、被告人供述和采用暴力、威胁等非法方法收集的证人证言、被害人陈述，应当予以排除。收集物证、书证不符合法定程序，可能严重影响司法公正的，应当予以补正或者作出合理解释；不能补正或者作出合理解释的，对该证据应当予以排除。"该规定系 2012 年《刑事诉讼法》修改过程中增加的条款，是关于非法证据排除规则适用范围的集中表达，也是我国《刑事诉讼法》以立法形式第一次正式确立非法证据排除规则的标志。2018 年《刑事诉讼法》修改时原封不动地保留了该规定的表述，只是由于条文变动，该条文序号改为第 56 条。自 2012 年《刑事诉讼法》写入上述条文以来，无论是在理论上还是实践中，对于上述规定的理解都既存在重大分歧，也远未触及立法原意。如何理解"刑讯逼供等非法方法"和"暴力、威胁等非法方法"中的"等"？非法实物证据是否一律裁量排除？什么是"可能严重影响司法公正？"

什么是“补正或者作出合理解释”？间接渊源于违法行为的证据是否要排除？辩方证据是否也在非法证据排除之列？对这些问题的回答，直接关系到非法证据排除规则的立法旨意能否实现，也关系到非法证据排除规则在实务中的具体实践。

应当说，自1998年最高人民法院《关于执行〈中华人民共和国刑事诉讼法〉若干问题的解释》中关于以非法方法获得的言词证据应当予以排除的规定算起，我国的非法证据排除规则已经确立二十余年。理论界关于非法证据排除规则的介绍性、翻译性、评论性、批判性讨论也早已汗牛充栋，其中不乏可圈可点之处。但在2012年《刑事诉讼法》正式规定了非法证据排除规则之后，理论上对于我国刑事诉讼法规定的非法证据排除规则的阐述和讨论却几乎毫无新意，有些观点完全与《刑事诉讼法》确立非法证据排除规则的目的背道而驰。更为不幸的是，这些错误理解如今却大行其道，甚而有逐渐成为主流观点之趋势。还有一些观点看上去很正确，但是提出观点的人却完全无视《刑事诉讼法》文本的存在。有些观点理论，不知道作者是在探讨美国法，还是自然法，还是对我国《刑事诉讼法》提出的立法建议。对我国《刑事诉讼法》文本的意义探求，仍属蜻蜓点水，浅尝辄止。

拉伦茨认为，法学就是以某个特定的、在历史中逐渐形成的法秩序为基础及界限，探求法律问题之答案的学问，其主要目的是探讨规范的意义。[1] 拉伦茨这里说的“法学”，就是法解释学，又称“法教义学”。[2] 法律规范都是有解释空间的，在这个解释空间内，可以赋予同一法律规

---

〔1〕〔德〕卡尔·拉伦茨：《法学方法论》，陈爱娥译，商务印书馆2003年版，第19、77页。

〔2〕法教义学既区别于法律哲学和法律社会学，也区别于法律史学。根据拉伦茨的论述，法社会学以法的发生、贯彻及其实效性的社会条件为研究对象，运用的是社会学的方法，做出的是社会学的贡献；法律史学以过往之法秩序的形成为研究对象，运用的是史学的方法，做出的是史学的贡献；法哲学则毋宁说是伦理学的范畴，其运用的是伦理学的方法，做出的是哲学上的贡献；只有法解释学，才是运用法学的方法，做出法学领域的贡献。参见前注1，第73—74页。

范不同的含义,而在解释的时候只能从中选择一种作为对该法律规范的解释。[3] 之所以要对法律进行解释,是因为所有的法律语言都具有多样的说明可能性;正是由于这种多样的说明可能性,才使得语言具有丰富的表达力及配合各种情势的适应力。拉伦茨指出:那种认为只有在法律文字特别模糊、不明确或相互矛盾时才需要解释的观点完全是一种误解,因为“全部的法律文字原则上都可以,并且也需要解释”[4]。

刑事诉讼法学按其本意,应当属于法解释学,或法教义学。然而,刑事诉讼法解释学虽起步于20世纪80年代,却止步于90年代。在刑事诉讼法刚刚颁布生效的年代,多数法律学人都还是认真对待《刑事诉讼法》的,因此比较认真地探讨了《刑事诉讼法》条文的含义,著书立说也无不以《刑事诉讼法》的文本为依据。但自20世纪90年代以来,法解释学反被讥讽为“注释法学”,成为人们争相批判的对象;人人以批评现行立法、呼吁修改立法、参与修改立法为荣。这导致法解释学不昌,“法修改学”甚嚣尘上。本书认为,只有学者们自己认真对待《刑事诉讼法》了,实务部门才可能认真对待《刑事诉讼法》。只有大家都来探求《刑事诉讼法》的文本意义了,《刑事诉讼法》才可能得到充分的解释,这样提出的立法建议也才具有针对性。因此,本章尝试对前述《刑事诉讼法》之规定的意义空间作一探索,以求正确理解《刑事诉讼法》的立法意图、非法证据排除规则的内在价值,并勾勒出具有实效意义的非法证据排除规则。

一、非法言词证据:从形式解释到实质解释

(一)形式解释与实质解释:“等非法方法”的两种解释方向

《刑事诉讼法》对非法证据排除的规范以言词证据为起点,本书

---

[3] 参见[德]齐佩利乌斯:《法学方法论》,金振豹译,法律出版社2009年版,第35页。

[4] 同前注1,第85页。

也从非法言词证据的界定开始。2012 年《刑事诉讼法》第 54 条将言词证据排除的条件限定为“刑讯逼供等非法方法”以及“暴力、威胁等非法方法”。这里说的“刑讯逼供等非法方法”和“暴力、威胁等非法方法”，是否仅包括与刑讯逼供或暴力、威胁在行为方式上类似的方法？目前理论和司法解释都拘泥于“刑讯逼供”“暴力、威胁”等文字，从而对“等非法方法”作出了意义十分限定的解释。例如，2012 年《刑诉法解释》第 95 条将“刑讯逼供等非法方法”解释为：

> 使用肉刑或者变相肉刑，或者采用其他使被告人在肉体上或者精神上遭受剧烈疼痛或者痛苦的方法，迫使被告人违背意愿供述的，应当认定为刑事诉讼法第五十四条规定的“刑讯逼供等非法方法”。

很显然，最高人民法院认为，刑讯逼供等非法方法，就是指肉刑或者变相肉刑，或者其他使被告人在肉体上或者精神上遭受剧烈疼痛或者痛苦的方法。在这里，刑讯逼供等非法方法中的“等”，是指在形式上与刑讯逼供相同或类似的方法，它与刑讯逼供的共同点在于：它们都必然使被告人在肉体上或者精神上遭受剧烈疼痛或者痛苦，从而迫使其违背意愿作出供述。换句话说，凡是不会使被告人在肉体上或者精神上遭受剧烈疼痛或者痛苦的方法，都不属于“等”所包含的方法。本书称这种解释为形式解释。

但是，对于此处的“等非法方法”，完全还可以作实质化的解释。那就是，对于毫无证据基础的非法拘禁、完全没有合法根据地限制或者剥夺犯罪嫌疑人获得律师帮助的权利等行为，由于侵犯了犯罪嫌疑人的基本权利，也属于“等非法方法”的范畴；以这些方式获得的犯罪嫌疑人、被告人供述，也应当予以排除。理由是，刑讯逼供的本质，是侵犯犯罪嫌疑人、被告人的反对强迫自证有罪的特免权；刑讯逼供获得的供述必须予以排除，最根本的原因不是因为这种行为给犯罪嫌疑人、被告人带来了生理上或精神上的疼痛或痛苦,而是因为它侵犯了犯罪嫌疑人、被告人的基本权利。刑讯逼供等非法方法,就是指侵犯被告人强迫自我归罪等权利的方法。法律排除刑讯逼供获得的供述,本质上是排除以侵犯基本权利的方法获得的供述。犯罪嫌疑人、被告人除了反对强迫自我归罪的权利,还有其他一些基本权利如人身自由不受任意侵犯、获得律师帮助等;侵犯了这些权利获得的供述,也应当予以排除。这就是实质解释。它注重的是刑讯逼供这种侵犯基本权利行为的本质,揭示的是非法证据排除规则保障基本权利的实质,并不仅仅是注重刑讯逼供造成个人身体或者精神痛苦的形式内容。

(二)形式解释不符合文义解释的基本规则

本书赞成对"等非法方法"作实质解释。第一个理由是,形式解释不符合文义解释的基本法则。因为,形式解释只包含了刑讯逼供的方法,却没有包含"等非法方法"。《布莱克法律词典》将刑讯逼供(torture)解释为"为了实施惩罚、逼取供述或其他信息或者获得施虐产生的快感而施加于肉体或精神上的强烈痛苦"。[5] 联合国《禁止酷刑公约》也将刑讯逼供/酷刑界定为"蓄意造成一个人肉体或精神上的剧烈疼痛或痛苦"的行为。[6] 可见,刑讯逼供、酷刑都是指造成肉体上或精神上剧烈痛苦的行为方法。我国最高人民法院关于刑讯逼供的司法解释,其文字表述的源头应当就是联合国《禁止酷刑公约》关于酷刑(刑讯逼供)的定义。按照这个定义,凡是造成肉体上或精神上强烈痛苦的方法,都属于刑讯逼供。最高人民法院《关于建

---

〔5〕 "The infliction of intense pain to the body or mind to punish, to extract a confession or information, or to obtain sadistic pleasure." See Black's Law Dictionary, Thomson West, eighth edition, 2004, p. 1528.

〔6〕 另参见〔奥〕曼弗雷德·诺瓦克:《公民权利和政治权利国际公约评注》(修订第二版),孙世彦、毕小青译,生活·读书·新知三联书店 2008 年版,第 167 页。

立健全防范刑事冤假错案工作机制的意见》将“冻、饿、晒、烤、疲劳审讯”等方法获得的供述均作为非法证据排除的对象，仍然没有超出刑讯逼供的意义范围，它们都只是刑讯逼供的具体表现形式，不是刑讯逼供之外的其他方法，不属于“等非法方法”。

从汉语语法规则来看，“刑讯逼供等非法方法”一定包括了刑讯逼供之外的其他方法。“等”在列举方法上既可以表示列举未尽，也可以表示列举后煞尾。因此，有时候仅从语法上并不能确定“等”究竟是表示列举未尽还是列举煞尾。但是，根据习惯，当文本表述中只列举了一个名词时，应当而且只能理解为列举未尽。因为，如果理解为列举煞尾，这个“等”就完全没有必要。同理，刑事诉讼法将供述限定为“刑讯逼供等非法方法”，就说明除刑讯逼供的方法之外，一定还有其他方法也在该条文所禁止的方法之列。此处的“等”，只能理解为列举未尽，而不能理解为列举煞尾。

语法解释就是按照一个语言共同体的语言习惯以及立法者的语言规则对法律用语赋予特定的意义。〔7〕 因此，最高人民法院对刑讯逼供“等非法方法”的解释，将其限定为造成剧烈疼痛或痛苦的方法，实际上是将“等非法方法”都限定为刑讯逼供的方法，属于将此处的“等”理解为列举煞尾，不符合汉语的语法习惯，当然不符合文义解释的基本规则。

（三）从文字表述推测立法意图，也应当赞成实质解释

刑讯逼供只是侵犯基本权利的众多方法中的一种，所以法律使用了“等”字，表示列举未尽，防止基本权利受到其他形式的侵犯。只有如此解释，才符合 2012 年《刑事诉讼法》第 54 条的立法目的。如果对“等非法方法”作形式解释，就是忽略了该条文的立法旨意，故意

〔7〕 同前注 3，第 60 页。

限缩了第54条保护的权利范围，等同于削减了第54条对权利的保护，自然不符合立法本意。既然“刑讯逼供等非法方法”应当包括刑讯逼供以外的非法方法，那么，此处的“等非法方法”也就只有解释为包括刑讯逼供以外的非法方法时，才是符合立法者意图的。立法应当力求精练，法律文本应当力求简洁，其所传递的意思应当力求明确，至少不应当引起误解。如果立法者在第54条只想将刑讯逼供方法包括在内，就不会使用“等”字来分散注意力，引起误解；更不会以增加一个无用的汉字的方法来破坏法律的简洁和精练的特征。

（四）有些学理解释和司法解释也支持或接近实质解释

其实，对于言词证据，最高人民检察院发布的司法解释也接近于实质解释，而并不单纯是形式解释。最高人民检察院《最高检规则（试行）》第65条第2、3款指出：

> 刑讯逼供是指使用肉刑或者变相使用肉刑，使犯罪嫌疑人在肉体或者精神上遭受剧烈疼痛或者痛苦以逼取供述的行为。其他非法方法是指违法程度和对犯罪嫌疑人的强迫程度与刑讯逼供或者暴力、威胁相当而迫使其违背意愿供述的方法。

在上述司法解释中，就没有将“在肉体或者精神上遭受剧烈疼痛或者痛苦”作为“等非法方法”的前提条件。与最高人民法院关于“等非法方法”的解释有明显的区别。

另外，在一部主要由立法部门相关人员编写的刑事诉讼法释义著作中，作者对“等非法方法”也是解释为“违法程度和对当事人的强迫程度达到与刑讯逼供或者暴力、威胁相当，使其不得不违背自己意愿陈述的方法”[8]。这里的“违法程度”或者“强迫程度”与刑讯

---

[8] 郎胜主编：《中华人民共和国刑事诉讼法修改与适用》，新华出版社2012年版，第124页。

逼供或者暴力、威胁“相当”的方法，实际上就包含了除刑讯逼供以外的其他侵犯公民基本权利的方法。尤其是其中的“违法程度”“相当”这一说法，基本上接近于说，只要是侵犯到公民基本权利的方法，就是刑讯逼供等非法方法。只不过，最高人民检察院的解释和立法部门工作人员的解释，仍然不够明确。它们虽然接近于本书所赞成的解释，但是与本书的实质解释仍然有一定的距离，仍然存在模糊之处，对于“违法程度”“相当”仍然需要进一步解释。只有把“违法程度”“相当”解释为“侵犯公民基本权利的行为”，才算是最终完成了解释的任务。

综上所述，2012 年《刑事诉讼法》之所以排除刑讯逼供取得的供述，是因为刑讯逼供侵犯了该法第 50 条规定的“不得强迫任何人证实自己有罪”这一权利。这才是刑讯逼供的实质所在。申言之，刑讯逼供获得的供述之所以必须排除，是因为这一手段侵犯了犯罪嫌疑人的基本权利。犯罪嫌疑人的基本权利除包括不被强迫自证其罪，从而不受刑讯逼供以外，还有其他一系列的权利。所以刑事诉讼法在此处用了“等”这个词。其目的就是表明，除不受刑讯逼供的权利以外，犯罪嫌疑人的其他基本权利也要受到尊重；因此，凡是以侵犯基本权利的方式获得的供述，都必须予以排除。

二、非法实物证据：从裁量排除到强制排除

齐佩利乌斯认为：“解释法律意味着对法律用词的含义进行探究，也就是说，探究该法律用词所表达的事实、价值和应然观念。”〔9〕对于非法证据排除规则而言，最具争议性的问题莫过于对实物证据排除规则的应然模式的理解，以及由此发生的对现行法条的阐释。本部分试对此提出本书的见解。

---

〔9〕 同前注 3，第 59 页。

(一)“可补正的排除”及其理论缺陷

2010年6月,五机关联合发布的《非法证据排除规定》第14条规定:“物证、书证的取得明显违反法律规定,可能影响公正审判的,应当予以补正或者作出合理解释;否则,该物证、书证不能作为定案的根据。”对于上述规定,理论界有的称之为“可补正的排除规则”,有的称之为“瑕疵证据补正规则”,并就这些规则展开了论述。[10] 2012年,修正后的《刑事诉讼法》第54条第1款第2句规定:“收集物证、书证不符合法定程序,可能严重影响司法公正的,应当予以补正或者作出合理解释;不能补正或者作出合理解释的,对该证据应当予以排除。”对此规定,多数学者均秉持了对2010年《非法证据排除规定》的解释立场,也就是认为该规定仍然应当理解为“可补正的排除”,也就是裁量排除。

根据这一立场,对于物证、书证等证据,当作为非法证据予以排除时,必须具备以下几个条件:(1)收集的物证、书证不符合法定程序;(2)可能严重影响司法公正;(3)不能补正或作出合理解释。根据这一解释,刑事诉讼法对于非法实物证据实际上采取了裁量排除优先、迫不得已才要求必须排除的政策。换句话说,对于收集物证、书证不符合法定程序,从而可能严重影响司法公正的,首先必须允许侦查机关补正,在无法补正的情况下,应当允许侦查机关作出合理解释;只有在既不能补正,也不能作出合理解释的情况下,才予以排除。

但是,“可补正的排除”这一解释显然不符合立法原意。因为第一,有些违法行为实际上无法“补正”,也无法提供合理解释(具体请参看本书第三章相关论述);第二,非法证据排除规则的目的在于为基本权利受到侵犯的当事人提供救济,而无论“补正”还是“合理解

[10] 参见牟绿叶:《论可补正的排除规则》,载《中国刑事法杂志》2011年第9期。

释”,都不能达到此一目的。因此对2012年《刑事诉讼法》第54条关于物证、书证排除的解释,必须另辟蹊径。

(二)强制排除乃应有之义

本书认为,对于非执行逮捕、拘留情境中的无证搜查,侦查人员实际上无法提供刑事诉讼法能够认可的“补正或合理解释”。也就是说,并不是对于所有的违法搜查、扣押物证、书证的行为都能够补正或提供合理解释。对于有些违法搜查、扣押的行为所获得的证据,其实并没有“补正或者作出合理解释”这个选择项。相反,在某些情形下,对违法搜查、扣押获得的物证、书证,唯一的选项就是排除。

应当承认,从语义上看,传统解释并不违反字面含义。2012年《刑事诉讼法》第54条第1款第2句规定:“收集物证、书证不符合法定程序,可能严重影响司法公正的,应当予以补正或者作出合理解释;不能补正或者作出合理解释的,对该证据应当予以排除。”按照汉语习惯,完全可以将上述规定理解为“所有存在程序性瑕疵的物证、书证都应当予以补正或者作出合理解释;只有不能补正或作出合理解释的才应当予以排除”。但是这一解释并不是唯一解释。因为该规定也可以理解为:“……(能够予以补正或作出合理解释的,就)应当予以补正或者作出合理解释;不能补正或者作出合理解释的,对该证据就予以排除。”把括号内的话加上去,就意味着立法者想要表达的意思,实际上是在能补正或作出合理解释的情形下,就补正或作出合理解释;在不能补正或作出合理解释的情形下,就直接加以排除;有些情形是能够补正或作出合理解释的,因此补正、作出合理解释、排除都是选择项;但有些情形无法补正或作出合理解释,因此排除是唯一的选择项。

需要强调指出的是,本书并不认为2012年《刑事诉讼法》第54条关于物证、书证的排除规则一律都是强制排除。本书主张的解释方案与传统观点主张的解释方案的区别毋宁是,传统观点认为,对于所有的物证、书证,都是裁量排除规则;本书则认为,只有部分情形下,对物证和书证才是裁量排除规则;在另一部分情形下,对物证和书证实际上是强制排除规则。从该第54条关于实物证据排除的表述来看,这句话中间用了一个分号。分号的意思就是分号前后的选择都属于语义的范围。"予以补正或者作出合理解释"与"应当予以排除"乃是并列关系,不是递进关系。因此,对该规定的含义也可以解释为:能够补正或者作出合理解释的,就补正或者作出合理解释;不能补正或作出合理解释的,就予以排除。可见,排除与补正和作出合理解释之间不一定是递进关系。

也许有人会说你这是胡搅蛮缠。第54条关于实物证据排除的表述明明是递进关系,你怎么能随意把自己的话加进去作为立法者的话呢?本书认为,把括号中的话放在第54条的文本中,从上下文来看,并不违反语法逻辑,也不见得违反立法本意。是否违反立法本意,要结合其他情形来判断。如果不违反立法本意,则括号内的话,就是立法者在表述时为了语言精练而省略的话。人们在日常生活中为了追求表达上的简洁,也会省略掉一些话。例如,在一个硝烟弥漫的战场上,连长对战士说:"对那些已经受伤的马,应当给它们疗伤,争取救活;不能疗伤救活的,杀了吃了。"在这段话的语境下,如果我们在"应当"之前,加上"如果能够通过疗伤救活",难道不更加全面地反映了说话之人的本意吗?难道会有人说加上括号内的话就是对连长意思的肆意歪曲吗?

可见,递进关系并不是第54条关于实物证据排除的唯一解释。既然不是唯一解释,就要看哪一种解释更符合立法原意,更符合逻辑和经验。要看哪一种解释更符合立法原意和经验逻辑,就要看是不是所有存在程序性瑕疵的物证、书证都可以补正或作出合理解释。

(就好比那些受伤的马,是不是应当直接杀了吃掉,就要看是不是存在着已经不能通过疗伤救活的情形。)如果所有具有程序性瑕疵的物证、书证的程序性瑕疵都可以补正或者作出合理解释,那么,这种解释也许就是正确的。如果并非所有的程序性瑕疵都可以补正或者作出合理解释,这种立场就一定是不正确的。

那么,是否存在既不能补正也不能作出合理解释的情形呢?如前所述,这一情形是存在的。对于那些不属于执行逮捕、拘留情形下的无证搜查,没有办法进行补正;补正属于自欺欺人;也不能作出合理解释;唯一合理的解释就是藐视法律。换句话说,对于有些程序性瑕疵,一旦发生,就无法弥补,只能通过排除证据来进行救济。(就好比那些受伤的马,有些一看就是致命伤,无论如何是治不好的,还需要先治疗一段再说吗?不用。直接杀了吃!)

其实,从最高人民检察院颁布的司法解释中,也能找出类似的解释。最高人民检察院2012年颁布的《最高检规则(试行)》第66条第3款规定:"本条第一款中的可能严重影响司法公正是指收集物证、书证不符合法定程序的行为明显违法或者情节严重,可能对司法机关办理案件的公正性造成严重损害;补正是指对取证程序上的非实质性瑕疵进行补救;合理解释是指对取证程序的瑕疵作出符合常理及逻辑的解释。"根据上述规定,"补正"是指对"取证程序上的非实质性瑕疵进行补救"。换句话说,补正的对象仅限于"非实质性瑕疵";对于存在"实质性瑕疵"的物证、书证,实际上是不适用补正的。这一规定对"瑕疵—补正—作出合理解释—排除"这一公式适用于所有非法获得的物证、书证的理论共识构成毁灭性打击。传统解释均认为,按照2012年《刑事诉讼法》第54条之规定,对于有程序瑕疵之物证、书证的排除,均适用"补正—作出合理解释—排除"这一公式,也就是补正在先,作出合理解释可选择适用,只有两者均无法适用时,才选择排除。这一立场的前提条件就是:所有的程序性瑕疵均要么可以补正,要么可以作出合理解释;不存在既不能补正,又不能作出合理解释的程序性瑕疵。但恰恰是这一前提条件本身存在重大瑕疵。事实上,并非所有的程序性瑕疵均可以补正或者作出合理解释;相反,有一些重大瑕疵既不能补正,亦不能作出合理解释。在此情形下,排除证据是唯一的选择,而不是排在第二顺序的选择。《最高检规则(试行)》第 66 条第 3 款的意义,就是确认了这一情形的存在。这一情形的存在反过来又确证了本书的立场实际上是对 2012 年《刑事诉讼法》第 54 条的文义解释,至少是文义解释与目的解释的结合,而不是对第 54 条文义的扩张、限缩或者逾越。

基于以上理解,《刑事诉讼法》关于物证、书证的排除,实际上只有一部分情形是裁量排除(裁量不排除);在一些特定的情形下,是不允许裁量排除的;法律规定的选择项只有排除。在这些特定的情形下,对于非法获得的物证、书证,实际上应当是强制排除。所以,对于实物证据,《刑事诉讼法》采取的乃是裁量排除与强制排除并存的做法,而不是像学者们所简单认为的那样,一律是裁量排除。

三、"实质性瑕疵"的类型化

(一)究竟强制排除还是裁量排除要依所违反的规范性质而定

既然在发生"实质性瑕疵"的场合,对物证、书证的补救既不能是补正,也不能是作出合理解释,而只能是排除,那么,究竟什么样的程序性瑕疵属于"实质性的",什么样的程序性瑕疵属于"非实质性的"呢?

对这个问题的答案,本来可以从"严重影响司法公正"的含义中寻找。对此问题,相关司法解释均采取了比较宽泛的立场,也就是将“严重影响司法公正”解释为既可能包含侵犯公民宪法权利的行为,也可能包含其他种类的违法行为。例如,2012 年《刑诉法解释》第 95 条第 2 款规定:“认定刑事诉讼法第五十四条规定的‘可能严重影响司法公正’,应当综合考虑收集物证、书证违反法定程序以及所造成后果的严重程度等情况。”换句话说,任何违反法定程序的行为,都可能被认定为“可能严重影响司法公正”的行为。

前引立法机关工作人员编写的有关刑事诉讼法解释的著作也持此观点:“‘可能严重影响司法公正’是排除非法证据的前提,是指收集物证、书证不符合法定程序的行为明显违法或者情节严重,可能对司法机关办理案件的公正性、权威性以及司法的公信力产生严重的损害。”〔11〕该理论性著作还对“补正”列举了“缺少侦查人员签名的勘验、检查笔录”等情形,对“作出合理解释”列举了“对书证副本复制时间作出解释”的情形。在该理论性著作的作者看来,勘验、检查笔录缺乏侦查人员的签名,书证副本的复制时间存有疑问等,均属于“可能严重影响司法公正”的情形。毫无疑问,这些情形所涉及的程序性违法,完全不涉及公民宪法权利的保护问题。可见,对“可能严重影响司法公正”的宽泛理解,为“补正或作出合理解释”以及“应当予以排除”之间属于并列关系的解释提供了前提和空间。也就是说,既然“严重影响司法公正”的行为包括的范围比较宽泛,那么,根据不同情形采取不同的补救也就成为题中之义。对于情节比较轻微的“可能严重影响司法公正”的行为,补正或作出合理解释都是可以的;但对于情节比较严重的“可能严重影响司法公正”的行为,就只能采取排除的措施。

实际上,我国刑事诉讼法上一直存在着四种不同的规范:一类是

---

〔11〕 同前注 8,第 124—125 页。

保障犯罪嫌疑人、被告人基本权利的规范，一类是保障犯罪嫌疑人、被告人非基本权利的规范，还有一类是保障其他诉讼参与人权利的规范，最后是规定国家机关如何开展工作的提示性规范。本书认为，只有在违反了第一类规范的情况下，才需要排除非法证据；在违反第二类、第三类、第四类规范的情况下，不需要将证据当作非法证据来排除，把它们界定为瑕疵证据是比较恰当的。瑕疵证据就是来源和真实性等方面存有疑问，对于发现真实有影响的证据。非法证据排除规则的目的和发现真实没有关系，它唯一的、最高的目标是保障人权，也就是保障基本权利。瑕疵证据通常只涉及真实性问题，最多也只是涉及非基本权利，不涉及人权保障问题，因此不需要排除；当然，控辩双方可以对瑕疵证据的证明力问题发表质证意见，但最终如何认定应由法官斟酌判断。

(二)《最高检规则(试行)》中"非实质性瑕疵"概念的澄清

本书认为，正是基于上述理解，《最高检规则(试行)》才会将有关物证、书证的程序性瑕疵区分为"非实质性瑕疵"和"实质性瑕疵"——规则本身虽然没有提到"实质性瑕疵"这一概念，但是"非实质性瑕疵"概念的使用，已经表明了最高人民检察院实际上是承认了实质性瑕疵和非实质性瑕疵的区分。但是，最高人民检察院并没有明确什么是"非实质性瑕疵"或"实质性瑕疵"。前引立法机关工作人员撰写的关于刑事诉讼法条文释义的著作所列举的那些关于以非法程序收集的物证、书证可以补正或作出合理解释的情形，如果用来界定"非实质性瑕疵"，倒是比较贴切：可以补正或作出合理解释的情形，一般是缺乏侦查人员签名的勘验、检查笔录，以及复制时间存有疑问的书证副本等。这些情形，不正是2010年最高人民法院、最高人民检察院、公安部、司法部、国家安全部联合发布的《死刑案件审查判断证据规定》中规定的情形吗？

仔细观察,《死刑案件审查判断证据规定》的内容与《非法证据排除规定》的内容存在一定的交叉与重合:《死刑案件审查判断证据规定》重复了《非法证据排除规定》中有关非法证据排除的范围的规定,但没有包括《非法证据排除规定》中有关非法证据排除程序的规定;同时,《死刑案件审查判断证据规定》中也规定了《非法证据排除规定》中没有规定的内容,那就是吸收和改造了英美法系传统上认为是基于发现真实而设置的有关可采性的证据规则。《最高检规则(试行)》中的"非实质性瑕疵",实际上就是指违反了我国刑事诉讼法和相关司法解释中规定的、基于发现真实目的而设置的一些技术性规则,例如搜查程序要求必须有见证人在场、见证人应当签名、侦查人员应当签名或盖章等规则,主要目的是保证法庭发现真实;这一概念所对应的"实质性瑕疵",则是指违反了宪法和刑事诉讼法基于保障人权目的设置的规则,例如刑事诉讼法规定搜查应当有搜查证,勘验、检查应当持有公安机关、人民检察院的证明文件,技术侦查应当经过严格的审批手续等。本书认为,对于这些规定的违反,既无法补正,也无法作出合理解释。这是因为,从公民宪法权利的角度来看,一旦侵犯了这些权利,权利受到侵犯就已经成为事实,这一事实不因补正而改变,也无法提供合理解释;对于这些受侵犯的权利而言,唯一合理和有效的救济方式就是将违法证据予以排除。

(三)实质性瑕疵的具体内容

既然"实质性瑕疵"是指侵犯公民宪法权利或者刑事诉讼法规定的犯罪嫌疑人、被告人享有的基本权利的程序性瑕疵,那么,公民宪法权利和刑事诉讼法规定的犯罪嫌疑人、被告人享有的基本权利又包含哪些内容呢?本书认为,非法证据的本质是对公民重大基本权利的侵犯。在美国,非法证据就是指以违反宪法的方式取得的证据;其之所以应当排除,就是因为它侵犯了公民的基本权利。在我国,因我国宪法与美国宪法存在重大区别,宪法规定的程序性权利比较少,也比较模糊,我们不能像美国那样,将非法证据界定为违反宪法的证据;但在保护基本权利不受任意侵犯方面,我国非法证据排除规则和美国非法证据排除规则的功能应当是一样的。因此本书将我国刑事诉讼法规定的非法证据界定为以侵犯公民(犯罪嫌疑人和被告人)基本权利的违法方式所取得的证据。本书认为这些权利主要包括公民的住宅、财物等不被任意搜查、扣押的权利,人身自由不被任意侵犯的权利,不被强迫自证其罪的权利,以及获得律师帮助的权利等。

四、间接渊源于违法行为的证据:“毒树之果”的中国语境

以上对非法实物证据和非法言词证据的排除规则作了初步的探讨。实际上,从基本权利保护的角度而言,区分言词证据与实物证据并无实质性意义。因为,根据言词证据固然可以获得实物证据,根据实物证据也可以强迫嫌疑人供出言词证据。问题的关键是,依据非法取得的证据获得的其他证据具有可采性吗?这个问题在刑事诉讼法上并没有明确的答案。本部分试图为这一问题提供一个教义学上的答案。

(一)毒树之果原理:起源、含义与意义

“毒树之果”的说法本来是一个比喻,它是将违法行为都比喻为毒树,将根据违法行为获得的证据比喻为毒树上结出的果实,简称为“毒树之果”。它最初要解决的问题,是间接渊源于违法行为的证据是否需要排除。在 1920 年的 *Silverthorne Lumber Co. v. United States* 一案中,美国联邦最高法院首次就间接渊源于违法行为的证据是否需要排除的问题作出了决定。该案执法官员在未获授权的情况下搜查了 Silverthorne 公司的办公室,获得了一些书籍、纸张和文件。检察官发现错误后指出应当在大陪审团面前扣押这些证据,并在这些证

据上用颜色做了标记。执法人员对这些书籍、纸张和文件进行了拍照和复制,并在这些物证照片和书证复印件的基础上重新制作了一份起诉书。法庭命令返还这些物品但扣押了照片和复制件。政府认为,非法扣押是错误的,但是通过扣押了解到这些物品的知识则是有效的。该案上诉至联邦最高法院后,以霍姆斯为首的联邦最高法院法官判定政府行为违法,根据违法行为直接获得的证据必须排除,而且根据这些证据获得的有关案件信息也不得作为展开进一步侦查的根据:“法律禁止以某种特定方法获取证据的规定,其本质并不仅仅在于以如此方法获得的证据不能在法庭上使用,而在于这样的证据根本完全不能使用。”[12]

从该案语境来看,人们将间接渊源于违法行为的证据必须加以禁止的做法比喻为“毒树之果”,并不是说只有间接渊源于违法行为的证据才是毒树之果,而是说直接渊源于违法行为的证据属于毒树之果是毋庸置疑的,而间接渊源于违法行为的证据是否属于毒树之果则是需要讨论的。在 *Silverthorne Lumber Co. v. United states* 一案中,讨论的结论是:间接渊源于违法行为的证据也属于毒树之果,因此也必须予以排除。也就是说,毒树之果既包括直接渊源于违法行为的证据,也包括间接渊源于违法行为的证据;但其强调的重点,则是间接渊源于违法行为的证据。因此,当人们说毒树之果也要予以排除时,一般是指间接渊源于违法行为的证据也要予以排除。本书以下如无特别说明,也是在这个意义上使用“毒树之果”这一概念。

毒树之果原理是非法证据排除规则的一个基本原理。根据毒树之果原理,只要是渊源于违法行为取得的证据,无论是直接渊源还是间接渊源,都属于毒树之果,都必须予以排除。在美国,毒树之果之所以必须予以排除,主要是基于两点理由。首先,警察不能从自己的

---

〔12〕 *Silverthorne Lumber Co. v. United States*, 251 U. S. 385 (1920).

违法行为中获利。这在 *Silverthorne Lumber Co. v. United States* 一案霍姆斯的表述中体现得比较充分。按照霍姆斯的观点，如果只排除警察直接根据违法搜查获得的证据，而容许警察根据这些证据记载的信息进一步搜集其他证据，就意味着警察从之前的违法行为中获得了利益。〔13〕 这与任何人不得因违法行为获益这一基本法治原则相违背。其次，与之相关的原理是，如果容许警察从违法行为中获利，就赋予了警察违法执法的动机，从而会在一定程度上鼓励警察实施违法行为，不利于对公民宪法权利的保护。〔14〕

（二）我国非法证据排除规则同样适用毒树之果原理

如前所述，美国刑事诉讼中的毒树之果原理是为了保证非法证据排除规则所追求的震慑效果不打折扣。既然如此，那么，我国刑事诉讼法规定的非法证据排除规则是否也包含，或者说应当包含毒树之果原则的应用呢？本书认为，从我国刑事诉讼法关于非法证据排除规则的文字表述来看，应当认为间接渊源于违法行为的证据也要予以排除。也就是说，毒树之果原理在我国刑事诉讼中同样适用。

理由是：毒树之果原理强调违法行为和取得证据之间的因果关系。只要存在因果关系，则无论是直接渊源于违法行为还是间接渊源于违法行为，所取得的证据都应当予以排除。〔15〕 从我国 2012 年《刑事诉讼法》第 54 条的规定来看，恰恰是强调违法行为和取得的证据之间的因果关系。2012 年《刑事诉讼法》第 54 条对于非法证据排除范围的表述是："采用刑讯逼供等非法方法收集的犯罪嫌疑人、被告人供述和采用暴力、威胁等非法方法收集的证人证言、被害人陈

〔13〕 *Silverthorne Lumber Co. v. United States*, 251 U. S. 385 (1920).

〔14〕 Ronald Jay Allen, William J. Stuntz, Joseph L. Hoffmann, Debra A. Livingston and Andrew D. Leipold, *Criminal Procedure*, Second Edition, Wolters Kluwer, 2011, p. 692.

〔15〕 Ronald Jay Allen, et al., *supra* note 14, p. 693.

述，应当予以排除。收集物证、书证不符合法定程序，可能严重影响司法公正的，应当予以补正或者作出合理解释；不能补正或者作出合理解释的，对该证据应当予以排除。”根据上述规定，对于言词证据，只要是通过刑讯逼供、暴力、威胁等方法取得的，就应当予以排除。换句话说，只要取得证据和刑讯逼供等非法手段之间存在因果关系，就应当予以排除。对于物证、书证，只要是收集的程序不符合法律规定，并同时满足该条文规定的其他条件，也应当予以排除。〔16〕可见，无论是犯罪嫌疑人、被告人供述，证人证言，被害人陈述，还是物证、书证，法律都只关注违法程序和证据取得之间的因果联系，而并未区分这种因果联系究竟是直接的因果联系还是间接的因果联系。

值得指出的是，法律在这里实际上设置了一个推定：只要取证程序违法，违法程序和依照该程序取得的证据之间就存在因果关系。在美国，联邦最高法院在认可毒树之果原理的同时，又确认了“稀释的例外”规则，也就是说如果证据和违法行为之间的因果联系过于遥远，则该证据可以不排除；但是控方对于争议证据与违法行为之间没有因果关系的事实承担举证责任。〔17〕这说明，在美国法律上，当违法行为存在时所获得的证据推定为与违法事实之间存在因果联系。当然，证据法上的推定只是一种法律上的事实推定，是在具备一定已知的事实基础时法律对未知事实所作的推断。这种推断具有法律效力，但是该推断仍然可以被反对方证否。因此，推定事实虽然具有法律效力，却并不意味着该事实在自然事实的层面必然存在。实际上不排除存在这种情况：犯罪嫌疑人一开始是不准备招供的，但在侦查

---

〔16〕 值得注意的是，此处探讨的是违法程序和取得证据这一结果之间的因果关系，并不是违法程序和证据排除这一法律效果之间的因果关系，因此对于物证、书证的排除应当具备的其他条件，此处予以忽略。

〔17〕 *Brown v. Illinois*, 422 U.S. 590 (1975).

人员刑讯逼供的过程中,犯罪嫌疑人其实已经拿定主意立即招供,不过不是由于侦查人员的刑讯逼供,而是由于其他一些策略上的考虑;但是由于侦查人员刑讯逼供正在兴头上,反而延迟了犯罪嫌疑人招供的时间。在这种情况下,是否可以认定犯罪嫌疑人的供述是基于自愿而无须予以排除?本书认为,如果公诉机关能够排除合理怀疑地证明犯罪嫌疑人的供述和刑讯逼供无关,该供述自然可以得到容许。但根据常理,公诉机关通常不可能证明这一点。因为,对于此种特殊情况的出现,往往只有被告人自己坦白承认方可明了,但既然被告方申请排除供述,就表明被告人对于该供述系刑讯逼供的自然结果是予以认可的,对于审讯过程中其内心变化的过程自然不可能开诚布公,公诉方想要证明这一点也就无从谈起。

由此可见,只要取得证据和违法行为之间有因果关系,该证据就应当予以排除。刑事诉讼法条文本身就已经包含了,只要是通过违法行为取得的证据,不论是直接取得的还是间接取得的,只要是被非法行为污染的,都要予以排除。

(三)成本/制裁理论支持毒树之果原理

从法律实施的效果来看,只有将间接渊源于违法行为的证据也予以排除,才能起到刑事诉讼法设置非法证据排除规则的立法效果。这是因为:如果不排除间接渊源于违法行为的证据,警察就可能将非法证据排除的后果当作侦查犯罪过程中付出的成本或代价(price),而不是当成对其违法行为的一种制裁(sanction)。在这种心理机制的作用下,非法证据排除规则将很难发挥真正的作用。

"成本与制裁理论"(price and sanction theory)认为,尽管所有的惩戒机制都寻求吓阻某种特定的损害行为,它们作用的方式却很不一样。有些惩罚内化为施害行为的成本,有些惩罚则作为对施害行为的外部制裁而存在。成本性惩罚,也就是作为施害行为之成本的惩罚允许行为人选择造成损害，只是需要将其决定给他人造成损害的行为遭致的惩罚内化为其施害行为的成本。[18] 根据这一定义，成本型惩罚机制在道德上是中性的，它强迫行为人为自己给他人造成的损害支付成本，但是却允许行为人实施损害行为而不对其施加道德判断。从而，惩罚成本化了的行为在道德上就成为可以接受的。尽管成本化的惩罚也保证受损者能得到一定的补偿，却只能吓阻不效率的施害行为，也就是行为人的收益小于成本的施害行为。

与之形成对照的是制裁型惩罚。制裁型惩罚是社会认为在道德上不正当因而特别需要加以预防的行为。[19] 与道德中立的成本型惩罚机制完全不同，制裁型惩罚对那些社会认为错误的行为施以道德上的谴责，甚至更多。它们通过威胁潜在的违规行为人要施加社会性的谴责以警戒行为人理性地行为，选择服从而不是不服从，选择小心翼翼地行为而不是粗心大意，以此吓阻这些社会所不希望发生的行为。从而，与成本型惩罚仅仅寻求吓阻不效率的危害行为不一样，制裁型惩罚试图吓阻所有的不当行为，而无论其是有效率的危害行为还是无效率的危害行为。

戴维斯指出，只有当惩罚机制被设计为允许警察在将可能遭致的惩罚内化为其行为的成本，并且作出决定实施此类行为的人不会因此遭受耻辱时，对警察违宪行为的惩罚才应当称作成本型惩罚；与之相对，如果排除违法证据的目的是告诉警察，如此的违法取证是不能容忍的，则这种惩罚机制可以称作制裁型惩罚。[20] 根据戴维斯的界定，排除毒树之果的规则更有可能属于制裁型的非法证据排除规则，而不排除毒树之果的规则显而易见只能属于成本型的非法证据

---

〔18〕 Robert Cooter, *Prices and Sanctions*, 84 Colum. L. Rev. 1523 (1984), p. 1537.

〔19〕 Robert Cooter, *Prices and Sanctions*, 84 Colum. L. Rev. 1523 (1984), p. 1538.

〔20〕 Sharon L. Davies, *The Penalty of Exclusion—A Price or Sanction*? 73 S. Cal. L. Rev. 1275, 1293 (2000).

排除规则。

在我国，尽管在法教义学的层面，刑事诉讼法本身包含了毒树之果原理，但在立法部门和实务层面，承认这项原理却仍然经历了一个缓慢的过程。2017 年，五机关联合发布的《关于办理刑事案件严格排除非法证据若干问题的规定》第 5 条规定："采用刑讯逼供方法使犯罪嫌疑人、被告人作出供述，之后犯罪嫌疑人、被告人受该刑讯逼供行为影响而作出的与该供述相同的重复性供述，应当一并排除，但下列情形除外：（一）侦查期间，根据控告、举报或者自己发现等，侦查机关确认或者不能排除以非法方法收集证据而更换侦查人员，其他侦查人员再次讯问时告知诉讼权利和认罪的法律后果，犯罪嫌疑人自愿供述的；（二）审查逮捕、审查起诉和审判期间，检察人员、审判人员讯问时告知诉讼权利和认罪的法律后果，犯罪嫌疑人、被告人自愿供述的。"[21] 以上规定明确确立了中国的毒树之果原理。但需要看到，上述规定确立的毒树之果原理具有相当程度的局限性：第一，间接渊源于违法行为的证据也需要排除，但证据种类仅限于重复供述；第二，间接渊源于违法行为的证据需要排除，但违法行为仅限于刑讯逼供。换句话说，根据前述规定，如果违法取证的行为侵犯的是除反对强迫自证其罪特免权之外的其他权利，例如不受任意搜查与扣押的权利、获得律师帮助的权利等，则间接渊源于违法行为的证据仍然

---

〔21〕 以上规定的颁布，显然是出于对刑讯逼供的强烈担心。在没有非法证据排除规则的情况下，刑讯逼供固然惨烈；在有非法证据排除规则的情况下，如果只排除刑讯逼供获得的供述，不排除受刑讯逼供影响的供述，则对于个别侦查人员而言，就有可能采取更加残酷的方式防止已经招供的犯罪嫌疑人翻供。对于非法证据排除规则的这一作用，可以用历史上的一个故事来加以说明。秦朝丞相李斯因被赵高诬蔑谋反而下狱。李斯遭到残酷的刑讯逼供之后最终无奈承认谋反，心里想着等到哪天皇上亲自审讯时再翻供解释。赵高早料到这一点，就派人假装皇帝密使到狱中提审李斯。李斯果然翻供，之后遭受更加恐怖的毒打。如此反复几次，李斯再也不敢翻供。最后皇帝真的派了密使提审李斯，李斯不辨真假，"自诬服"。参见《史记·李斯列传》。

不排除;同样地,即使是侵犯了反对强迫自我归罪的权利,但间接取得的证据如果不是重复供述,而是其他证据例如杀人用的凶器,对藏尸地点进行的勘验,对根据供述找到的尸体或者物品进行检验、鉴定形成的鉴定意见等,也都是不排除的。

以成本与制裁理论来分析我国刑事诉讼中的非法证据排除规则,将不难发现,这种严格限定排除范围的规则将会在多个层面上对规则本身的目的造成损害。首先,它们会赋予执法官员违法的动机。因为违法行为只会导致直接渊源于该行为的证据被排除,警察却可以从这些被排除的证据中获得其他线索或者信息,对于这些线索或信息可以放心使用,这就会给执法官员以通过违法行为获得这些线索或信息的强烈刺激。其次,这一制度安排不仅赋予执法官员违法的动机,而且还使他们心安理得地违法而没有任何道德上的负罪感。如前所述,成本型的惩戒机制属于道德中立型的惩戒机制,它赋予了行为人为或不为某种施害行为的自由选择权,而不会对其施加道德上的谴责。因此,成本型非法证据排除规则给予违法人员一种精神上的慰藉,有可能鼓励甚至纵容违法人员的违法行为。这显然不符合刑事诉讼法的立法本意。

不仅如此。不排除间接渊源于违法行为的证据还可能导致违法的情节更加恶劣,从而不仅使非法证据排除规则的效力降低,甚至有可能走向该规则所追求的法律效果的反面。以刑事拘留为例。按照刑事诉讼法的规定,拘留后应当在 24 小时之内将被拘留的人送到看守所羁押。如果侦查人员违法,没有在 24 小时以内送到看守所,一直在看守所外进行讯问,这样的讯问自然违法,其取得的供述也应当予以排除。如果只有在看守所之外讯问所获得的非法证据要予以排除,送到看守所以后再进行讯问获得的供述则不排除,就容易纵容甚至鼓励侦查人员把犯罪嫌疑人关到再也不敢翻供为止。那么这样是鼓励违法取证,或是震慑了违法取证,或是吓阻了违法取证呢?如果这么执行非法证据排除规则,那么刑事诉讼法的规定就毫无价值了。

再以刑讯逼供为例。如果将非法证据排除规则理解为成本型规则,则刑讯逼供获取的证据要予以排除,停止刑讯逼供之后所获得的证据除重复供述之外一律不予以排除,从侦查人员的角度来看,就有可能将刑讯逼供作为获取其他实物证据的手段或工具:尽管刑讯逼供获得的供述以及重复供述都是必须要排除的,但是既然刑事诉讼法还规定了"没有被告人供述,其他证据确实充分的,可以对被告人定罪和判处刑罚",那就不要他的供述算了,反正依据他的供述找到的证据也足以对他定罪。

杨仁寿认为:"当某一法律命题可导出数种不同之法律见解时,究应以何者为是,首须视法律见解与法律命题间有无抵触?可否调和?与之圆通而无矛盾者,始为正确的法律见解。"[22]由以上分析可见,否认毒树之果应当排除的观点,既不符合文本的含义,也与非法证据排除规则设置的基本目的相违背,从而与该制度的基本命题相抵触;而主张毒树之果应当排除的观点,则与刑事诉讼法设置该制度的法律命题圆通而融洽。因此,通过非法行为间接取得的证据也要予以排除。

五、辩方证据是否排除:看似荒谬的问题

(一)控方有无资格申请非法证据排除:一个看似荒谬的问题

《非法证据排除规定》第13条第1款规定:"庭审中,检察人员、被告人及其辩护人提出未到庭证人的书面证言、未到庭被害人的书面陈述是非法取得的,举证方应当对其取证的合法性予以证明。"根

〔22〕 杨仁寿:《法学方法论》,中国政法大学出版社1999年版,第36页。

据上述规定，首先，控辩双方都可以对对方举出的证据的合法性质疑。其次，一旦证据的合法性受到质疑，控辩双方均有责任对自己提出的证据的合法性举证加以证明，因为“举证方应当对其取证的合法性予以证明”。对于控方而言，这一规则当然没有问题，因为控方天然地应当对自己举出的证据的合法性加以证明。但是，辩方为什么也要对自己举出的证据的合法性加以证明？控方为何有资格对辩方举出的证据的合法性质疑？

之所以提出这个问题，是因为2012年《刑事诉讼法》并未完全采用2010年《非法证据排除规定》关于证明责任的表述。2012年《刑事诉讼法》第57条第1款规定：“在对证据收集的合法性进行法庭调查的过程中，人民检察院应当对证据收集的合法性加以证明。”根据这一规定，只有人民检察院才需要对证据收集的合法性加以证明。换句话说，只有被告方可以对控方出示的证据的合法性质疑。因为，如果人民检察院可以对被告方出示的证据质疑，则被告方当然要对自己出示的证据的合法性加以证明；检察机关不可能对被告方出示的证据合法性质疑之后又对其加以证明。法贵简明。刑事诉讼法尤其如此。如果刑事诉讼法意图赋予检察人员申请排除以非法方法收集的证据的权利，那么，当然意味着被告方要对自己出示的证据的合法性加以证明。如果立法者认为被告方举出的证据的合法性也可以由控方质疑，则法律规定就会表述为“在对证据收集的合法性进行调查的过程中，举证方应当对证据收集的合法性加以证明”。以“举证方”来替代“人民检察院”，既可以节省两个字，还可以完整地包容控辩双方均可就证据合法性质疑的含义，何乐而不为？既然不为，就说明立法者无意赋予检察人员对被告方出示的证据的合法性申请启动排除程序的权利。因此，该规定说明，刑事诉讼法完全否定了检察人员可以申请启动非法证据排除程序的做法。

另外,2012年《刑事诉讼法》第56条第1款、第2款分别规定:"法庭审理过程中,审判人员认为可能存在本法第五十四条规定的以非法方法收集证据情形的,应当对证据收集的合法性进行调查。""当事人及其辩护人、诉讼代理人有权申请人民法院对以非法方法收集的证据依法予以排除。申请排除以非法方法收集的证据的,应当提供相关线索或者材料。"该规定第1款实际上包含两层含义:一是人民法院启动非法证据排除程序的条件是认为可能存在2012年《刑事诉讼法》第54条规定的情形;二是人民法院自己在审理案件过程中如果对证据收集的合法性存有疑问可以主动依职权对证据的合法性展开调查。第2款则是有关申请启动非法证据排除程序的主体的限定,以及申请人应当承担的举证责任。根据第2款的规定,只有当事人及其辩护人、诉讼代理人有权申请排除非法证据;人民检察院因不属于当事人,也不属于辩护人、诉讼代理人,并不享有申请排除非法证据的权利。

当然,我们也可以争辩说,刑事诉讼法虽然没有规定人民检察院可以申请排除以非法方法收集的证据,但也没有禁止人民检察院申请排除以非法方法收集的证据,因此仍然可以提出相应的申请。但是,这显然不符合基本的法理。因为,第一,我国刑事诉讼法对于国家机关在刑事诉讼中的各项权力和权利均采取逐项列举的方式;如果一项权利没有明确赋予控方一方,则通常意味着控方不享有相应的权利。例如,在回避问题上,2012年《刑事诉讼法》规定有权申请回避的主体为当事人及其法定代理人(第29条)以及辩护人和诉讼代理人(第31条)。对于刑事诉讼法的这一规定,无论是理论上还是实务中,对于检察人员无权申请回避的结论当属毫无疑问。可见,从刑事诉讼法的立法习惯来看,如果立法者有意赋予检察人员申请排除非法证据的权利,就应当在相关条文中明确加以规定。既然没有规定，就说明立法者无意赋予检察人员这样的权利。第二，在《非法证据排除规定》中，已经明确赋予了检察人员对被告方拟出示的证据的合法性申请排除的权利；这说明在立法者当中有相当一部分人已经认识到检察人员可能需要行使这一权利；在这一前提下，2012 年《刑事诉讼法》却没有将检察人员纳入第 56 条第 2 款的规定当中，就说明立法者实际上不赞成赋予检察人员申请排除非法证据的权利。

（二）回归震慑原理：非法证据排除规则仅针对控方证据

综上所述，刑事诉讼法并未而且无意赋予检察人员申请排除非法证据的权利。根据“新法优于旧法”“上位法优于下位法”的原理，在《刑事诉讼法》于 2012 年修改之后，检察人员就无权申请启动非法证据排除程序。

为何如此？因为非法证据排除规则的目的在于震慑警察或其他侦查人员的违法行为。换句话说，非法证据排除规则仅为约束国家权力而设置，与普通公民的行为无关。对于普通公民，如果以非法方法取证，只要不影响证据的真实性、可靠性，法律应当不予关注。当然，不予关注并不意味着不予审查。只不过，审查之后不能因收集证据的手段违法就加以排除，而是只能对证据的真实性、可靠性作出评价；只有在对证据的真实性、可靠性产生疑问时，才不将其作为定案的根据。也就是说，违法性不作为此类证据应当予以排除的法律基础。

对于普通公民提交的证据的合法性不予审查，这在非法证据排除规则的发源地美国并不稀罕。在科罗拉多州诉康纳利一案中，被告方曾以被告人的供述是受到上帝“逼迫”为由申请排除其在警察局作出的供述，尽管初审法院和州最高法院都支持了被告方的主张，联邦最高法院却将该案裁决予以推翻，容许了被告人在“上帝逼迫”之下作出的供述，并指出：只有当存在警察实施的强制行为时，方能认定容许被告人的供述违反了美国联邦宪法第十四修正案规定的正当程序条款;原因在于,非法证据排除规则的目的就是震慑警察的违法行为;当一个人因神志不清而认为自己受到上帝的逼迫从而向当局坦白自己的罪行时,排除这样的供述并不会使任何警察的行为受到震慑,也不会对宪法的遵守做出任何贡献。[23]

由上可见,在 2010 年五机关发布《非法证据排除规定》的时候,相关立法者对于非法证据排除规则的理论基石及其具体操作的认识还处于比较模糊的状态,所以制定的规则赋予了检察人员申请排除非法证据的权利;但到 2012 年的时候,也可能是因为有更多的学者提出了更加合理的建议;当然,也可能是当初的立法者通过更加努力的学习,从而掌握了非法证据排除规则的精髓,并将其应用到我国刑事诉讼法当中。总而言之,按照 2012 年《刑事诉讼法》的规定,公诉方并不享有申请排除以非法方法收集的证据的权利。其原因就在于,非法证据排除规则的理论基础是震慑警察行为,是约束国家权力,而排除被告方以非法方法取得的证据并不会产生这样的效果,因此法律干脆选择了对被告方以非法方法取得的证据不予排除的态度。

但是,以上解释还存在一个问题:刑事诉讼法虽然没有赋予检察

---

〔23〕 *Colorado v. Connely*, 479 U. S. 157, 165-66 (1986). 该案被告人因神智混乱,认为自己听到了上帝的声音,告诫他要么自首要么自杀,被告人不堪其扰,最后选择了自首。警察对他实施了米兰达警告,但他回应说他了解自己的权利但仍然希望跟警察讨论谋杀案的情况。很快,另一名警察赶到并再次对他实施了米兰达警告。被告人回答说他从波士顿大老远跑来的目的就是自首。之后被告人被带到警察局。在警察局里,他向警察坦白了他实施谋杀的所有细节并指认了谋杀的具体地点。第二天,在公设辩护人到来之后他被送到医院做精神诊断。心理医生的诊断表明他听到上帝的声音,指示他坦白他实施的谋杀。基于心理医生的证言,辩方提出动议,认为被告人的心理障碍妨害了他做出理性和自由的选择的能力,因此法院应当排除其在此状态下做出的"非自愿"的供述。审判法院采纳了被告方的意见,排除了该案被告人的供述。科罗拉多州最高法院维持了审判法院的裁决。

人员申请排除非法证据的权利，但却赋予了“诉讼代理人”申请排除非法证据的权利；诉讼代理人既可以是被告方（当其作为附带民事诉讼的原告时可以委托诉讼代理人）的诉讼代理人，也可以是被害人委托的诉讼代理人；如果被害人的诉讼代理人也可以提出非法证据排除申请，那是不是意味着被告方出示的证据还是可以因手段违法而被排除呢？应当承认，刑事诉讼法的确规定了所有当事人及其诉讼代理人均可以申请排除非法证据，从而似乎被害人及其诉讼代理人也可以申请排除非法证据。但是，即便承认被害人及其诉讼代理人均有权申请排除非法证据，其排除的证据也应当仅限于国家侦查机关以非法方法收集的证据，不包括被告方以非法方法收集的证据。从而，对证据合法性的举证责任，仍然限定于公诉方。

结　语

应当说，2012年《刑事诉讼法》规定的非法证据排除规则无疑是中国刑事司法制度的一大进步。显而易见，在这个过程中，立法者可能的确采取了比较保守的姿态，使得我国的非法实物证据排除规则看上去很像裁量排除规则，而对于毒树之果原理也似乎无暇顾及。但是，如果不是蜻蜓点水般浅尝辄止，而是通过文本分析，力求达到对法律条文的深透理解，则我国《刑事诉讼法》对于非法证据排除的规定也有可圈可点之处，并不如同乍一眼看上去的那样糟糕。基于对《刑事诉讼法》文本及其法意的分析，本书认为，从当前司法实践的实际情况来看，也许发现真实才是非法证据排除规则所追求的效果，保障无辜者不被错误追究似乎是该规则的至上目标，有罪者仅仅是在无辜者不被错误追究的方程式里获得附带的保护。但从《刑事诉讼法》相关法条的立法表述来看,非法证据排除规则仍然应当理解为基于人权保障而设置的规则;至于所排除的证据在认识论上是否真实,在所不问。

基于这一认识,本书对非法证据排除规则的适用模式与适用范围提出了自己的见解。针对言词证据的形式解释论,本书提出了实质解释论立场,认为凡是侵犯到公民基本权利的行为,都属于"刑讯逼供等非法方法"。对于实物证据,基于对物证、书证等取得程序之"实质性瑕疵"的类型化,本书得出的结论是凡是侵犯到公民基本权利的取证行为,均应当属于实质性瑕疵。本书认为,在一个以打击犯罪为基本传统的司法体系中,对于存在实质性程序瑕疵的实物证据,裁量排除规则显然并不符合国情,强制排除既为应有之义,也是未来中国司法努力的方向。本书对实物证据排除规则的解释和对言词证据排除规则的解释,在立场上是一脉相承的。另外,毒树之果原理虽未得到明确确认,但从立法表述的文字来看,要求排除毒树之果是显而易见的;从非法证据排除规则的基本原理来看,不排除毒树之果,也就无法真正发挥非法证据排除规则应有的作用。

本书所做的乃是一种法解释学的努力,希望从现行文本中解释出逻辑圆满的法律结论。但立法过程本身充满了变数,不同的力量在其中角逐争斗,最后制定的条文也许和各方的期望都相去甚远。这一方面为不同的解释结论提供了空间,另一方面也可能会使得各种解释结论都与文本相互龃龉。作为解释者,我们只能使自己的结论尽可能地与文本契合,与立法意图接近,与我们对法治的期待和谐一致。我们不能奢求每一个结论都无懈可击,逻辑圆满,但至少也不要四面楚歌,破绽百出。本书的努力,不过是法解释学一个微弱的呼喊。它不像修改立法的呼声那么令人振奋,但它至少代表了一个认真的法律人的一种立场。

下篇

实效观察

The Chinese Model of Exclusionary Rules

第五章　非法证据排除规则的中国范式

——以1459个刑事案例为素材的分析

引　言

非法证据排除规则起源于美国，盛行于美国。在美国，非法证据排除规则的目的是保障公民基本权利不受恣意侵犯，它一方面为权利受到侵犯的犯罪嫌疑人、被告人提供救济，另一方面通过特殊预防和一般预防，对侦查人员的违法行为进行震慑，从而达到约束权力、保障人权的效果。值得注意的是，美国非法证据排除规则的确立基本上与发现真实、保障无辜没有直接的关联。例如，以保障美国联邦宪法第四修正案规定的不受任意搜查、扣押权利为目的的马普诉俄亥俄州案，所涉及的证据在真实性方面毫无争议，但美国联邦最高法院最终以其侵犯公民基本权利为由予以排除。〔1〕又如，以保护第五修正案规定的反对强迫自证其罪的特免权为目的的米兰达案件，米兰达的罪行其实是确凿无疑的，对米兰达的侦查在我国语境中

---

〔1〕 *Mapp v. Ohio*, 367 U.S. 643 (1961).

看来也几乎无可指摘[2],但是美国联邦最高法院还是宣告该案中被告人的供述不具有可采性。[3] 可见,美国的非法证据排除规则主要是为了保障被告人的宪法权利不受侵犯,和保障无辜者不受错误追究这一目的并无直接关系。可以说,美国非法证据排除规则对无辜者的保护,是通过对所有人(包括甚至主要是有罪者)的保护间接得以实现的,是人权保障的一个副产品。

我国最高司法机关分别于1998年、1999年出台了关于被告人供述、被害人陈述、证人证言等言词证据方面的非法证据排除规则。2010年,最高人民法院、最高人民检察院又联合公安部、司法部和国家安全部共同发布了《非法证据排除规定》,对刑事诉讼中非法证据排除规则的适用范围、启动条件、证明责任分配等一系列问题作了系统的规定。这些规定中的绝大部分在2012年修订的《刑事诉讼法》中得到吸收。比较而言,我国非法证据排除规则确立的初衷和动机都更多地体现了保障无辜者不受错误追究的思想,因为,无论是在《非法证据排除规定》颁布之前还是在其实施的过程中,不断被反复提到的具有影响力的案件都是杜培武、佘祥林、赵作海等无辜者被错误定罪的案件。[4] 当然,保障无辜者不被错误追究也是保障人权的一个重要方面。但是,无辜者不被错误追究终究属于发现真实的层面,属于实体正确的范畴。如果一项规则被认为仅仅有助于实现实体真实,它也就只有在有助于实体真实实现的时候才能够得到遵守。如同达马斯卡所言:在以实体真实为最高目标的程序中,当程序性规

---

〔2〕 Paul G. Cassel, *The Statute That Time Forgot*: *18 U. S. C. 3501 and the Overhauling of Miranda*, 85 Iowa L. Rev. 175, 183-84(1999).

〔3〕 *Miranda v. Arizona*, 384 U.S. 436, 16 L.Ed. 2d 694, 86 S.Ct. 1602 (1966).

〔4〕 例见,张军主编:《刑事证据规则理解与适用》,法律出版社2010年版,第302页;陈光中主编:《中华人民共和国刑事诉讼法释义与点评》,人民法院出版社2012年版,第69页。

则对实体真实目标构成威胁时，偏离程序性规则的行为就应当是允许的。[5] 如果非法证据排除规则在实体真实方面的功能得到过分强调，就说明它的程序价值尚未得到充分认识，甚至受到有意的忽视。若果真如此，则我国非法证据排除规则就主要是实体真实驱动下的规则，其主要目的在于保障无辜者不被错误追究，人权保障只是其副产品，因为有罪者可能只是偶尔分享了非法证据排除规则这一机制所提供的保护。

基于上述假定，本章拟通过对案例数据的统计分析，对我国司法实务中非法证据排除规则的有效性进行检验。本章关注的基本问题是：首先，非法证据排除规则在实务中能够得到贯彻实施吗？法院是否会如法律所要求的那样启动非法证据审查程序？这样的申请在多大程度上得到支持？其次，是否存在因非法证据排除而导致被告人被宣告无罪的案件？之所以关注这个问题，是因为，如果非法证据被排除，却无一人因为非法证据的排除而被宣告无罪，就意味着只有在排除非法证据不影响定罪的案件中，非法证据才得到排除；那仍然只是虚情假意的非法证据排除，因为对打击犯罪并无妨害！因此，只有当排除了非法证据导致被告人被无罪释放的结果时，才有理由相信，保障人权的观念盖过了打击犯罪的热情！最后，是否存在由于被告人事实上有罪而导致应当排除的证据没有被排除的情况？之所以关注这一问题，是因为，即使有被告人因非法证据排除而被无罪释放，那也只能说明无辜者获得了非法证据排除规则的保护（因为被释放的可能恰恰都是事实上无辜的人）；那有罪的人是否也能平等地获得非法证据排除规则的保护呢？本章将试图回答上述问题，并对非法证据排除规则实施中的问题提出有针对性的解决方案。

---

[5] Mirjan R. Damaska, *The Faces of Justice and State Authority: A Comparative Approach to the Legal Process*, Yale University Press, New Haven and London, 1986, p. 150.

一、数据来源与总体情况

本书的数据来源为北大法宝网络数据库。检索方法为在北大法宝“司法案例”数据库中进行检索，检索范围为“全文”，检索词为“非法证据”，匹配方式为“精确”，匹配对象为“全篇”。[6] 检索结果为案例与裁判文书共有 2615 篇，其中刑事裁判文书为 1567 篇，涵盖年份为 2005—2015 年。去掉其中虽包含“非法证据”，但实际上是说“被告人及其辩护人未提出非法证据排除申请”或“不存在非法证据排除情形”(辩方未提申请但法院主动提及)的案例 99 例(包括申请后又撤回的 5 例，当庭质证后不再要求排除的 5 例)，以及重复案例 9 例，因此实际上真正有关非法证据排除的案例为 1459 例。

(一)年份分布

图 5-1 列出了非法证据排除案例的年份分布。1459 个案例中，2015 年的案例为 68 例，2014 年为 906 例，2013 年为 314 例，2012 年为 81 例，2011 年为 56 例，2010 年为 23 例，2009 年为 8 例，2008 年为 1 例，2005 年为 2 例(见图 5-1)。2015 年案例数据并不完整，因此在年份比较中我们将其略去。[7] 从图 5-1 的数据来看，2013 年、2014 年非法证据排除的案例数量相比 2012 年显著增加；2011 年相比 2010 年的案例数量也显著增加(143.48%)，但是增幅远远不及 2013 年相比 2012 年的增幅(287.65%)。毫无疑问，2011 年非法证据排除案件数量的增加应当是由于 2010 年《非法证据排除

---

[6] 北大法宝数据库网址：http://www.pkulaw.cn/。本研究历时一年，最初完成时间为 2014 年年底，完成后发现该数据库案例更新较快，为收集更多案例，使研究结论具有更加坚实的基础，将原定的完成期限延长半年，并在更新案例后重新进行数据分析。最后检索时间为 2015 年 8 月 11 日。

[7] 2015 年的案例数仅为 68 例，本书认为主要原因是数据不完整。从发展规律来看，若干年后再来统计 2015 年的数据，应当略高于 2014 年或至少与 2014 年齐平。

规定》的颁布;2013 年案件数量的增加则是由于 2012 年修正后的《刑事诉讼法》明文规定了非法证据排除规则。2013 年增加数量比 2011 年增加数量明显提高,一是由于 2010 年颁布的规定有一个逐步消化的过程,二是由于《刑事诉讼法》是全国人大通过的除宪法以外最高级别的法律,其执行力度应当比 2010 年颁布的规定更强。

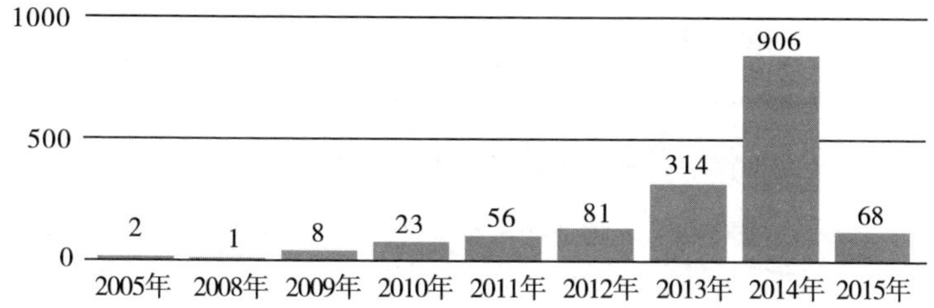

图 5-1　非法证据排除案例的年份分布(件)

(二)地理分布

图 5-2 列出了非法证据排除案例的地理分布。从图 5-2 的数据来看,中部地区、东部地区的案例数量明显多于西部地区的案例数量。其中,浙江、河南、广东三省的非法证据排除案例数量最多,分别达到 192 件、167 件和 138 件。西藏、天津、青海等地案例数量最少,分别只有 2 件、3 件和 5 件。总体来看,东南沿海地区非法证据排除案例数量比较多,以浙江、广东、江苏等省为代表;中部地区非法证据排除案例数量次之,以河南、湖南、四川等省为代表;西部地区非法证据排除案例普遍较少,以西藏、新疆、青海、宁夏等省(自治区)为代表。为何会出现这种分布状况?最有可能的原因是:中东部地区由于经济比较发达,被告人获得律师帮助的比例比较高。通常来说,由于大多数刑事案件被告人都没有受过专门法律训练,因此有律师介入的案件,提出非法证据排除申请的可能性更大。在中

国，被告人获得律师帮助的案例比例不超过30%[8]；西部地区更是低于这个比例。因此，西部地区非法证据排除案例数量较少的原因之一可能是西部地区被告人获得律师帮助的案例比例较低。

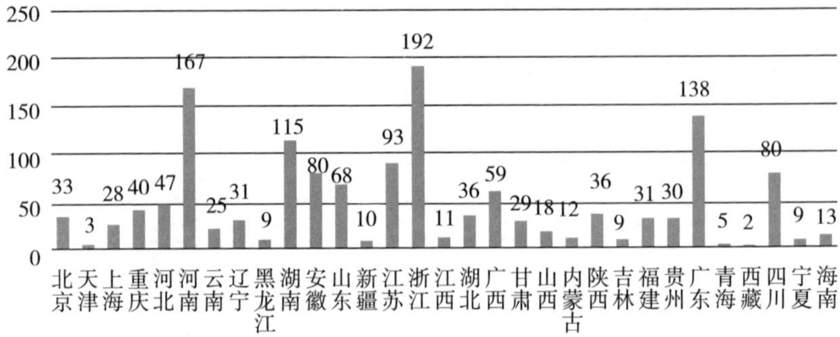

图5-2　非法证据排除案例的地理分布(件)

（三）罪名分布

罪名分布采用的统计方法是对出现过10次及10次以上的罪名进行统计，对只出现过10次以下的罪名则归入“其他犯罪”这一类别。需要注意的是，有些案件被告人人数众多，涉及的罪名也比较多，例如有些案件既涉及组织领导黑社会性质组织罪，又涉及抢劫、敲诈勒索等罪名。一个被告人涉及多个罪名的情况比较常见。因此，以罪名为单位计算的案件总数为1833件，大于以被告人为单位计算的案件总数。

从罪名分布的情况来看，在所有申请非法证据排除的案例中，受贿罪以388个案例占到全部罪名出现频次总数的21.17%，高居榜首；盗窃罪以214个案例占比11.67%，位居第二；贩卖毒品罪以195个案件占比10.64%，排在第三。行贿罪申请非法证据排除频次最高

[8]　在一个以我国中部省份为研究对象的实证研究中，研究人员发现，样本区域内的律师辩护率仅为22%。参见马静华：《刑事辩护率及其形成机制研究——以刑事一审为中心》，载《四川大学学报(哲学社会科学版)》2011年第6期。

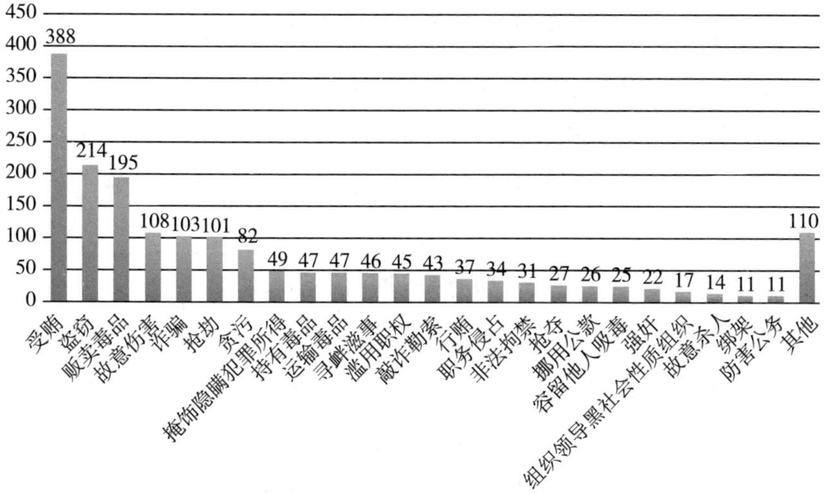

图 5-3　非法证据排除案例的罪名分布(件)

的原因,和非法证据排除案例在地理上的分布原因应当是一样的:行贿罪被告人通常都有较强的经济实力,也有较高的社会地位,所以一般都聘请了律师为其提供辩护,并且其中多数被告人聘请的律师都在全国或者当地享有一定的声望,从而能够提供较为有力的辩护。盗窃罪出现的频次位居第二的原因,可能是因为盗窃罪的行为人通常属于社会底层人员,更容易遭受刑讯逼供等违法侦查的侵害。至于贩卖毒品案件为何位居第三,应当和涉毒案件本身的特点有关:首先,无论是贩卖毒品、运输毒品还是持有毒品,毒品都是案件中的关键证据,如果能够通过非法证据排除规则将涉案毒品排除,则被告人无罪的结果将水到渠成;其次,涉毒案件中的被告人供述对定罪量刑也至关重要,很多贩卖毒品、运输毒品、持有毒品的案件被告人都声称自己不知道所携带、运输、持有的物品是毒品,或者所涉毒品与其无关,但是这些人在侦查阶段往往又作出了供述,如果能将其排除,定罪、量刑都将成疑问;最后,涉毒案件抓捕过程也有其特殊性,由于贩卖、运输毒品犯罪往往与暴力联系在一起,犯罪分子在被抓获过程中暴力反抗、暴力脱逃的情况比较普遍,因此在抓捕过程中容易受伤,这种抓捕过程中的受伤也为被告人在将来的审判中声称自己受到了刑讯逼供提供了展示伤痕的便利条件。在这类案件中,侦查机关往往会通过入所体检表、抓捕经过、情况说明等证据以及侦查人员出庭作证等方式证明取证程序合法。

(四)审理结论:启动/不启动;排除/不排除

在申请排除非法证据的案件中,绝大多数案件都启动了非法证据排除程序;未启动非法证据排除程序的案件仅有 155 件,占全部申请案件数的 10. 63%;不启动的理由通常是申请人未提供相关线索。有些案件,法院判决书只是提到因被告人没有提供相关线索故作出不排除决定,但是否启动非法证据排除程序在判决书中没有清晰反映,本书将此类案件一律认定为未启动。在启动了非法证据排除程序的案件中,法院最终决定不排除的案件为 1168 件,占全部申请案件数的 80. 05%。法院决定将非法证据予以排除的案件为 136 件,占全部申请案件数的 9. 32%。

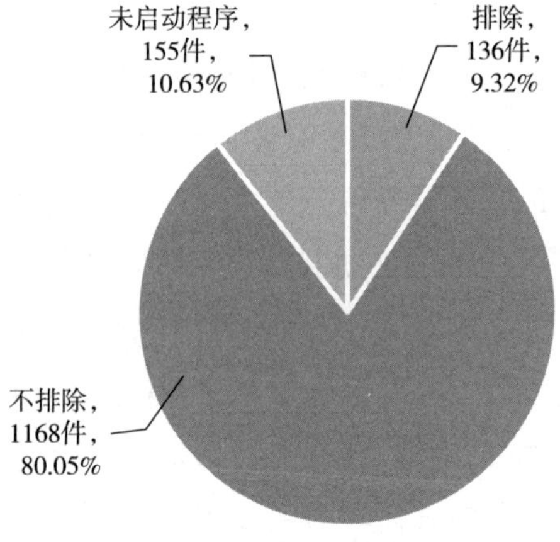

图 5-4 排除申请处理结果

（五）排除后的处理情况：有罪/无罪

在 136 个决定排除非法证据的案件中，因非法证据排除导致被告人被宣告无罪的案件为 17 件，占 12.50%；涉及非法证据排除而导致部分事实不予认定的案件为 9 件，占 6.62%；发回重审的为 11 件，占 8.09%；法院依据其他证据仍然实现对被告人定罪的为 99 件，占 72.79%（见图 5-5）。

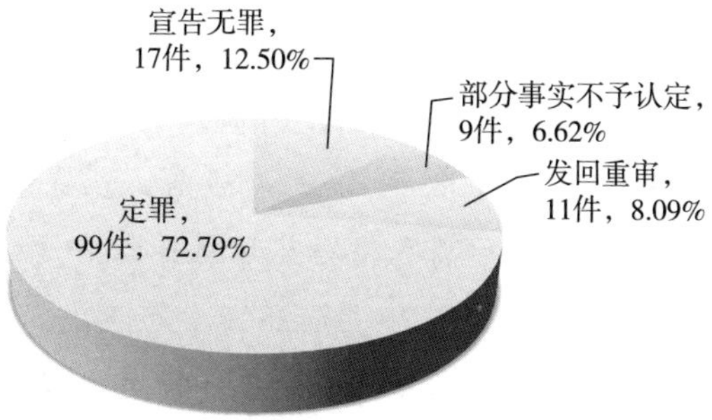

图 5-5　非法证据排除后对案件的处理

二、因排除而无罪：明显的进步

从这些非法证据排除的案例来看，中国刑事诉讼在人权保障方面的进步是十分明显的。首先，非法证据排除案例明显增加，人民法院通常情况下均能正常启动非法证据排除程序。其次，通过非法证据排除程序的启动，的确排除了一部分非法证据，通过非法证据的排除达到宣传法治、向人们宣告政府权力受到制约的目的得以实现。最后，通过非法证据排除，个别案件被告人获得无罪释放。这一方面彰显了非法证据排除规则的威力，在这类案件中突出显示法院对公安机关、检察机关的制约，充分实现了审判中心主义诉讼模式的适用；另一方面，也可以确保无辜者不被错误追究，从而降低冤案发生的比例。当然，在因非法证据被排除而导致无罪的案件中，又存在多种不同的情况。兹分述如下。

(一)因排除非法证据致全案被告人均被宣告无罪

有的案件,由于排除了非法证据,致使全案证据链条断裂,所有被告人均被宣告无罪。这一类案件往往是人民法院依法判定被告人遭受刑讯逼供、公诉机关不能排除合理怀疑地证明不存在刑讯逼供的案件。例如:

> 高甲等非法拘禁案,山西省吕梁市中级人民法院(2014)。[9] 被告人高甲与高乙系父子关系,高丙系高甲的亲戚。起诉书诉称,2008年,高乙与被害人冯某在交口县双池大酒店工作时相识,后高乙将冯某带到石楼县、柳林县等地居住8个多月。2011年2月26、27、28日,交口县、石楼县两地连续三天降雪。冯某于2011年3月3日报案称,2011年2月28日下午4时30分,其被高甲、高乙父子强行拉至石楼县罗村镇西沟村高甲家,高甲持木棍对其实施殴打,高乙掏走了其身上的2430元和一些化妆品,在上诉人高丙对其看管期间,其趁高丙不备将高丙打晕后逃走。经法医鉴定,冯某右膝内侧副韧带损伤构成轻伤;额面部挫伤及颈部挫伤构成轻微伤。该案被告人高甲、高乙归案后从未承认有罪,一审法院认定被告人有罪的证据一是高丙的有罪供述;二是被害人冯某的陈述;三是一名证人的证言(该证言只是证明冯某曾向其借手机)。
>
> 二审法院经审理后指出,本案侦查机关没有提供三名被告人的入所健康体检表,导致无法排除三名上诉人均在羁押前受到刑讯的可能性;对此情况,出庭侦查人员并未作出解释。公诉

---

[9] 为方便读者和其他研究者查阅、核实相关案例,本书引用的案例一律以"北大法宝"的案例名称作为案例名,并在案例名称之后辅以审理该案的法院名,以便区别于其他同名的案例。括号内为案件审结的时间。

> 机关向法庭提交的讯问高丙的录像没有准确的起止时间，持续时间是31分钟，但是根据该份讯问笔录记载，讯问的时间应当是1小时35分钟，录像明显是剪接过的，仅仅是对核对笔录的过程进行了录像，没有对笔录形成的全过程进行录像。虽然出庭侦查人员解释称，当时是因为摄像机内存不够，导致没有全程录像，但这明显违反了《公安机关办理刑事案件程序规定》第208条第3款“对讯问过程录音录像的，应当对每一次讯问全程不间断进行，保持完整性。不得选择性地录制，不得剪接、删改”的规定。因此无法排除在讯问过程中存在刑讯逼供等非法方法的可能，对高丙的供述应当予以排除；排除之后本案只有被害人陈述能够证明案件主要事实，并无其他证据加以佐证，因此无法认定被告人被指控的罪名，从而对高甲、高乙、高丙三人均宣告无罪。〔10〕

这个案件由于非法证据排除导致所有被告人都不能被定罪，因此具有标杆性的意义。同时，判决书对于排除非法证据的理由也提供了比较详细的论证，其论证文字水准完全值得最高人民法院作为指导性案例来发布。

（二）因排除非法证据使部分共同被告人被宣告无罪

有的案件属共同犯罪案件，尽管全案有的被告人被定罪，但有的被告人却由于非法证据排除的缘故，其罪行未得到证实，法院不予认定。例如：

> 李刚、李飞贩卖毒品案，安徽省高级人民法院（2013）。该案被告人之一李飞在一审开庭审理时当庭指称，他在公安机关所

〔10〕 本书对案件的叙述基本上是在判决书的基础上所作的删节与改写，包括纠正错别字等，但对判决书的核心内容与核心观点则力求保持原样。

作的有罪供述，是办案人员刑讯逼供所致。法院经审理，认为本案公诉人对李飞两次健康检查没有作出合理解释，侦查机关对可能判处无期徒刑以上刑罚的李飞在讯问时也没有按照法律规定进行同步录音录像，在现有证据材料尚不能排除李飞的有罪供述系非法取得的情况下，法庭通知侦查阶段办案人员出庭说明情况，但办案人员拒绝出庭，综合现有证据分析，不能排除李飞在审判前的有罪供述系侦查机关采取非法方法取得的合理怀疑，依照《刑事诉讼法》第 58 条的规定，李飞在审判前的有罪供述应予排除。据此，该案一审法院、二审法院均判决认定被告人李飞贩卖毒品犯罪事实的证据不足，李飞无罪释放。

(三) 因排除非法证据促使人民检察院撤回公诉

有的案件，非法证据排除后，公诉方没有充分的证据证明指控的犯罪，只好撤回起诉；对此撤诉申请，人民法院通常予以准许。例如：

邢某、吴某故意杀人案，海南省 A 市中级人民法院(2013)。海南省 A 市中级人民法院开庭审理时首先对二被告人的供述是否系非法取得启动了非法证据排除程序。被告人邢某当庭辩称：2011 年 5 月 31 日上午，A 市公安局将他押解到 D 市刑警大队，侦查人员用一双蓝色护腕套住他的手腕，外加一层旧毛巾卷捆后铐上手铐，将其挂在房顶的电风扇挂钩上，仅脚尖着地，捶打胸部、右侧腋下部位，并诱导其如何供述。2011 年 6 月 11 日，A 市检察院对其讯问并制作同步录像，其哭着喊冤称遭到公安机关刑讯逼供。同月 15 日上午，侦查人员在 D 市刑警大队对其再次进行刑讯逼供，并于当晚制作同步录像。被告人吴某称：侦查人员用手铐铐住他的手，然后用绳子吊他，大概吊了五六天，每天吊约 30 分钟，他是在刑讯逼供的情况下作了虚假的有罪供述。对此指控,公诉机关当庭提交了7名侦查人员出具的情况说明,D市第一看守所、C县看守所健康检查表3份(其中吴某2份),同步录像光盘10张,以此证明侦查和讯问程序及内容的合法。法院经审理查明,本案公诉机关指控被告人邢某、吴某实施故意杀人的事实不清、证据不足,依法应当判决邢某、吴某无罪。公诉机关在宣判前要求撤回起诉,海南省A市中级人民法院裁定予以准许,同时裁定驳回附带民事诉讼原告人的起诉。

(四)因排除非法证据使部分犯罪事实不能认定

有的案件,尽管被告人没有被宣判无罪,但是由于非法证据的排除,致使部分犯罪事实无法得到证实,从而未被法院认定。这实际上相当于该部分被指控的事实被认定无罪。例如:

罗某某盗窃案,四川省乐山市峨边彝族自治县人民法院(2014)。公诉机关指控,被告人罗某某在2014年1月至2月,先后三次入室盗窃他人财物共计3600元,其中第一次入室盗窃被当场抓获,第二次入室盗窃人民币1400元,第三次入室盗窃人民币2200元,应以盗窃罪追究其刑事责任。被告人罗某某在收到起诉书副本时申请非法证据排除。庭审中,被告人罗某某辩称,2014年1月两次入室盗窃是事实,一次未偷到东西即被发现,一次盗窃了人民币1400元。但否认公诉机关指控的第三次入室盗窃事实,辩称当时未入室盗窃钱物,仅在门外盗穿了一双鞋即离去。对被告人罗某某提出非法证据排除的两份证据,公诉机关明确表示不作为本案证据提交。法院认为,公诉机关指控被告人罗某某于2014年1月22日和23日两次入室盗窃的犯罪事实清楚,证据充分,足以认定;对于公诉机关指控被告人罗某某于2014年2月17日进入万某某室内盗窃人民币2200元的事实，经庭审查证，针对该起盗窃事实的主要证据前后有矛盾之处，且在案其他证据不能形成证据锁链，无法确定是被告人罗某某实施了该次入户盗窃钱财的行为，故公诉机关对被告人罗某某于2014年2月17日入户盗窃人民币2200元的指控，因证据不足，不予支持。

(五)因排除非法证据使被告人获得较轻认定

还有的案件，非法证据被排除后对被告人的重罪指控缺乏证据证明，只能以较轻的罪名定罪，并改判较轻的刑罚。例如：

廖兵故意杀人案，四川省内江市中级人民法院(2013)。法院认定：上诉人(原审被告人)廖兵的有罪供述作为认定其犯罪事实的关键证据由于不能排除系通过刑讯逼供获取的“合理怀疑”，按照非法证据排除规则，依法应当予以排除。理由是：(1)无同步录音录像等证明力强的证据证明无刑讯逼供行为；(2)侦查机关出具的关于廖兵辩称被刑讯逼供的情况说明和内江市市中区人民检察院函证实讯问的合法性，缺乏应有佐证；(3)医院健康检查表是2011年8月1日出具，而侦查机关的讯问次日才开始，此表不能证明廖兵被讯问后的情况；(4)侦查机关的情况说明承认廖兵在讯问中头部、手部受伤，但内江市看守所入所体检表却未反映廖兵的伤情，且该表无医生签名，客观性存在重大疑问。由于廖兵的有罪供述被排除，现有指控证据不能排除廖兵仅到现场等候并参与追撵但未持刀砍杀谢某的合理怀疑，因此只能就低认定廖兵参与预谋和追撵的情节。在共同犯罪中，廖兵参与预谋，并追撵谢某，起辅助作用，系从犯，依法应当减轻处罚。原判对廖兵判处有期徒刑十二年偏重。鉴于原判认定的部分事实不清，适用法律不当，量刑过重，因此予以改判（八年）。

需要注意的是，该案与中国司法实务中比较流行的“疑罪从轻”司法惯习明显不同。“疑罪从轻”比较常见于死刑案件，比较典型的有佘祥林案、赵作海案，其典型做法是在控诉方并无充足证据证明被告人有罪的情况下，认定被告人构成被指控的犯罪的同时对被告人从轻判处刑罚，比如本来应当判处死刑立即执行的判处死刑缓期二年执行或者无期徒刑等。该案显然不属于这种情况。该案对被告人判处较轻的刑罚并不是因为整个案件由于缺乏某个特定证据而导致全部事实存疑，而是由于部分事实不能得到证明使得检察机关指控的重罪构成要件没有得到证明从而只能按照轻罪来加以认定。

三、被排除的非法证据种类及原因

（一）非法证据排除的证据种类

根据《刑事诉讼法》第 56 条的规定，非法证据排除规则适用的证据范围似乎仅限于犯罪嫌疑人、被告人供述，证人证言，被害人陈述以及物证、书证。但《刑事诉讼法》第 60 条亦规定：“对于经过法庭审理，确认或者不能排除存在本法第五十六条规定的以非法方法收集证据情形的，对有关证据应当予以排除。”该条规定中的“有关证据”是否仅限于第 56 条所说的五种证据，文本本身并不明确，相关司法解释也未作规定。本书认为，《刑事诉讼法》第 60 条规定的“有关证据”，应当不限于第 56 条所说的犯罪嫌疑人、被告人供述，被害人陈述，证人证言和物证、书证，而是应当还包括《刑事诉讼法》第 50 条规定的勘验、检查笔录，鉴定意见和电子数据等证据。从我们收集到的案件数据来看，司法实务中被申请排除和实际被排除的证据也并不局限于第56条所列举的证据。

在全部非法证据排除申请中，有1174个申请是针对讯问笔录、有罪供述，此类申请在全部申请中占80.47%；排除询问证人笔录或者证人证言的申请有125个，占8.57%；排除鉴定结论和鉴定意见的申请有25个，占1.71%；排除现场辨认笔录及照片的申请有34个，占2.33%；排除物证、书证、电子证据的申请有41个，占2.81%。还有60个案件中被告人申请排除的证据不确定，主要是由于被告人申请排除的是立案之前或案件进入侦查程序之前的所有证据，这类案件占4.11%（见图5-6）。

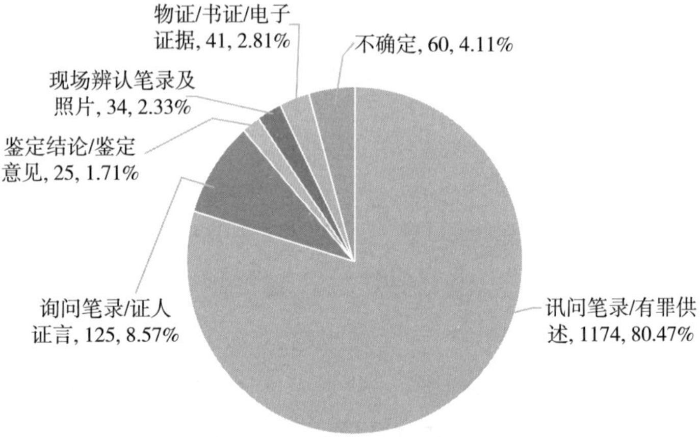

图5-6　申请排除的非法证据种类

在全部136个确定排除非法证据的案例中，有117个案例法院排除的是讯问笔录，也就是被告人的有罪供述。有3个案例法院排除的是现场辨认笔录。现场辨认笔录实际上属于被告人供述。因此，120个案例排除的都是被告人供述。有4个案例法院排除的是证人证言；另有3个案例法院排除了鉴定意见。在另外3个案例中，法院排除了搜查笔录。搜查笔录虽然涉及物证，但并非物证本身，实际上应当算作书证。仅在1个案例中，被法院判定排除的除被告人供述以外，还有搜查笔录及搜查之后扣押的物证毒品；而排除搜查笔录及毒品的原因，都是在搜查过程中见证人并未实际到场。

刘军等包庇黑社会性质组织、非法持有枪支、非法持有毒品、非法买卖枪支案，河南省郑州市新密市人民法院（2014）。该案在审理过程中，辩护人提出毒品的提取程序违法，要求排除非法证据。公诉人向法庭出示了现场勘查勘验笔录、毒品搜查笔录，并通知参与该案侦查活动的侦查人员到庭作证，对上述勘查勘验及搜查笔录的合法性予以证实。辩护人当庭出示了对见证人刘某某的调查笔录，并通知提请见证人刘某某出庭接受法庭调查。见证人刘某某当庭陈述证实，侦查人员对藏匿毒品的房间进行勘查勘验及搜查毒品活动时，见证人刘某某在藏匿毒品房间外等候；被告人王高峰当时被羁押，未到现场，以上两份笔录的签字系后来补签，与当庭侦查人员的陈述能够相互印证。法院认为，侦查人员对藏匿毒品的房间进行勘查勘验及搜查毒品的侦查活动，见证人未实际在场对搜查及提取毒品过程予以见证，勘验搜查活动违反法定程序，系非法证据，应予排除（关于其有罪供述系合法取得的论述略）。

除上述案件非法取得的物证被排除以外，在有的案件中个别书证也被排除，但排除的原因并不是由于取得书证的程序违法，而是由于该证据在真实性上存在瑕疵。例如：

龚某某等寻衅滋事、非法持有枪支案，广西壮族自治区来宾市金秀瑶族自治县人民法院（2014）。公诉机关提供的金公决字（2011）第01949、01950号公安行政处罚决定书，因该处罚决定书无被处罚人签名，又无其他证据予以佐证，且被告人龚某某又不予认可，因此，对该证据不予认定。

除此以外,法院还在1个案件中排除了被告人在被关押期间写的欠条,在1个案件中排除了辩护人提交的犯罪嫌疑人在被关押期间传递给其他犯罪嫌疑人的函件,在1个案件中排除了电话录音,在1个案件中排除了录音录像资料。

(二)排除非法证据的理由

从《刑事诉讼法》第56条的规定来看,申请排除非法证据的法定理由可以分解为两大类:一类是在取得言词证据过程中使用刑讯逼供或者暴力、胁迫等非法方法;另一类是在收集物证、书证的过程中违反法定程序。在最高人民法院发布的司法解释中,采用冻、饿、晒、烤、疲劳审讯等方法收集的被告人供述也应当予以排除。[11] "威胁、引诱、欺骗"虽不属于申请非法证据排除的法定理由,但也是《刑事诉讼法》明文禁止的取证方法。因此,本书在数据采集过程中对这些方法单独进行了分类。另外,在对数据进行分析的过程中,诸如"看守所外讯问""双规违法/纪委违法讯问"等理由也经常出现,本书对这些理由出现的频次也进行了统计。其他出现频次较少的,一律归类为"其他理由"。有些案件由于判决书并未详细阐述当事人申请排除非法证据的理由,本书均将其归入"不明确"一类。

在申请排除非法证据的理由中,以刑讯逼供作为理由提出的申请有928件;以威胁、恐吓、逼供、引诱、诱供、欺骗为由提出申请的有361件;涉及冻、饿、晒、烤、疲劳审讯的有75件;以看守所外讯问违法为由提出申请的有76件;以双规违法、纪委违法讯问为由提出申请的有27件;以其他理由申请排除非法证据的有165件,这些理由出现的频次往往以3—5次为限,具体包括例如"未提供眼镜阅读笔录""讯问主体不合格""讯问有不当之处""搜查时见证人未实际到场"

---

〔11〕 参见最高人民法院《关于建立健全防范刑事冤假错案工作机制的意见》第8条。

“笔录未经核对”“被同监犯人罚站、监管不合法”“未同步录音录像”“在办案区执行监视居住违法”等;另外还有75个案件申请排除非法证据的理由在判决书中未明确记载(见图5-7)。

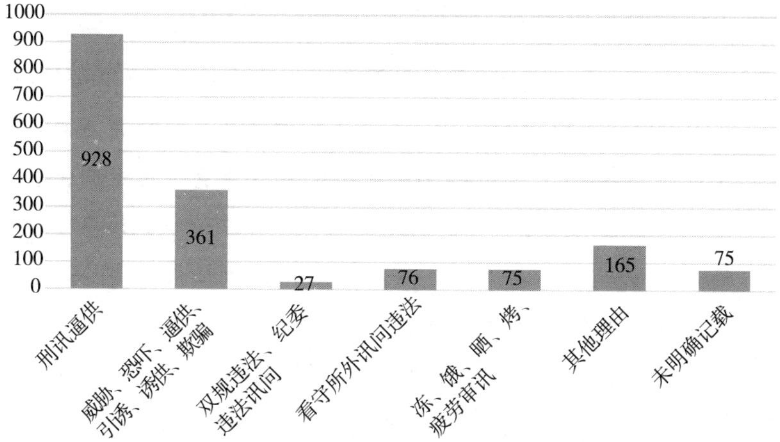

图5-7　申请排除非法证据的理由(件)

在所有被排除的非法证据中,刑讯逼供是最主要的原因,但证据被排除的原因并不限于刑讯逼供。有时候,一个证据可以因为违反同步录音录像规定而被排除。例如:

王平受贿案,贵州省高级人民法院(2014)。法院审理中,上诉人王平及其辩护人对讯问笔录取得方法的合法性和讯问笔录的真实性提出异议并申请非法证据排除,没有同步录音录像的2011年4月21日1份、4月22日11份、4月28日1份、4月29日9时30分至11时55分1份、5月4日1份讯问笔录,不符合2005年最高人民检察院《讯问职务犯罪嫌疑人实行全程同步录音录像的规定(试行)》第2条“每次讯问犯罪嫌疑人时,应当对讯问全过程实施不间断的录音、录像”的规定,不能作为定案的根据。王平及其辩护人的该上诉理由、辩解和辩护意见有理,法院予以采纳。

但由于对刑事诉讼法理解不一致的原因，在有些法院审理的案件中，法院虽确认侦查机关提供的录音录像资料不是全程同步录音录像，却明确宣布侦查机关的这一做法并不违法，同时宣布该案讯问笔录可以作为定案的依据。例如：

刘某某等贪污案，河北省邢台市中级人民法院(2013)。被告人刘某某在庭审中称在侦查机关的供述系刑讯逼供导致的不实供述，其辩护人也在庭前申请法庭调取侦查机关讯问被告人的同步录音录像资料。经法庭调取侦查机关的审讯录音录像资料并启动非法证据排除程序，查明该审讯录音录像资料虽非全程同步录音录像，存在瑕疵，但并不违法，也不能证明被告人刘某某在侦查机关讯问时受到刑讯逼供，且刘某某也未有伤痕照片、体检报告、同监舍人员证明等证据证实其受到刑讯逼供，因此，对辩护人提出的刘某某在侦查阶段的讯问笔录不能作为定案依据的辩护意见不予采纳。

有时候，讯问笔录可以因违反强制措施规定而被排除。有的案件就因为讯问笔录记载的讯问时间和地点与拘留证记载的时间和关押场所不一致而被排除。例如：

范某诈骗案，安徽省宿州市中级人民法院(2014)。申请排除讯问笔录与询问笔录。经查，2013年4月16日22时30分至次日0时52分对范某的讯问笔录地点是砀山县公安局刑警大队，砀山县公安局拘留证载明，范某于2013年4月16日被宣布拘留，当日23时收入砀山县看守所。讯问笔录载明的讯问时间和地点与拘留证记载的时间和关押场所不一致，范某对该笔录不予认可，法院不采用范某该份供述。

有的案件，因第一次讯问在看守所外进行，不能排除被告人被刑讯逼供的可能性而将争议证据予以排除。例如：

谭某某等贩卖、运输毒品案，重庆市第四中级人民法院（2014）。庭审中，法院启动了非法证据排除程序，公诉机关出示了倪某某入所身体健康状况检查表等证据，以证明侦查机关取证程序合法，但未能提供倪某某被关押至看守所之前供述的同步录音录像，不能客观反映该时段取证过程，故根据有利于被告人的原则，法院对公诉机关举示的倪某某的第一次和第二次供述予以排除。因无直接证据证明侦查人员对倪某某进行了刑讯逼供，入所体检表证明倪某某入所时身体健康，入所后侦查人员在讯问倪某某时的录音录像反映其精神状况良好、回答问题逻辑性强，侦查人员在讯问中无强制性语言，结合倪某某供述的内容与本案其他证据相吻合，足以认定倪某某在看守所羁押期间的有罪供述是自愿和真实的，应作为定案证据予以采信。

有的案件，因违反监视居住规定而导致供述被排除。例如：

陈元明等诈骗案，浙江省宁波市江东区人民法院（2014）。关于各被告人及辩护人提出非法证据排除的问题，法院在庭前会议时已经讨论，并将被告人曹秋太在其被监视居住期间所作的四份笔录予以排除。针对曹秋太提出其于2012年8月6日所作的笔录形式上存在瑕疵的意见，该笔录制作的时间、地点与提讯证上的记录相吻合，且有被告人的签字、画押应予以采信。对其他被告人提出的相关辩解意见，经审查，这些供述均在宁波市看守所制作，制作的时间、地点与提讯证上的记录均吻合，且有侦查人员出庭作证，应予以采信。

但在另外一个案件中，法院虽判定监视居住违法，但因被告人在

监视居住期间未作供述,因此不需要排除非法证据。〔12〕

还有的案件,由于证据存在形式上的瑕疵而被排除。例如:

> 杨某某受贿案,郑州铁路运输中级法院(2013)。上诉人杨某某庭前及庭审中均提出非法证据排除申请,但直至法庭调查结束前,上诉人杨某某及其辩护人并未依法向法庭提交相关材料;检察员当庭宣读了询问人员贾某某、侯某某证实当时办案人员没有对杨某某刑讯逼供、诱供、打骂等行为的情况说明,但并未提供其他更确实、充分的证据证明该检讨书及询问笔录形成的合法性。从杨某某书写的检讨书内容看,确实存在未查实的其他受贿内容;该询问笔录中杨某某在核对笔录签字上存在瑕疵,询问前的诉讼权利义务告知书上"杨某某"的签字与本人签名不符。故现有证据不能确认检讨书及该询问笔录形成的程序合法,法院对检讨书及该询问笔录不予采信。

本书认为,在证据因存在瑕疵而被排除的案例中,表面上这些证据被排除似乎是由于证据的形式或者取证方法存在瑕疵,但实际上这些证据被排除的最根本原因,并不仅仅是因为证据存在瑕疵,而是由于这些瑕疵导致取证程序的合法性不能得到证明,刑讯逼供的可能性不能得到排除。因此可以说,虽然表面上一个证据被认定为非法证据而被排除的原因似乎是多样的,但深层次的原因却只有一个,那就是刑讯逼供。

---

〔12〕 王某受贿案,甘肃省张掖市中级人民法院(2013)。该案二审庭审中启动了非法证据排除调查程序,经审查,对原审被告人及证人,侦查机关不存在刑讯逼供和其他非法手段取证的问题;王某的监视居住执行措施虽不符合规定,但王某在侦查期间未作任何有罪供述,故对于辩护人及上诉人认为王某供述及证人证言应作为非法证据予以排除的上诉理由不予支持。

四、毒树之果

在非法证据排除规则的发源地美国,毒树之果原理是非法证据排除规则的重要组成部分。美国联邦最高法院判例认为,没有毒树之果原理,非法证据排除规则的效力将大打折扣。[13] 本书收集的案例数据有效地验证了这一命题。在二次供述、多次供述的语境下,由于毒树之果原理的欠缺,突出显示出非法证据排除规则的无效。不仅严禁刑讯逼供的法律规则实效性大打折扣,其他对犯罪嫌疑人、被告人的保护性机制也受到削弱。

(一)不同毒树长出的“毒果”

在美国,毒树之果原理既包括美国联邦宪法第四修正案规定的毒树之果问题,也包括第五修正案和第六修正案规定的毒树之果问题。其中第四修正案涉及的是非法搜查、扣押获得的证据,由于美国法上的“扣押”既包括对物的扣押,也包括对人的扣押(即逮捕拘禁),因此第四修正案规定的毒树之果问题实际上涵盖了我国刑事诉讼语境中的搜查、扣押和强制措施制度。第五修正案涉及的是反对强迫自证其罪的权利,对应着我国的禁止刑讯逼供和以暴力威胁等手段取证的制度。第六修正案主要涉及获得律师帮助的权利。由于我国刑事诉讼法对物证、书证的排除规则赋予法官的自由裁量权比较大,实务中很少有排除物证、书证的案例,更谈不上排除根据物证、书证进一步寻找到的其他证据。因此,我国刑事诉讼中目前仅存在涉及刑讯逼供、违法采取强制措施这两项制度中的毒树之果问题。其他问题也可能并非不存在,只是尚未浮出水面。

在所有与毒树之果有关的案件中,刑讯逼供最普遍,反映的问题

---

〔13〕 *Silverthorne Lumber Co. v. United States*, 251 U. S. 385 (1920).

也最严重。例如：

> 邱涛受贿案，海南省高级人民法院(2013)。本案辩护人二审庭审中出示两份证据，以证明2011年10月28日至29日侦查机关制作的讯问笔录及邱涛的《自我交代》系非法取得。经查，一审并未采信该期间制作的讯问笔录及《自我交代》作为定案依据，故辩护人出示的该两份证据与本案没有关联性，法院不予采信。关于上诉人邱涛及其辩护人提出公诉机关当庭出示并用于证明其犯罪的2011年10月31日、11月1日的讯问笔录均系非法取得的上诉理由、辩护意见。经查，看守所关于邱涛的提讯情况记载：侦查人员于2011年10月31日18时00分至20时10分、11月1日9时02分至14时00分在看守所对邱涛进行了提讯。侦查人员在此期间制作的讯问笔录证实，邱涛在看守所期间的有罪供述均经过其阅读并签名，其在每份笔录上均写明"以上笔录我看过，和我说的一样"，而且在笔录的制作时间和地点相应部位上均按有手印。因此，侦查机关依法对邱涛采取强制措施后，在看守所对其制作的笔录是依法收集的，系合法有效的证据。该上诉理由、辩护意见不能成立，法院不予采纳。

从该案二审判决书记载的事实来看，很明显，该案侦查机关在未合法采取强制措施的情况下即于10月29日至10月30日对被告人进行了讯问，并且在讯问过程中伴有刑讯逼供的情形；一审法院对辩护人提出的排除该期间被告人所作供述的申请实际上是认可的，所以才会有"一审并未采信该期间制作的讯问笔录及《自我交代》作为定案依据"之结论。然而，被告人及其辩护人显然并不是仅仅申请排除这一期间所获得的供述，而是申请排除之后的所有供述，但是一审法院却只排除了非法拘禁期间获得的供述。因此，二审期间，被告人及其辩护人试图出示非法拘禁期间获得的供述作为证明之后供述也应当予以排除的依据及线索，但却被二审法院以此三份证据不具有关联性为由加以拒绝。二审法院关于这些证据与案件无关的说法显然是错误的。如果真的无关，被告人就不必申请排除；既然申请排除，显然是作了有罪供述；既然是有罪供述，当然和案件有关，而且属于控诉证据；即使和案件实体事实无关，如果确系非法取得，则用于质疑控方其他证据合法性时也具有关联性。法院仅以缺乏关联性为由拒绝接受，且对其他证据与非法证据之间的因果关系拒绝审查，实在是令人担忧。

除刑讯逼供以外，因违反强制措施规定被申请排除非法证据的现象也时有发生。比较普遍的现象是，对入看守所之前的供述予以排除，对入看守所之后的供述不予排除。例如：

> 谭某某等贩卖、运输毒品案，重庆市第四中级人民法院(2014)。庭审中，法院启动了非法证据排除程序，公诉机关出示了倪某某入所身体健康状况检查表等证据，以证明侦查机关取证程序合法，但未能提供倪某某被关押至看守所之前供述的同步录音录像，不能客观反映该时段取证过程，故根据有利于被告人的原则，法院对公诉机关举示的倪某某的第一次和第二次供述予以排除。因无直接证据证明侦查人员对倪某某进行了刑讯逼供，入所体检表证明倪某某入所时身体健康，入所后侦查人员在讯问倪某某时的录音录像反映其精神状况良好、回答问题逻辑性强，侦查人员在讯问中无强制性语言，结合倪某某供述的内容与本案其他证据相吻合，足以认定倪某某在看守所羁押期间的有罪供述是自愿和真实的，应作为定案证据予以采信。

该案审判法院依法排除了被告人在看守所外被讯问时形成的笔录，但却容许了入看守所后讯问形成的笔录。这样的判决所确立的规则，实际上就是入看守所前的供述因可能涉嫌刑讯逼供而不具有可采性，但无论入看守所前是否存在刑讯逼供，只要入看守所后没有刑讯逼供，所获得的供述就具有可采性。这一规则蕴含的后果就是：为了获得供述，入看守所前将犯罪嫌疑人痛打一顿，打到其无论何时都不敢翻供为止。若果真如此，还不如没有非法证据排除规则。

从本书收集的案例数据来看，纪委的案件调查权、取证程序等已经日益成为问题。纪委取证既可能涉及刑讯逼供，也由于其采取的“双规”措施在法律地位上存在问题，均可能导致其取证结果被申请排除。但实务中，审判机关通常对针对纪委提出的非法证据排除申请采取了不予支持的态度。例如：

> 胡小忠滥用职权、玩忽职守、受贿案，浙江省温州市苍南县人民法院(2014)。对于本案是否需要排除非法证据问题，法院认为：首先，纪委查处党员干部违法违纪问题所实施的“双规”属于党内审查方式，性质上不同于司法强制措施，故不属司法审查范围；其次，被告人及其辩护人虽提出纪委违法办案，但并未提供涉嫌非法取证的相关线索或者材料；第三，公诉机关并未将纪委查办案件所形成的材料作为指控的证据。综上，辩护人要求启动非法证据排除程序的理由不足，不予采纳。

该案审判机关拒绝排除非法证据的理由主要是“双规”不属于司法强制措施，因此不受司法审查，这似乎是宣告纪委完全可以不受法律约束；但该判决书又陈述了第二点和第三点理由，从这两点理由来看，似乎纪委的活动又在司法审查的范围之内。在另一个案件中，被告人申请排除非法证据的理由之一也是在纪委遭受刑讯逼供和威胁，法院经审查后最终决定不予排除，其对纪委活动不受审查的说明更加明确：第一，纪委不是侦查机关；第二，纪委的活动不属于刑事诉讼活动；以及第三，纪委取得的材料未作为证据提交。[14] 总而言之，纪委的活动不属于人民法院审查的范围。

（二）毒树之果不仅不排除，反而被用来证明直接渊源于毒树的果实无毒：神奇的“以二证一”现象

略显荒诞的是，有些案件，法院居然以之后的取证程序合法倒推之前的程序合法。本书称这种现象为“以二证一”，或“二三证一”，都是指以之后的程序合法逆推之前的程序合法。例如：

> 周某某等盗窃、掩饰、隐瞒犯罪所得案，上海市松江区人民法院（2014）。关于非法证据排除的问题，本案被告人周某某所称其鼻部、口唇皮肤处伤势是在第一次接受讯问时，侦查人员对其殴打所致，但是公诉机关向法庭出示的是被告人周某某 2013 年 5 月 3 日的讯问（即第 2 次讯问）同步录音录像。在该次讯问中，公安机关更换了侦查人员并进行了同步录音录像，根据同步录音录像显示，侦查人员没有采取刑讯逼供等非法手段获取口供，周某某对于讯问的内容作了相关供述和辩解。此外，公诉机关又向法庭举证了被告人周某某在审查批捕阶段所作的供

[14] 李秀萍受贿案，浙江省宁波市鄞州区人民法院（2014）。该案有关检察院讯问的部分，最后审查的结论也是不排除，理由是：第一，检察机关在 48 小时内先后对被告人采取了两种不同的措施，前者为传唤，后者为刑拘，中间有让被告人休息的时间，并没有明显违反规定；第二，最高人民法院关于何为疲劳审讯没有明确的时间界定。这两点意见，应当说也比较勉强。首先，48 小时内采取过两种不同的措施，在两种措施之间也有让被告人休息，这句话说得就很勉强；休息了多长时间，完全没有涉及，如果只休息了一个小时（那已经很人道了），对于任何正常人都是不够的；假设只休息了 10 分钟，一样足以致人疲劳，因为正常人一般 24 小时内至少需要休息 8 个小时。其次，最高人民法院虽然没有明确界定什么是疲劳审讯，执法机关尤其是作为法律监督机关的检察机关凭借其常识和理性也应当知道，只要是不提供足够的休息时间，足以致人疲劳的连续审讯，都属于疲劳审讯；除非被告人经过特殊训练，例如是军事间谍等，否则对于一般人来说，24 小时内休息 8 小时以下就属于疲劳审讯。该案被告人在 48 小时内休息的时间，判决书中没有明确，但真实情况却可想而知。

> 述，同样，该次讯问周某某亦未受到刑讯逼供。据此，对被告人周某某及其辩护人提出的要求排除被告人供述的意见，于法无据，不予采信。

该案中，被告人申请排除的证据为侦查阶段供述，其主要依据是第一次供述遭受侦查人员殴打。但法院拒绝排除该案证据，理由是第二次讯问同步录音录像证明没有刑讯逼供，而且审查批捕阶段也没有刑讯逼供。这是典型的以之后的讯问合法证明之前的讯问合法的思路。[15]

又如：

> 李长发抢劫案，河南省郑州市高新技术产业开发区人民法院(2014)。被告人称第一次供述系被身上浇冷水逼供所得，称第二次、第三次供述未受到身体或精神上的折磨，系其自己害怕被非法取证而作的供述，对此公诉机关认为其未提供相应的线索和证据，其在看守所所作的第三次供述无逼供的条件，应视为其真实意思，且与前两次供述内容一致，与被害人陈述的案件细节能够相互印证，被告人假想其可能被刑讯逼供而作供述的辩解不能成立。法院认为，李长发辩解其供述系被逼供的意见缺乏证据，法院不予采纳。公诉机关对公安机关取证合法性的说明客观可信，法院予以采纳。

该案法院判定第一次供述系合法取得的依据，一是该案第二次、第三次供述均系合法取得，这是典型的“二三证一”论证模式；二是该案三次供述相互印证，因此第一次供述系被告人真实意思表示。这

---

〔15〕 有的案件，公诉人当庭同意不使用被申请排除的证据，而以毒树之果代替。例如：在彭某贩卖毒品案[湖南省株洲市茶陵县人民法院(2013)]中，针对被告人彭某提出非法证据排除的问题，法院启动了非法证据排除程序，公诉机关当庭对被告人彭某在公安机关所作供述予以排除，提供了被告人彭某在审查起诉时所作供述。

属于典型的"真实故合法"论证模式,本书将在下一部分加以论述。

(三)法官掌控型规则与法官分享型规则:妨害毒树之果原理实现的制度因素

在美国以及其他西方国家,非法证据排除规则主要由法官来应用;除法院以外,其他任何机关,包括检察机关和侦查机关,都不会主动将自己的证据认定为"非法证据"从而予以排除;只有法官才会进行这样的认定。但在我国,除人民法院外,公安机关、检察机关均应当按照规定排除非法证据。这一点与世界上大多数实行非法证据排除规则的国家的做法并不一致,也可以说是我国刑事诉讼法的创造。我们可以将以美国为代表的非法证据排除规则称为"法官掌控型";而将中国这种公安机关、检察机关均应排除非法证据的做法称为"法官分享型"。

本书认为,法官分享型非法证据排除规则设置的初衷是很好的,其目的也是为了保障人权,当然也不排除为了提高指控获得认可的成功率。如果同时确立毒树之果原理,这一法官分享型非法证据排除规则原本无可厚非。实务中,确实存在公安机关、检察机关主动将明显有问题的证据予以排除的情况,并且取得了较好的效果。但是由于缺乏毒树之果原理的制约,这一制度的实践效果也有其令人失望的一面。例如:

> 蹇某等盗窃、诈骗案,重庆市涪陵区人民法院(2014)。被告人蹇某及其辩护人辩称被告人蹇某受到了刑讯逼供,请求对其在公安机关所作的供述予以排除。经查,被告人蹇某申请排除的非法证据,已由检察机关在审查起诉时进行了调查核实,其在公安机关所作的供述已作为非法证据予以排除,在庭审时未作为本案的证据举示。因此,对上述辩护意见,法院不予采纳。

可以看到,在缺乏毒树之果原理约束的语境下。允许侦查机关自行排除非法证据的做法,实际上为人民法院提供了在侦查机关、公诉机关未提交非法证据的情况下拒绝审查其他间接来源于违法行为的证据的合法性的借口,并不利于非法证据排除规则的实施。另外,这种做法也不利于法庭通过证据合法性的审查实现对侦查行为的约束和监督,不利于通过法庭审判向人们传播权力应当受到制约的观念。最后,这种制度安排不仅没有起到让法院监督侦查机关、公诉机关的效果,反而给侦查机关一个洗白受污染的证据的机会,甚至给侦查机关一个立功受奖的机会,侦查机关不仅不会因为违法而受到应有的谴责,反而因为“戴罪立功”获得嘉奖:没错,我是违法了,但是我自己没有使用我违法取得的证据,因此我是高尚的,我应当获得奖赏——这是对“任何人不得因不法行为而获利”这一基本法治原则的讽刺!

当然,本书并不是主张公安机关、人民检察院不应当排除非法证据,而是说在欠缺毒树之果原理的情况下,公安机关、人民检察院主动“排除”非法证据的做法,有时候并不利于庭审中的被告人维护自己的合法权利。因此,解决这一问题的思路并不是废除公安机关、检察机关排除非法证据的权力,而是确立毒树之果原理。相关论述,参阅本章第七部分。

五、证明责任

(一)警察出庭/播放同步录音录像等证明手段已成常态

绝大多数案件,人民法院都能正确遵循法律规定,由公诉方承担证明取证程序合法的责任。有些案件判决书中还明确宣示了这一责任。另外,在大多数案件中,当证据合法性遭到质疑之后,公诉方都能积极举证证明取证程序合法,举证方法最主要的有警察出庭作证、相关证人出庭作证、播放同步录音录像、出示看守所体检表、出示侦查机关出具的情况说明等。例如：

颜甲某贩卖毒品案，湖南省株洲市茶陵县人民法院(2013)。针对被告人颜甲某提出的刑讯逼供问题，法院启动非法证据排除程序，公诉机关针对这一问题提交了健康检查体检表、询问笔录等证据，经审查，被告人颜甲某在2013年4月26日送押看守所时所作的健康检查体检表，证明其入看守所时体温、语言表达能力、行走状况正常，符合收押条件；被告人颜甲某的同监犯雷其明、陈凯凯均证明被告人颜甲某入看守所时没有看见其身上有伤痕，上述证据在庭审中经被告人颜甲某质证均无异议。法院予以采信。综上，对被告人颜甲某关于刑讯逼供的辩解不予采纳。

有些案件，法院的判决甚至更加让人振奋，明确宣布情况说明不足以证明取证程序合法，并据此宣布相关证据为非法取得。例如：

王某某玩忽职守、受贿案，海南省高级人民法院(2009)。本案进入起诉阶段以后，王某某、何某某均称原供述是侦查机关刑讯逼供、诱供取得，审讯人员不让其休息，连续多日审讯，审讯笔录是办案人员写好后逼迫其签字的；讯问笔录证实，何某某、王某某被羁押在看守所期间均没有供述行贿、受贿事实，后专案组将二人押至海口市龙华区检察院审讯室审讯后，二人交代了犯罪事实。根据《看守所条例实施办法(试行)》第23条和(1999年)《人民检察院刑事诉讼规则》第139条的规定，提讯人犯，一般应当在看守所内进行，只有因侦查工作需要提押犯罪嫌疑人出所辨认罪犯、罪证或者追缴犯罪有关财物时，才可以提押犯罪嫌疑人到人民检察院接受讯问。本案办案人员将何某某、王

> 某某提至检察院连续审讯违反了上述规定。抗诉机关虽出示情况说明自述办案人员在审讯过程中没有逼供、诱供,但没有相关证据佐证,故情况说明并不能证明何某某、王某某在龙华区检察院作的有罪供述是合法取得的。

当然,在本书收集的其他案例中,并不都像该案那样明确否定情况说明的证据价值。在有的案件中,甚至仅有情况说明,完全没有其他证据,法院也会认定违法取证的情形不成立。

(二)"举证责任倒置"现象也属常见

也有一些案件,法院判决明显误解了《刑事诉讼法》有关证据合法性证明责任的规定,至少在一定程度上将证明证据不合法的责任施加给被告方。例如:

> 刘某某等盗窃、诈骗、抢劫、抢夺案,甘肃省庆阳市中级人民法院(2014)。上诉人刘某某在一审庭审中称不下十个人打他,二审庭审中称在刑警队时有六七个人用拖把把和皮带往其头部、耳后、脸上打;上诉人廖某某在一审庭审中对其所称刑讯逼供没有具体描述,二审庭审中称在刑警队时有三个人用皮带打其左边身上、胳膊和头部,对其腰疼情况的陈述前后不一。二上诉人在一、二审中对实施刑讯逼供的人数、刑讯部位等细节描述不一致,且如果用拖把把、皮带往其头部、耳后、脸上殴打,那么随后入所检查时应该有相应的伤情,而二人入所时分别只有左臂部、左右耳后淤青、双手肿胀和左上臂后外侧、左耳后淤青各一处。伤情与所称殴打情形并不对应。上诉人所提刑讯逼供没有证据证实,不予认定,其供述应视为合法取得。

从判决书本身的表述即可看出,该案被告人明显受到了刑讯逼供,法庭也启动了非法证据排除程序,但侦查人员无一出庭接受质询,而仅以情况说明证明讯问的合法性;被告人虽不能提供充分的证据对刑讯逼供的情况加以证明,但是对刑讯逼供的人数、使用的工具、刑讯的部位都有详细的陈述,应当认为已经提供了比较充分的"线索";另外,法院判决书也认定,入所体检表确实显示二被告人身上均有伤,而且伤情与所述刑讯逼供情形大体对应。在此情况下,公诉机关负有证明不存在刑讯逼供的法定责任,且应当将不存在刑讯逼供这一事实证明到排除合理怀疑的程度。然而,法院却以伤情与所称殴打情形不对应为由,对刑讯逼供事实不予认定。似乎在法院看来,被告人应当将刑讯逼供的事实证明到排除合理怀疑的程度,而不是公诉机关应当将没有刑讯逼供的事实证明到排除合理怀疑的程度。

在一个辩护人以侦查机关违法限制人身自由为由提出排除非法证据申请的案例中,法院将证明责任转嫁至申请方的特征更加明显:

> 郭冠受贿案,河南省南阳市社旗县人民法院(2013)。辩护人指出:被告人郭冠自 2013 年 8 月 5 日被通知接受询问至 2013 年 8 月 12 日被执行逮捕止,一直被限制人身自由,侦查机关未履行相关手续,故被告人郭冠在此期间的口供属非法证据,应予排除。对此辩护意见,法院认为,辩护人未就被告人郭冠被非法限制人身自由的事实提供充分的证据予以证实,同时被告人郭冠在庭审中,对起诉书指控事实,均承认收受贿赂的事实存在,故对该辩护意见不予采纳。[16]

该案中,正确的做法应当是由公诉机关提交在 8 月 5 日至 12 日期间侦查机关对被告人采取限制人身自由措施的合法手续证明;在

---

〔16〕 该案上诉后,二审法院以事实不清、证据不足为由,撤销原判、发回重审。参见郭冠受贿案,河南省南阳市中级人民法院(2014)南刑二终字第 00038 号。

公诉机关不提交相关证据的情况下，应当认定这一期间侦查机关限制人身自由的措施违法，并排除在此期间获得的相关证据。但是，判决书的表述却明显要求被告方就被告人被非法限制人身自由的事实“提供充分的证据予以证实”，这显然违背刑事诉讼法的规定。

（三）“真实故合法”：一种独特的证明模式

1897年，美国联邦最高法院在布莱姆一案中宣布：一份供述如要具有可采性，“就应当有足够的证据证明该供述的作出是自愿的；也就是说，被告人没有被迫非自愿地作出供述”〔17〕。该案确立的有关供述可采性的规则一直被称为“自愿性原则”。根据这一原则，法院在审查供述可采性时，必须确认供述的作出是否出于自愿。只要是自愿的供述，就是可采的。在如何判断供述是否是基于自愿的问题上，后来的判例曾经一度以“法律的正当程序”为标准，也就是只要符合“正当程序原则”，得到的供述一般就认为是自愿的，也就是可采的。是否符合法律的正当程序，自然要参照宪法和当时制定法的规定。因此，美国这段时期关于供述可采性的标准，也可以概括为“合法即自愿”标准。同时，由于强调自愿性的目的是防止出现错误的、虚假的供述，也就是为了保证供述内容的真实性，因此，合法即自愿标准的最终归宿，是为了保证供述的真实性。也因此，“合法即自愿”标准又可以概括为“合法故真实”标准。〔18〕

与之形成对照，我们在中国的刑事司法案例中，在大量决定不予

---

〔17〕 *Bram v. United States*, 168 U.S. 532, 18 S.Ct. 183, 42 L.E. 568(1897).

〔18〕 “合法即自愿”“自愿即真实”从而“合法故真实”的标准一直延续至1966年。在1966年之前，美国联邦最高法院还通过一系列判例确立了侦查讯问中的律师在场原则。这一原则的目的同样可以理解为保证供述的自愿性，从而确保其真实性。直到1966年米兰达规则颁布，美国的供述自愿性标准才得到彻底改变，即法律不再关心供述的真实性，而仅关心其合法性：一份违反米兰达规则获得的供述，无论其真实性如何，均不具有可采性。

排除证据的案件中,人民法院在其判决书中对不予排除的理由,提供了一种独特的证明方式,那就是:由于被告人的供述是真实的,因此它是合法的,因此不予排除。本书称这种现象为“真实故合法”论证模式。“真实故合法”在实务中有几种不同的表现形式。一是法院对被告人供述的真实性予以肯定,并以此直接断定该供述取得程序合法;二是通过供述之间的前后稳定来推断供述内容的真实性,再以供述内容的真实性断定取证程序的合法性;三是以供述证据与其他证据之间的相互印证来推断供述的真实性,再以此推断取证程序的合法性。对于后两种情况,本书称之为“稳定故合法”“印证故合法”。这些案件背后的逻辑是:既然被告人供述前后稳定,或者供述与其他证据能够相互印证,那么它就是真实可信的;既然它是真实可信的,它的取得程序也就是合法的。

例如,在一个贩毒案件中,人民法院对被告人供述的合法性问题论述如下:

> 刘刚贩卖毒品案,广东省珠海市香洲区人民法院(2014)。被告人刘刚及其辩护人没有提供相应的线索证实被告人刘刚可能受到刑讯逼供,因此对被告人刘刚及其辩护人提出的非法证据排除申请,法院不予采纳。被告人刘刚在侦查阶段三次作出有罪供述,并且向侦查人员提交了一份亲笔供词,其中一份笔录是其在看守所所作,被告人刘刚也承认作该份笔录时侦查人员没有非法取证的行为。证人黄某的证言也证实被告人刘刚向其贩卖毒品的事实。而且被告人刘刚的供述中所述的细节与证人黄某的证言中所述的细节一致,如被告人刘刚与证人黄某均述先前约定毒品的价格为人民币 1500 元,但证人黄某只向被告人刘刚支付了人民币 1400 元,还有 100 元先欠着。可见被告人刘刚的供述与证人黄某的证言相互印证,足以证实被告人刘刚向

> 黄某贩卖毒品的事实,不采纳被告人刘刚及其辩护人提出的被告人刘刚没有向黄某贩卖毒品的辩解和辩护意见。

该案法院认为,被告人在侦查阶段三次作出有罪供述,并且还亲笔书写了供词,对其中一份供述被告人也承认没有非法取证,这些供述之间相互印证,与证人证言也能印证,因此"足以证实"刘刚贩卖毒品的事实,故不存在违法取证的情形。这是典型的"真实故合法"论证模式,它实际上是以证据内容真实性的内心确信来证成取证程序合法性的内心确信。

又如:

> 黄某等盗窃、抢劫案,广东省深圳市南山区人民法院(2014)。被告人潘某的入看守所体检记录以及公安机关、侦查人员出具的取证过程合法的说明材料均证实潘某被羁押在看守所时体表并无外伤,除其被抓获当天所作有罪供述外,其在庭审前还有过多次有罪供述,供述内容与被抓获当天所作供述一致,均对实施犯罪的时间、地点、情节和手段供认不讳,上述证据可以证实侦查机关不存在以非法方式收集证据的情形,被告人潘某提出的非法证据排除的申请不能成立。被告人黄某、麦某、李某及同案犯吴某均指认被告人潘某共同参与了2013年9月4日的两次犯罪以及2013年9月5日、2013年9月7日的犯罪,并供述了被告人潘某所实施的具体犯罪行为,2013年9月4日某干果行门口的现场视频录像、证人龚某甲的证言以及被告人麦某的供述均证实被告人潘某手持钢管威胁证人龚某甲,且被告人潘某庭审前多次供述其参与了2013年9月4日的两次犯罪以及2013年9月5日、2013年9月7日的犯罪,前后供述内容稳定、一致,与上述证据均能相互印证,足以证实被告人潘某参与了2013年9月4日的两次犯罪以及2013年9月5日、

2013 年 9 月 7 日的犯罪，法院对被告人潘某的当庭辩解不予采纳。

该案属于典型的“印证故真实+稳定故真实=真实故合法”的案件。法院的逻辑是，既然视频录像、证人证言、同案被告人麦某的供述均证实被告人潘某实施了被指控的犯罪，这些证据与被告人潘某的供述能够相互印证，就说明潘某的供述是客观真实的；同时，潘某在庭审前作过多次供述，前后稳定，这也说明潘某的供述是真实的；既然潘某的供述客观真实，也就说明对其供述的取得程序是合法的。

真实故合法的论证模式，显示了保障无辜者不被错误追究理念在司法实践中得到过多强调，其负面意义就是有罪者即使基本权利受到侵害，在诉讼上也无从获得救济。

六、非法证据排除规则的积极意义

从本书收集的案例数据来看，中国刑事诉讼的实践表明，非法证据排除规则对于保障无辜者不被错误追究、促使侦查机关依法办案、促进法治和体现个人人权对国家权力的约束、实现审判中心主义以及通过吸收不满加强刑事裁判的正当性等均有明显功效。

（一）保障无辜者不被错误追究

非法证据排除规则的意义之一，在于保证无辜者不被错误追究。捶楚之下，何求而不得？禁止刑讯逼供，防止逼供、诱供和以其他非法方法搜集证据的首要意义，皆在于此。非法证据排除规则在实践中应用的意义，也突出体现在这一方面。从本书数据来看，多个案例由于适用了非法证据排除规则，被告人被宣告无罪。虽然不能百分之百确定这些被认定无罪的被告人就一定在事实上是无罪的，但是从防范冤假错案的角度来看，多一个人被判无罪，就少一分出现冤假错案的可能性。在有些案件中，被告人并没有被全部宣告无罪，而只是对部分指控的事实没有认定，这也体现了定罪量刑的精细化。

(二)促使侦查机关依法办案

在大量非法证据排除案件中，都可以看到，控方不得不为了证明争议证据的取得程序合法而进行一定的举证活动，其中包括申请法庭传唤侦查人员出庭作证，或者传唤同监犯罪嫌疑人出庭作证，或者通知侦查机关对有关问题作出解释，或者提供犯罪嫌疑人在监所期间的体检表、健康检查表，乃至医院出具的体格检查证明等。有时候，侦查人员不得不在法庭上接受被告人及其辩护律师的交叉询问。通过这些举证活动，一方面使检察机关、侦查机关均不断地意识到自己的侦查权力受到约束，另一方面也可唤醒侦查人员的法治意识，尤其是尊重犯罪嫌疑人、被告人基本人权的法治意识，从而提高办案水平，同时也提高侦查程序的法治水准。在没有非法证据排除规则的情况下，警察无须担心自己有可能因被传唤出庭作证而暴露自己在侦查过程中的违法行为。在有非法证据排除规则的情形下，非法证据排除规则就如悬在侦查人员头上的达摩克利斯之剑，随时可能落在自己头上。因此，非法证据排除程序的启动，对争议证据合法性的证明，以及对不合法证据的认定与排除，都对侦查机关及其侦查人员的行为构成有力的约束，其震慑之力度，在某些方面甚至超过刑法所规定的刑讯逼供罪。这是因为，第一，刑法规定的刑讯逼供罪往往要达到一定的伤害程度才会被认为构成犯罪，而非法证据排除规则却不存在这样的要求。第二，对刑讯逼供罪的认定要由公诉机关举证加以证明，这也在一定程度上加剧了这类犯罪的认定难度，非法证据排除规则却是反过来的，它要求控方实际上归根到底是侦查机关包括其侦查人员证明自己没有实施刑事诉讼法所禁止的行为，这意味着举证责任分配的转换，转移了在刑讯逼供罪的指控中当由违法行为受害者承担的举证责任，对于犯罪嫌疑人、被告人而言具有举足轻重的意义。第三,刑讯逼供本身难以证明,尽管刑讯逼供罪也悬在头上,但是由于其证明的难度导致真正受到指控的刑讯逼供行为仅如同冰山之一角;非法证据排除规则意味着警察可能被传唤出庭作证,则在作证过程中通过交叉询问被发现违法的可能性大增。因此,尽管刑法上已设置有刑讯逼供罪,非法证据排除规则的意义仍然举足轻重。

(三)促进法治,体现个人人权对国家权力的约束

非法证据排除规则的另一个重要意义,在于体现法治原则,即国家权力受到约束,公民权利应受保障,国家权力止于公民基本人权之边界。就这一类功能而言,即使在被告人没有被宣告无罪的案件中,只要启动了非法证据排除程序,无论争议证据是否最终得到排除,非法证据排除规则的效力都得到了实现。首先,在那些争议证据最终被认定为非法证据的案件中,法院通过对证据取得程序合法性的审查以及对证据取得程序违法的宣告,最终实现了审判权对侦查权、检察权的制约,完成了刑事诉讼法规定的三机关之间分工负责、互相制约的使命。其次,通过对争议证据取得程序违法的宣告,向公民传达出侦查机关权力受到制约的国家理念,使公民能够通过这种宣告获得一种心理上的安全感,在更高的层次上实现了刑事诉讼法规定的“国家尊重和保障人权”的目标。最后,即使经过审查后争议证据未被宣告违法,对非法证据排除程序的启动本身也传递了侦查权力并非不受约束的权力的信号。如果说促使侦查机关依法办案是在一个具体的层面提升刑事诉讼程序的法治化程度的话,则非法证据排除程序的启动以及对争议证据合法性的审查,就是在更加抽象的层面提升刑事诉讼程序的法治化程度。

(四)实现审判中心主义

证据规则的主要功能之一,就是通过对各种证据进行各种形式

的质疑,对侦查机关收集的证据进行形式与实质的审查和判断,对其中可能有问题的证据进行排除,从而切断侦查与审判之间的联系,防止以侦查机关对案件事实形成的心证来代替法官对案件事实的心证,从而防止审判走过场,实现刑事诉讼的审判中心主义。从理论上看,非法证据排除规则应当具备通过对侦查机关收集的证据质疑甚至最终予以排除而防止以侦查人员的心证代替审判人员心证的作用,其对于实现审判中心主义的功能应当不言而喻。从实践来看,非法证据排除规则从总体上提升了审判法院在认定事实方面的权威,对于防止侦查人员无论以何种手段收集的证据都能够在审判法庭畅行无阻的局面出现发挥着不可替代的作用。尤其是在那些因排除非法证据而使被告人被宣告无罪的案件中,非法证据排除规则在阻断违法证据对于法官心证的影响方面的作用尤其明显。毫无疑问,如果没有非法证据排除规则,在这些案件中要想让法院宣告被告人无罪,一方面,法官在事实层面就难以形成被告人无罪的内心确信;另一方面,即使法官能够勉强形成被告人无罪的内心确信,也会由于找不到适当的理由无法拒绝侦查机关和检察机关的有罪指控。正是由于非法证据排除规则的存在,一方面阻断了侦查人员心证对法官心证的直接影响,另一方面为法官理直气壮地宣告被告人无罪提供了体面的理由。可以说,非法证据排除规则对于实现审判中心主义功不可没。

(五)吸收不满,加强刑事裁判的正当性

即使争议证据最终没有被宣告为非法取得,当事人通过非法证据排除申请,启动非法证据排除程序,最终促使法院对侦查机关取得证据的程序进行审查,并促使侦查机关通过不断举证的方式证明其取证程序的合法性,这一过程本身也具有极强的法治意义。一方面,它使被告人的合法权利得到实现,也是被告人作为当事人通过诉讼渠道就其在侦查程序中遭遇的不快发泄不满的一种途径,因此这一程序实际上是吸收不满的一种机制;另一方面,侦查机关在举证过程中既可以加强对自身侦查手段及其过程合法性的检视,从而不断提高自身执法必须守法的意识,同时也是唤醒侦查机关自我约束意识的一种方式,也是提醒侦查机关其侦查权力必须受到当事人权利及人民法院审判权制约的一种机制。可以说,非法证据排除规则的实施,对于侦查机关、审判机关和作为国家法律监督机关的检察机关来说都是有利的,都在督促它们的工作,都有利于保证国家法律的严肃实施。

综上所述,无论争议证据最终是否被排除,对于提出排除非法证据申请的当事人而言或许存在输赢,对于审判机关、检察机关和侦查机关而言,却只有赢,没有输。对于整个国家而言,也是法治昌明、法律获得严格执行的一种保证,它在整体上提高了国家的法治化程度,也提高了国家、政府在执法方面的文明化程度。

七、问题与建议

从实践案例来看,不足之处可以区分为三大方面:一是裁判文书的说理问题;二是刑事诉讼法解释方面存在的问题;三是刑事诉讼法本身存在的问题。兹分述如下。

(一)裁判文书说理应当加强,有关非法证据排除问题的记载应当完善,相关论证应当符合事理逻辑和法律规定

从前述案例数据来看,裁判文书存在的问题主要体现在以下几个方面。第一,在相对数目虽然较小但仍然占10%左右比例的不启动非法证据排除程序的案件中,可能是法官由于误解了刑事诉讼法有关提出申请排除非法证据的一方应当提供相应线索的规定,将这一规定理解为当事方应当承担较高的举证责任,从而在没有完成法

官心目中这一举证责任的要求时拒绝启动非法证据排除程序。第二,有些案件在裁判文书中显示出法官将举证责任转嫁给了提出申请的一方,这既可能是因为法官的确误以为申请方应当承担举证责任,也可能是由于判决书表述有误:法官想说的也许是由于公诉方举出了一定的证据证明不存在刑讯逼供或者其他违法取证手段的情形,被告方没有证据证明存在违法取证情形,因此认定违法取证情形不存在;但是却表述为:被告方没有证据证明存在违法取证情形,因此对争议证据不予排除。前者可以理解为控方实际上将不存在违法取证情形的事实证明到了排除合理怀疑的程度;后者却完全看不出法院是否正确理解了刑事诉讼法有关证据合法性证明责任分配问题的规定。第三,有些案件裁判文书虽然在前半部分对辩护人提出非法证据排除请求的事实进行了陈述,但是在后半部分却对辩护律师的请求不置一词,让人对法院有关非法证据排除问题的态度究竟如何无从知晓。

对此,本书建议:首先,加强对一线刑事审判人员有关非法证据排除规则的培训,尤其要加强对其在裁判文书写作、论证方面的培训。本书认为,裁判文书是最严肃且最具有教育意义的法律文书,其写作、论证、表述,甚至标点符号都应当做到准确无误,体现一个负责任大国的法治风貌。具体到非法证据排除问题上,只要有关方面提出了非法证据排除的申请,人民法院就应当在判决书中详细记载以下事项:(1)哪一方当事人提出了申请;(2)当事人申请排除的是什么证据;(3)当事人提出申请的理由;(4)当事人是否提供了线索或者证据,如果提供了,都包含什么内容;(5)法院是否就非法证据排除申请进行了审查,即是否启动了非法证据排除程序;(6)如果没有启动非法证据排除程序,理由是什么;(7)如果启动了非法证据排除程序,控诉方以何种方式向法院就取证程序的合法性进行了证明;

(8)法院认为控诉方的证明是否达到了足以排除取证程序不合法的可能性的程度,及其理由;以及(9)法院对争议证据最终的裁决是什么(排除/不排除)。只有这样,才可以说一份包含了非法证据排除问题的裁判文书是一份合格的裁判文书。

其次,“真实故合法”“印证故合法”“稳定故合法”的论证方式必须加以禁止,保障人权观念应当得到树立。非法证据排除规则的目的既在于防止无辜者不被错误定罪,也在于对国家权力进行约束,对公民受到侵犯的基本权利提供救济,而无论受到侵犯的公民是事实上有罪的人还是纯粹的无辜者。在这个意义上,即使遭受刑讯逼供、非法搜查等恣意侵犯的公民事实上的确实施了所指控的犯罪,对其基本人权的侵犯也不会因此而获得合法性。顺理成章,一个犯罪嫌疑人、被告人在遭受刑讯逼供等非法侵犯之后作出的供述,无论是否符合客观真实情况,都应当予以排除。如果非法证据排除规则只排除经审查不符合客观真实情况的证据,这一规则就不应当称之为“非法证据排除规则”,而应当称之为“非真实证据排除规则”。

最后,“举证责任倒置”现象应当纠正。“举证责任倒置”现象也就是将证明取证程序违法的举证责任加之于被告人一方的现象。刑事诉讼法明文规定,证明取证程序合法的责任应当由公诉人承担。被告人及其辩护人既不承担证明取证程序合法的责任,也不承担证明取证程序违法的责任。被告人一方只需要提供存在违法取证情形的线索或材料。从证明责任分配的角度而言,被告方的这一责任连“举证责任”都谈不上,最多可以称之为“质疑责任”,也就是对取证程序的合法性质疑即可。因为“举证责任”对应的证明标准为“表面可信”,也就是其举出的证据应当使人一看就相信可能真的有这么回事。但是非法证据排除规则对被告人一方的责任要求没有这么高,无论案件线索或材料是否能让人对非法取证情形的存在一看就相信真的有这么回事,只要按照法律规定提出了线索,法院就应当启动非法证据排除程序,对控方提交的证据合法性进行审查。因此,一旦启动了非法证据排除程序,法院判决中就应当努力说明,控方举出了何种证据以证明其提交的证据的合法性,而不得以任何表述使人认为该案仅仅是由于辩护方没有提供证据才导致其申请未获支持。

(二)毒树之果原理必须确立,否则非法证据排除规则会在很大程度上遭到规避

实践表明,根据违法行为获得的第一手证据而间接获得第二手证据的情形比较普遍;有些案件中第二手证据虽然表面上似乎与第一手证据并无直接关联,但实际上与违法行为本身有着不可分割的因果联系。这一问题集中显示于刑讯逼供类的案件,虽然并不仅限于此类案件。在刑讯逼供案件中,犯罪嫌疑人由于刑讯逼供而作出了供述,这一供述本身的违法性不言而喻,有时候也能勉强被排除;但是一个嫌疑人在第一次供述之后,再次对其进行讯问时,由于之前已经遭到刑讯逼供,其对之前的恐怖遭遇心有余悸,或者担心再次遭受刑讯逼供,往往会继续作出供述。在此情形下,如果只排除刑讯逼供时作出的供述,不排除之后没有刑讯逼供时作出的供述,则非法证据排除规则在此类案件中将失去震慑效果。当然,不能说刑讯逼供得到的供述一定是虚假的供述。很多情况下,刑讯逼供获得的供述也是真实的。因此,不能排除这种情形:犯罪嫌疑人在遭受刑讯逼供后作出了真实的供述,该供述也与案内其他证据相互印证;因此在第二次、第三次以及此后的所有讯问中,自知无法抵赖,虽然没有刑讯逼供也作出了供述。在此情形下,这些二次供述也应当予以排除。因为,如前所述,非法证据排除规则的目的之一是约束政府权力,保障公民基本人权。所以,只要基本人权受到了侵犯,就应当提供非法

证据排除这一救济，而无论其是否是犯罪分子、所供内容是否真实。如果只要犯罪嫌疑人供述内容真实、与案内其他证据相互印证，对于二次供述就可以不排除，则将使非法证据排除规则丧失部分甚至主要功效。

（三）“证据分类型”排除规则必然存在漏洞，“权利分类型”排除规则是将来的方向

我国非法证据排除规则秉承过去一贯的传统，以“证据分类”为基础进行排除，并将重点放在非法获得的言词证据这一证据类型。这一做法虽然也有一定的可取之处，那就是对于非法证据排除的证据种类范围方便加以限定；但是这一做法却存在更大的弊端。其中最重要的便是，它对于权利保护目的的实现实际上并无帮助。如本书反复指出，非法证据排除规则的主要目的、根本目的乃是震慑执法人员的违法行为并为基本权利受到侵犯的公民提供救济。既然如此，非法证据排除规则就理所应当根据权利的不同类型来加以设计，从而避免挂一漏万。只有以权利类型为基础来设计非法证据排除规则，该规则才有可能对所保护的权利起到完善、周到的保护作用。以反对强迫自证其罪的权利为例，该权利所禁止的是强迫自证其罪，因此凡是以强迫的、非自愿的方式获得的证据，无论其属于言词证据还是实物证据，都应当予以排除，这项权利才可能得到完整的保护。

以权利分类为基础设置的非法证据排除规则也有助于解决两种不同的毒树之果问题。毒树之果最开始着眼于间接渊源于违法行为的证据，例如根据供述找到的作案工具如杀人凶器等。但是毒树之果并不限于间接渊源于违法行为的证据；相反，直接渊源于违法行为的证据也属于毒树之果。该理论之所以最初强调间接渊源于违法行为的证据也要排除，是因为直接渊源于违法行为的证据属于毒树之果从而需要排除是毋庸置疑的，是一目了然的，所以只需要强调间接

渊源于违法行为的证据,不需要强调直接渊源于违法行为的证据;不强调并不等于直接渊源于违法行为的证据就不是毒树之果。以权利分类为基础的非法证据排除规则,既可以解决间接渊源于违法行为的非法证据排除问题,例如“二次供述”“多次供述”、根据供述找到的其他证据等问题;也可以解决直接渊源于违法行为但不属于“言词证据”的情形,例如通过违法采取强制措施获得的供述,根据目前刑事诉讼法的规定就很难排除,但若是以权利分类为基础来设计非法证据排除规则就可以排除。

结　语

本书研究显示,不仅有超过 9%的案件被告人成功地排除了非法证据,而且在排除非法证据的案件中,多达 12%的案件被告人获得了无罪释放,另有 7%的案件被告人部分指控未获得认定,这意味着总体上有 19%的被告人通过非法证据排除获得了无罪的认定! 这些数据表明,即使在排除非法证据导致对被告人无法定罪时,人民法院也仍然会选择将非法证据予以排除,这明显体现了保障无辜者不受错误追究的观念在个案中对防范有罪者被错误放纵观念的胜利! 仅仅从判决书上我们无法得知那些被宣告无罪的被告人事实上究竟是否有罪,不过即使个别有罪者因此而逃脱惩罚,也是在法律规定所允许的范围内,至少是为实现保障无辜者不受错误追究这一价值目标在现实层面上必然付出的代价。从我国非法证据排除规则更强调无辜者不受错误追究这一实体目标的初衷来看,有罪者最终也在这一观念之下附带性地获得了保护。

除了保障无辜者不受错误追究,非法证据排除规则更重要的功能应当体现在约束国家权力、震慑执法人员的违法行为等方面。在这些方面，即使执法人员侵犯的犯罪嫌疑人、被告人属于事实上的有罪者，非法证据排除规则也不得有所避让。但恰恰在这一问题上，我们的结论并不乐观。因为，“印证故合法”“稳定故合法”等“真实故合法”现象的存在，以及间接渊源于违法行为的毒树之果普遍不被排除，反而被用来证明直接渊源于违法行为的证据的取证程序也合法的荒唐做法，恰恰说明我们司法实务中非法证据排除规则适用得仍然不够彻底，即当审判人员认定被告人供述真实、事实上实施了被指控的犯罪时，就有可能不顾违法取证情形的存在，而将本应排除的非法证据不予排除。这也说明，在我国的语境下，有罪者确实只是在罪责存疑时方能得到更多关照，而在罪责无疑的情况下，将很难享受到非法证据排除规则所提供的保护。

显而易见，一个以保障无辜者不受错误追究为终极关怀的非法证据排除规则，必然只有在无辜者处于被错误追究的危险境地时才能发挥其作用与功效；这样的排除规则固然也能起到保障人权的作用，但是可能会局限在无辜者不被错误追究这一比较狭隘的领域。本书的研究恰恰证实了上述命题的正确性。事实证明，当事实上的有罪者也提出非法证据排除申请时，其获得支持的可能性将会大大降低；与此同时，为了实现打击犯罪的目标，司法者在考虑、论证有关非法证据排除问题时，对于争议证据的真实性问题可能会给予过多的考虑，而对于收集证据本身的过程却有所忽略。本书认为，非法证据排除规则的完善，应当从变革非法证据排除规则只是为了保障无辜者不受错误追究这一逻辑起点开始。只有当人们从观念上确立了有罪者也应当平等地享受非法证据排除规则的保护时，这一规则的实施才有可能步入新的纪元。

第六章　疲劳审讯的认定与界定

——以817个实务案例为基础的展开

2013年最高人民法院发布的《关于建立健全防范刑事冤假错案工作机制的意见》第8条规定，以疲劳审讯方式获得的供述应当予以排除。在汉语中，“疲劳”的最基本含义，是指“因体力或脑力消耗过多而需要休息”[1]。在日常生活中，当人们说自己已经“疲劳”时，通常并不需要解释何为“疲劳”，听众就能知道陈述人所说的“疲劳”的含义。但是，作为一个法律规则，尤其是涉及法律将疲劳审讯规定为非法取证行为的场合，对疲劳的界定就十分关键。“因体力或脑力消耗过多而需要休息”这一定义，本身就包含了“消耗过多”这一量的因素。什么是“消耗过多”，就成为疲劳定义中的关键要素。然而，对于这一关键问题，无论是立法还是实务均未给出明确答案。

维特根斯坦指出：“把我们的表达弄得更精确，就可以消除一些误解。”[2]对作为非法证据排除规则关键词之一的疲劳审讯，在概念上达致精确以便消除误解显然是十分重要的。维特根斯坦还指出：

---

〔1〕 中国社会科学院语言研究所词典编辑室编辑：《现代汉语词典》，商务印书馆1999年版，第966页。该词典对“疲劳”给出的第二个义项是：“因运动过度或刺激过强，细胞、组织或器官的机能或反应能力减弱：听觉疲劳/肌肉疲劳。”第三个义项是：“因外力过强或作用时间过久而不能继续起正常的反应：弹性疲劳/磁性疲劳。”就疲劳审讯而言，本书取其第一个义项。

〔2〕 〔奥〕维特根斯坦：《哲学研究》，陈嘉映译，商务印书馆2016年版，第47页。

"一个词的意义是它在语言中的用法。"〔3〕不问意义，只问用法，就成为《哲学研究》一书一以贯之的核心命题。本书认为，意义会在用法中体现，用法也会标记意义的边界。对于一个本身包含了量的因素的概念，仅仅在语法或逻辑上去界定它的边界既是不恰当的，也是不可能的。相反，只有当我们把目光聚焦于实务，在取得充分样本的基础上对这一概念在实际使用中的状况加以详细的考察，才有可能了解到这一概念在实际运用过程中人们赋予它的意义，以及对它所作的概念标记，和对它在量的边界上的期待。

基于这一认识，本章试图以统计学方法对疲劳审讯作一研究。"统计学通过数据获取真知灼见并且得出结论，所用的工具是图表和计算。"〔4〕本研究就是通过对有关疲劳审讯案例数据的分析和计算，获得有关疲劳审讯的真知灼见。具体而言，本研究试图通过对有关疲劳审讯的案例数据加以分析，以求得对"疲劳审讯"这一概念在实际使用中的具体含义的理解，并从足够数量的日常使用中概括出这一概念在刑事诉讼这一场域为人们所普遍接受的含义，从而更为准确地界定其意义边界，为完善立法和推动司法进步提供更具可操作性的规则和建议。

一、总体数据的基本分析

（一）数据来源

"任何统计研究中最重要的事，就是数据的来源。"〔5〕本研究使

---

〔3〕　同前注2，第24页。

〔4〕　〔美〕戴维·穆尔、〔美〕威廉·诺茨：《统计学的世界（第八版）》（上），郑磊译，中信出版社2017年版，第vii页。

〔5〕　同前注4，第ix页。

用的数据直接来源于中国裁判文书网。[6] 根据最高人民法院2013年11月21日发布的《最高人民法院关于人民法院在互联网公布裁判文书的规定》,除法律另有规定的以外,裁判文书将全部在中国裁判文书网上公布。因此,中国裁判文书网是最高人民法院发布全国各级人民法院判决的官方网站,是目前中国最权威、囊括案例范围最全面的案例数据库网站。在该数据库检索采集的相关案例数据,接近并大致相当于数据总体。因此,本研究并非通过抽样调查来推断总体,而是直接对总体进行观察和分析。

(二)疲劳审讯案例的年份分布

本研究检索使用的关键词是"疲劳审讯""疲劳讯问"和"疲劳询问"。检索共获得刑事案例817件。除2012年、2018年均各有1件以外,2013—2017年各年份的案件数分别为16件、173件、133件、233件和260件。2013年之前的案件数量很少,显然是因为:第一,最高司法机关在2013年才首次明确疲劳审讯获得的供述应当排除;以及第二,最高人民法院从2013年7月才发布裁判文书上网公布的暂行办法。从2014年到2017年这四年间,有关疲劳审讯的案例数量几乎是逐年增加的。这说明规则生效后越来越多的被告人和辩护人运用这一规则来为被告人辩护。2018年只录得一个案件是因为本研究对案例数据检索的时间截止于2018年1月底。如果不出意外,2018年有关疲劳审讯的案件应当在260件以上。当然,即使有所下降,应当也不会非常明显;即使有增长,空间也可能已经十分有限。

(三)排除/不排除的样本案例

本研究仅涉及因疲劳审讯而排除争议证据的案件。在此需要界

---

[6] 中国裁判文书网(http://wenshu.court.gov.cn/Index),访问日期:2018年2月2日。

定何为“因疲劳审讯而排除证据”。本书认为,只要被告方提出的疲劳审讯这一事由影响到法官对争议证据的采用,换句话说只要疲劳审讯这一排除证据理由对争议证据的排除做出了贡献,即属于因疲劳审讯而排除证据的情形。需要指出的是,在研究收集到的案例样本中,有些案件被告方是以多种理由提出非法证据排除申请的。对于这些案件,法官在审查后对于被告方的理由有的全部予以肯定,有的仅认可疲劳审讯。无论何种情形,只要法官在排除证据时陈述了疲劳审讯这一种理由,就认为是因疲劳审讯而排除非法证据的案例。

经统计,在 817 个因涉及疲劳审讯而提出非法证据排除申请的案例中,最终成功排除非法证据的案件共有 85 件,占总数的 10.40%。不排除的案件共有 732 件,占总数的 89.60%。其中,律师仅以疲劳审讯为由提出非法证据排除申请的案件共有 406 件,占全部案件的 49.69%。法院经审查后,以疲劳审讯为由将证据予以排除的案件共有 72 件,占全部案件的 8.81%,占所有被排除案件的 84.71%。可见,因疲劳审讯而排除非法证据的案件数在样本总体中所占比例并不低。本研究对纯粹因疲劳审讯而排除证据的案件也作了统计。所谓纯粹因疲劳审讯而排除证据,就是指法院在经过审理后,在判决书中明确宣布存在疲劳审讯,且仅仅因疲劳审讯这一单独的理由而将争议证据予以排除的情形。有时候,一个案件可能排除了多个证据,其中一些证据是因为疲劳审讯之外的理由排除的,但有的证据则纯粹是因为疲劳审讯而排除,这类案件也属于纯粹因疲劳审讯而排除的案件。经统计,这类案件共有 49 件,占全部因疲劳审讯而排除证据案件总数的 72.22%。经核对,这 49 个案件都包含在被告方仅以疲劳审讯为由要求排除非法证据的 406 个案件中,以该 406 个案件为基数,排除的比率为12.07%,高于包含了其他理由的案件。可见,实务中纯粹以疲劳审讯为由而排除争议证据的情形并不罕见;疲劳审讯结合其他理由申请排除非法证据并不会提高申请成功的概率。

(四)定罪/不定罪样本案例

在最终因取证程序违法而导致非法证据被排除的案件中,如果被告人仍然全部被定罪,则表明实务中可能存在这样的倾向:只有当排除非法证据不影响定罪时,法官们才会勇敢地将争议证据作为非法证据加以排除。本书的研究表明,在全部数据中,被告人最终被判决无罪的案件共计 21 件,占全部案件总数的 5%。其中包括部分指控被判决无罪的案件 7 件,共同被告中部分被告人被判决无罪的案件 1 件。这说明,如果疲劳审讯的证据比较充分,事实比较明显,即使由于争议证据被排除而导致被告人被无罪释放,法官们仍然会选择将证据予以排除。当然,实务中也不乏这样的情形:一方面,仍然可能有法官因为担心争议证据被排除导致被告人被无罪释放而拒绝排除证据;另一方面,也可能由于即使排除了争议证据也不影响对被告人的定罪,而致使法官毫无顾忌地排除了证据。

应当说,有关疲劳审讯的规定在实践中的表现还是差强人意的,在大多数案件中,法官该排除的还是排除了,并且该宣告无罪的也宣告无罪了,并不存在应当排除而不排除乃至应当宣告无罪而不宣告无罪的普遍情形。例如,在赖某某贪污案(案例 504)中〔7〕,被告人提出:办案人员对我 24 小时监控,多次连哄带骗、辱骂逼供,疲劳审讯,白天审晚上也审,审讯的时候我晕倒了,不按他们的意图供述他们不肯罢休,所以我被逼无奈才说谎,违心供认贪污。法院经审查后,直接判定公诉机关指控被告人贪污罪事实不清、证据不足,罪名不能成立。又如,在徐瑞华受贿案(案例 117)中,法院判决指出:“被告人徐瑞华是 2013 年 6 月 27 日中午 12 时 30 分被检察机关工

〔7〕 为方便读者核对,本书在引用案例时一律以裁判文书网上的案例标题为准。括号内的案例编号则是按照检索结果出现的先后顺序添加。

作人员带到检察院，下午4时47分进入讯问室，一直到2013年6月29日凌晨4时06分离开讯问室送往看守所羁押，长达近36小时没有休息。从进入讯问室到第一份笔录形成也长达24小时。徐瑞华在上述时间内一直在讯问室内接受讯问，没有休息。其间，徐瑞华供述了其收受吴作富贿赂款的事实。因侦查机关在被告人徐瑞华被刑事拘留前的讯问是连续讯问，没有给予被告人必要的休息时间，不符合（2012年）《刑事诉讼法》第117条第3款的规定，该时间段取得的被告人徐瑞华关于收受吴作富贿赂的供述，程序上存在瑕疵，不宜采纳。又因徐瑞华被刑事拘留后对该情节即予否认，故该起事实证据不足，不予认定。”

但在研究中，我们也发现有个别法院表现出比较明显的拒绝适用非法证据排除规则的倾向。例如，在刘高清受贿案（案例265）中，被告人及辩护人以侦查程序严重违法、对刘高清非法限制人身自由长达50小时、随后的指定居所监视居住属于变相羁押等为由提出非法证据排除申请。法院经审查后认定，“……刘高清于2014年5月30日17时因涉嫌受贿被检察机关通知接受询问，5月31日12时24分至12时53分接受调查，当天自书供认收受邱某贿送人民币10万元的事实，检察机关即于当日决定对刘高清涉嫌受贿罪一案立案侦查，依法传唤刘高清并延长传唤期限至24小时，6月1日对其变更强制措施为指定居所监视居住，6月5日传唤并予以刑事拘留，开始对其进行讯问。上述过程显示检察机关的侦查活动并未违反《刑事诉讼法》及《最高检规则（试行）》的规定，故上诉人即辩护人提出的该辩护意见不予采纳”。从该案判决书中的上述表述来看，该案犯罪嫌疑人先是接受了19小时的“询问”，之后又接受了约半个小时的“调查”，才在当天（不知何时）“自书”了受贿事实；之后侦查机关又对其进行了24小时的“传唤”，到6月5日刑事拘留以后才开始“讯问”,所以“未违反《刑事诉讼法》及《最高检规则(试行)》的规定”。众所周知,所谓“询问”“调查”“传唤”,其实就是拘禁;没有任何手续且持续时间那么长,本质上就是非法拘禁加疲劳审讯。法院判决就是在玩文字游戏。对于这类案件,我们只能认为,法官因担心排除证据可能影响定罪,故对于显然属于疲劳审讯获得的供述,最终却拒绝排除。

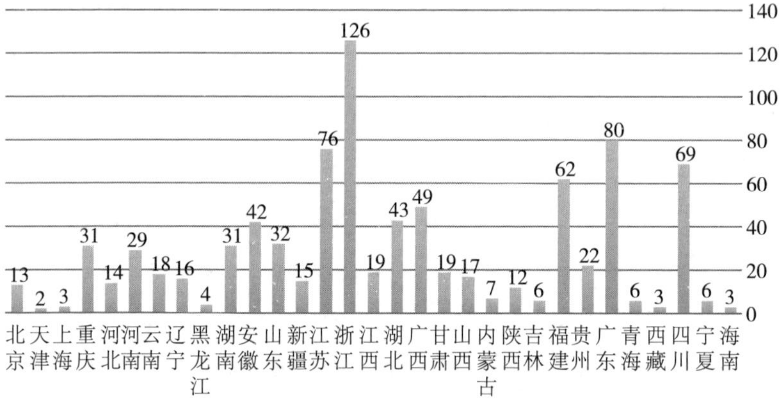

图 6-1　疲劳审讯案例的地理分布(件)

(五)地域分布

本书的研究表明,疲劳审讯案例的地理分布与中国的人口密度分布基本吻合(见图 6-1)。不过,以人口密度来解释疲劳审讯的案例分布只是从总体上解释疲劳审讯案例数据的地理分布,却无法解释为什么在人口密度同样高的广东、河南、江苏等省,其疲劳审讯案例数量明显少于浙江省。当然,总有一两个省份在相关案例上数字最大,因此表面上看似乎不值得大惊小怪。但是浙江省的数字大得出奇。以 2016 年为例,浙江省人口一共有 5590 万,江苏省人口为 7999 万,广东省人口为 1.1 亿。2016 年,浙江省 GDP 总量为 4.73 万亿元,人均 GDP 为 8.49 万元;江苏省 GDP 为 7.74 万亿元,人均 GDP

为9.69万元;广东省GDP为8.09万亿元,人均GDP为7.40万元。[8] 在这三个疲劳审讯案例最多的省份,无论按人口总数还是按GDP总量排名,浙江省都只能排第三;如果按GDP人均排名,浙江省也只能排第二。但是,其疲劳审讯的案例数,却高居第一,且比第二名多出57.50%,比第三名多出65.79%。在统计学上,浙江省的数字无疑具有显著性。所谓显著,就是引人注目。[9] 引人注目,就需要解释。本书认为,对于浙江省高居疲劳审讯案例数据之榜首这一现象,最合理的解释是,浙江省比其他省份更多地纵容了疲劳审讯这一侦查手段的使用。

二、疲劳审讯的性质:理论与实务的见解

疲劳审讯的性质关乎是否构成疲劳审讯的判断,因此,尽管它表面上和疲劳审讯的认定与界定无关,实际上却属于对疲劳审讯概念的前提性理解。如海德格尔所言:“解释从来不是对先行给定的东西所作的无前提的把握……最先的有典可稽的东西,原不过是解释者的不言而喻、无可争议的先入之见。”[10] 因此,在正式探讨疲劳审讯的认定与界定之前,本部分先对疲劳审讯的性质作一观察与讨论。

(一)司法解释规定与理论见解

在国际人权法上,疲劳审讯是不同于刑讯逼供的概念。总体而言,刑讯逼供与酷刑属于同一概念,在酷刑之外,还有残忍与不人道待遇、侮辱性待遇等概念。其区别主要在于:第一,酷刑强调对受刑对象造成精神上或肉体上剧烈的疼痛或痛苦,而不人道待遇、侮辱性

[8] 参见国家统计局官方网站(http://data.stats.gov.cn/easyquery.htm? cn=E0103),访问日期:2018年3月8日。

[9] 参见李连江:《戏说统计》,中国政法大学出版社2017年版,第166页。

[10] 〔德〕马丁·海德格尔:《存在与时间》,陈嘉映、王庆节译,生活·读书·新知三联书店2015年版,第176页。

待遇则不要求一定要达到剧烈疼痛或痛苦的程度;第二,酷刑常常伴随着逼取口供这一目的,而不人道待遇或侮辱性待遇则并无目的性要求。[11] 但是,如何根据造成痛苦的剧烈程度将残忍、不人道待遇从酷刑中区分出来,一直是一个困难的问题。从国际人权法的实际运作来看,有些被当作残忍或不人道待遇的事项,其所造成的肉体或精神痛苦其实并不亚于酷刑。例如,联合国人权事务委员会曾将被迫蒙眼站立 35 小时或一动不动坐几天的做法称为不人道待遇和侮辱性待遇;逮捕以后连续几天不给食物和饮水的做法也被认定为不人道待遇;但在另一些案件中,人权事务委员会又认为残割女性生殖器的做法也属于残忍与不人道待遇。[12] 可见,刑讯逼供(酷刑)与残忍、不人道待遇及侮辱性待遇的区分显然并不简单。

我国最高人民法院 2013 年发布的《关于建立健全防范刑事冤假错案工作机制的意见》第 8 条第 1 款规定:“采用刑讯逼供或者冻、饿、晒、烤、疲劳审讯等非法方法收集的被告人供述,应当排除。”从该规定的表述来看,最高人民法院是将刑讯逼供与冻、饿、晒、烤及疲劳审讯区别对待的,刑讯逼供并不包含冻、饿、晒、烤和疲劳审讯等方法;冻、饿、晒、烤、疲劳审讯等方法虽然和刑讯逼供有联系——都会造成犯罪嫌疑人肉体上或精神上的疼痛或痛苦——但是并不属于刑讯逼供方法,因而都属于与刑讯逼供并列的方法。

但在理论上,对于疲劳审讯与刑讯逼供的关系,却存在不同的解释方案。主流观点认为,疲劳审讯和冻、饿、晒、烤一样,都是刑讯逼供的特殊方式。例如,《中华人民共和国刑事诉讼法修改与适用》一书明确指出:“刑讯逼供既包括暴力殴打犯罪嫌疑人以逼取口

---

〔11〕〔奥〕曼弗雷德·诺瓦克:《公民权利和政治权利国际公约评注》(修订第二版),孙世彦、毕小青译,生活·读书·新知三联书店 2008 年版,第 167 页。

〔12〕同前注 11,第 170、171、192 页。

供,也包括以冻、饿、长时间不让睡眠等虐待方式逼取口供。”〔13〕《2012刑事诉讼法修改条文理解与适用》一书也主张:“应当对刑讯逼供等非法方法作扩张解释,不仅包括肉刑,还应包括各种变相刑讯和精神折磨等手段。”〔14〕当然,也有一些学者认为,疲劳审讯是不同于刑讯逼供的违法取证方式,属于《刑事诉讼法》第50条所规定的“刑讯逼供”以外的“其他方法”。〔15〕

(二)实务中的三种模式

在实务案例中,对于疲劳审讯的性质认定,存在三种不同的模式。第一种模式认为疲劳审讯不都属于刑讯逼供,只有达到剧烈疼痛或痛苦程度的疲劳审讯才属于刑讯逼供,才会导致争议证据的排除。该模式实际上将疲劳审讯区分为“一般疲劳审讯”和“重度疲劳审讯”两种类型。前者因不具备刑讯逼供的剧烈程度而不被认定为疲劳审讯,后者则因具备刑讯逼供的剧烈程度而被认定为疲劳审讯。例如,在胡海受贿案(案例187)中,法院判决指出:“侦查人员虽存在一定程度疲劳审讯的情形,但并未达到使胡海肉体上或精神上遭受剧烈疼痛或者痛苦的程度,胡海供述时神态自然,有罪供述的内容并不违背其意愿。故胡海在侦查期间的供述可以作为定案证据使用。”樊某受贿案(案例418)判决指出:“经本院查看录像,侦查人员在侦查过程中的确存在疲劳审讯的情形,但并未达到使樊某肉体上或者精神上遭受剧烈疼痛或痛苦的程度,樊某供述时神志清醒,表述自然,有罪供述的内容并不违背其意愿。”这两份判决几乎如出一辙,

---

〔13〕郎胜主编:《中华人民共和国刑事诉讼法修改与适用》,新华出版社2012年版,第117页。

〔14〕陈卫东主编:《2012刑事诉讼法修改条文理解与适用》,中国法制出版社2012年版,第83页。

〔15〕参见马婷婷:《论疲劳审讯的界定及防治路径》,载《山东警察学院学报》2017年第5期。

一方面均承认有疲劳审讯,但另一方面又认为该案中的疲劳审讯未达到让被告人违背意愿供述的程度,其供述仍属自愿。这就在实务中创造了一个有关疲劳审讯非法证据排除的两步走规则:第一步,先判断是否存在疲劳审讯;第二步,在认定为疲劳审讯的基础上再进一步判断疲劳审讯的程度是否足以达到使犯罪嫌疑人违背意愿供述的程度。

第二种模式认为疲劳审讯就是刑讯逼供的一种方法,与刑讯逼供并无区别。在这种模式之下,审判人员不直接对是否构成疲劳审讯作出判断,而是考察案件中审讯的强烈程度是否达到与刑讯逼供相当的程度,即是否造成肉体上或精神上剧烈的疼痛或痛苦。如认为已经达到使人在肉体上或精神上剧烈疼痛或痛苦的程度,则认定为疲劳审讯;如认为尚未达到使人在肉体上或精神上剧烈疼痛或痛苦的程度,则不认定为疲劳审讯。例如,在刘军谊受贿案(案件301)中,被告人刘军谊及辩护人根据办案人员提供的抓获经过和调查笔录、讯问笔录、询问通知书等证据,提出办案人员于2014年8月19日17时至次日7时3分对被告人进行连续讯问,时间超过12小时,属于疲劳审讯。针对该项主张,北京市第二中级人民法院判决指出:“刑事诉讼法及相关司法文件未禁止夜间审讯或询问,亦未具体规定认定疲劳审讯的时长标准,是否属于疲劳审讯应当依据审讯的违法程度和对犯罪嫌疑人的强迫程度与刑讯逼供或者暴力、威胁相当而迫使其违背意愿供述的标准加以判断。”又如,在廖俊达抢劫案(案例343)中,法院认定:“廖俊达被抓获后的24小时中,侦查人员两次审讯活动时间之和不到13小时,不足以使廖俊达在肉体上或者精神上遭受到剧烈疼痛或者痛苦……故该次讯问笔录不是非法证据,不予排除。”

第三种模式则将疲劳审讯作为独立于刑讯逼供的违法取证手

段,并将有无疲劳审讯单独作为是否排除非法证据的直接依据。前两种模式虽然也有区别,但共同之处在于都将是否使人在肉体上或精神上剧烈疼痛或痛苦作为判断是否排除争议证据的前提。第三种模式与第一种模式也有相似之处,那就是,都将疲劳审讯作为刑讯逼供以外的方法来对待。不过,第三种模式不需要判断审讯是否造成被审讯人精神上或者肉体上剧烈的疼痛或者痛苦,只需要依照常识和经验判断被审讯人是否已经处于疲劳状态。

(三)本书观点

通常而言,轻微的疲劳,或称一般的疲劳,确实不会导致肉体上或精神上剧烈的疼痛或痛苦。只有比较严重的疲劳,或称重度的疲劳,才会导致肉体上和精神上剧烈的疼痛或痛苦。但是,轻微的疲劳审讯,实际上是对犯罪嫌疑人的一种不人道待遇或侮辱性待遇,也是对犯罪嫌疑人基本人权的侵犯。最高人民法院增加冻、饿、晒、烤和疲劳审讯作为应当排除的规定,很可能意在除了禁止刑讯逼供这种重度侵犯人权的行为,同时也要禁止冻、饿、晒、烤和疲劳审讯这些轻度侵犯人权的行为。若如此,则疲劳审讯就属于不同于刑讯逼供的手段,应当单独加以考虑。当然,最高人民法院规则的本意,也可能是将轻微的、微不足道的疲劳审讯排除在外,只有重度的疲劳审讯,才属于最高人民法院规则中的疲劳审讯。它有点类似于《刑法》第 13 条关于犯罪的定义,只是《刑法》第 13 条有一个但书规定,而最高人民法院的规则省略了但书规定,但却包含了但书的含义。其规则的含义,就是指对造成精神上或者肉体上剧烈疼痛或者痛苦的疲劳审讯,应当加以禁止。这也是为什么理论上普遍将疲劳审讯作为变相刑讯逼供的原因。实际上,由于刑讯逼供本身就包含了肉体上或者精神上剧烈疼痛或者痛苦这一模糊指标,是否是疲劳审讯则是判断是否是刑讯逼供的一个亮线规则。换句话说,最高人民法院的本意无非是为刑讯逼供这种包罗万象的取证行为概括出几种不同的类型,只要侦查人员的行为被认定为冻、饿、晒、烤、疲劳审讯这几种类型,就应当认定为刑讯逼供。

就以上观点来看,实务中第一种模式的优点在于,它进一步将疲劳审讯区分为轻微疲劳审讯和重度疲劳审讯两种类型,并将重度疲劳审讯归类为刑讯逼供。但其问题在于,根据规则,刑讯逼供要达到使犯罪嫌疑人、被告人肉体上、精神上"剧烈"疼痛或痛苦的程度,这一定义本身已经包含了"剧烈"这一量的因素,如果再将疲劳审讯作为刑讯逼供的一种方法,就会如胡海受贿案(案例 187)所判决的那样,对"疲劳"的程度再行加以判断,以认定是否达到"剧烈"疼痛或痛苦的程度。这样一来,就会出现一方面宣布为疲劳审讯,另一方面又拒绝排除证据的矛盾结论,破坏法律规则的内在统一性,减损最高人民法院的权威性。

第二种模式的优点在于,审判人员直接将疲劳审讯等同于刑讯逼供,因此采用与刑讯逼供相同的审查方法,并以刑讯逼供的标准来衡量审讯的强度,以此判断是否构成疲劳审讯。这与最高人民法院颁布的规则在精神上是方向一致的。与第一种模式相比,第二种模式只有一个步骤,显然更加简单,也不会出现第一种模式中一方面认定为疲劳审讯另一方面又拒绝将争议证据作为非法证据加以排除的尴尬局面。其问题在于,它虽然表面上省略了第一种模式中的第一个步骤,但仍然坚持第一种模式中的第二个步骤,仍然要判断疲劳审讯是否达到造成犯罪嫌疑人肉体上或精神上剧烈疼痛或痛苦的程度,这又在一定程度上偏离了将疲劳审讯作为判断是否构成刑讯逼供依据的初衷。

本书赞成第三种模式,只问是否构成疲劳审讯,不问是否造成肉体上或精神上的剧烈疼痛或痛苦。因为,如果禁止疲劳审讯的目的在于保护犯罪嫌疑人的人格尊严，保护其不受不人道待遇或侮辱性待遇，则只要属于疲劳审讯，相应的供述就应当排除。如果疲劳审讯本身就是刑讯逼供的一种判断手段，则只要认定为疲劳审讯，就应当认为已经达到使人在肉体上或精神上剧烈疼痛或痛苦的程度；是否疲劳就是判断肉体上和精神上的疼痛或痛苦是否剧烈的指标。而不是反过来，先判断是否造成肉体上或精神上的剧烈疼痛或痛苦，再判断是否构成疲劳审讯。

三、疲劳审讯的认定：基本变量

既然是否构成疲劳审讯就是判断供述是否应当排除的具体标准和直接依据，如何判断疲劳审讯就成为关键。这正是本研究的任务所在。实务上，决定一场审讯是否是疲劳审讯，主要取决于三个变量：持续时间、起止时间（是否跨夜间审讯）以及被审讯者的生理和精神状态。其中，前两个因素又发挥着决定性作用。

（一）持续时间

对于第一个变量，我们首先需要明确界定连续审讯的含义。就本书的研究目的而言，连续审讯仅仅意味着：被讯问人已经被置于被讯问的境地，在此时间点之后他没有得到不间断的、充足的休息，而只能接受讯问或准备、等待接受讯问。它并不意味着侦查人员在审讯期间必须不间断地向被讯问人发问。通常而言，一个人被置于审讯室或其他审讯地点之后，即使讯问没有立即开始，其等候讯问也应当视为处于被讯问的状态。另外，审讯开始后，即使有中断，只要被讯问人一直被迫处于清醒状态，或者短暂入睡后立即被叫醒/吵醒，亦应视为仍处于被讯问状态。

其次，解释一下本研究获取持续时间这一变量的方法。由于不可能获得详细的案卷，研究者只能将检索获得的全部判决书加以通读,并从判决书对于事实的描述中获取有关审讯持续时间的信息。可惜,只有不到一半的判决书详细描述了被告方提出的疲劳审讯涉及的审讯持续的时间,以及法院经审查后认定的审讯持续的时间。其中有些判决书只有审讯的持续时间,没有起止时间;有些判决书则详细列明了审讯的起止时间。有些判决书虽然只是笼统地提到被告方认为有疲劳审讯,但还是在认定事实部分对法院认定的审讯时间作了描述。对于这些案件,我们都将它们当作有明确审讯时间的案例来对待(共 238 件)。应当承认,这种通过判决书来观察是否存在疲劳审讯的做法是存在一定缺陷的。但除此以外,其实并没有比这更好的可行办法。

最后,为了研究疲劳审讯在实务中的认定,本研究把审讯时长分为几个阶梯:4 小时以下;4—8 小时;8—12 小时;12—16 小时;16—24 小时;24—36 小时;36—48 小时;以及 48 小时以上。在此需要作几点说明:第一,本研究设置的最主要的时间层次为 12 小时、24 小时和 48 小时。这是因为,刑事诉讼存在 12 小时、24 小时、48 小时等时间层次,包括传唤可以合法持续的时间、拘传的时间、留置继续盘问的时间等。第二,之所以将 4 小时作为本研究最小的阶梯单位,是因为 4 是以上所有数字的整数被除数。第三,在上述时间阶梯中,并不是每一个阶梯的时间长度都是相等的。这并不意味着在这些时间长度内的案件数、排除率就不具有可比性。因为本研究的目的是了解疲劳审讯在实务中的具体含义,也就是只需要知道审讯多长时间会被认为是或者认定为疲劳审讯,因此只需要比较在各个时间段内被提出属于疲劳审讯的案件数,以及被认定为疲劳审讯从而将涉案证据作为非法证据予以排除的比例。如果样本数据足够,则即使用 1 分钟和 1 个月进行比较,也是可以的。

在作了上述时间分层以后,我们对检索到的全部案件按照上述时间阶梯作了分类梳理。得到的数据是:4 小时以内被认为是疲劳审讯的案件总数为 100 件,其中被认定为疲劳审讯而排除的案件总数是 12 件,占比为 12. 00%。[16] 4—8 小时以内被认为是疲劳审讯的案件总数为 31 件,其中涉案证据被排除的有 2 件,占比为 6. 45%。8—12 小时的有 22 件,排除的有 2 件,占比为 9. 09%。12—16 小时的有 6 件,排除的有 0 件,占比为 0. 00%。16—24 小时的有 24 件,排除的有 4 件,占比为 16. 67%。24—36 小时的有 17 件,排除的有 6 件,占比为 35. 29%。36—48 小时的有 11 件,排除的有 5 件,占比为 45. 45%。48 小时以上的有 27 件,排除的有 13 件,占比为 48. 15%。

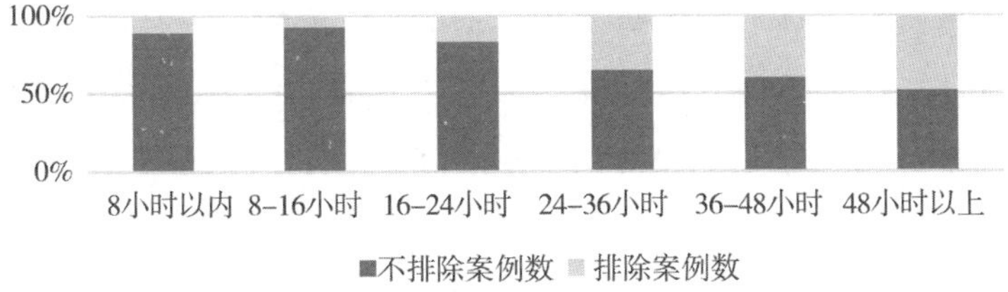

图 6-2 疲劳审讯案件中持续时长与是否排除之关系

我们也对审讯持续时长作了另一个分类,那就是将 24 小时以内的审讯以 8 小时为基本单位,区分为 8 小时以内、8—16 小时和 16—24 小时三个时段;同时将 24 小时以上的仍然以 12 小时为基本单位,区分为 24—36 小时、36—48 小时和 48 小时以上。按照这种区分方式,则 8 小时以内的案件共计 130 件,其中争议证据被排除的有 14 件,占比为 10. 77%。审讯时长在 8—16 小时的案件共有 28 件,其中争议证据被排除的有 2 件,占比为 7. 14%。其他时段内的案件数与排除比例不变。两相比较,后一种区分在图表上会显示得更加清晰(见图 6-2),因此除第一种时长区分以外,本书的分析也会以后一种

〔16〕 为简化表达,本研究将被告方以疲劳审讯为由提出非法证据排除申请的案件,称为"被认为"存在疲劳审讯的案件;人民法院认定存在疲劳审讯的案件,称为"被认定为"疲劳审讯的案件。

区分方法来展开。

数据表明,关于疲劳审讯排除证据的案例分布属于正常分布。也就是说,审讯的时间越长,越容易被认定为疲劳审讯。需要说明的是,这并不是理所当然的。考虑到夜间审讯的因素,完全可能出现审讯时长在4小时以下的排除比例高于审讯时长在8小时以内的排除比例的情形。本研究的确呈现出这一结果。4小时以下的案件被排除的比例为12.00%,4—8小时被排除的比例仅为6.45%,前者是后者的将近2倍。8—12小时的案件排除比例为9.09%,低于0—4小时这个区间,但高于4—8小时和12—16小时这些区间。但如前所述,如果对时长分类略作调整,将24小时以内的审讯时长区分为8小时以内、8—16小时、16—24小时这三个时长阶梯,则时间越长越有可能被认定为疲劳审讯的结论又能成立。这说明:第一,本书的研究结论与人们的预期基本一致。第二,在审讯时长和审讯起止时间这两个变量上,审讯时长显然比起止时间更加重要;如果两者得到叠加,影响自然更大。在具体的时间长度上,审讯时间在48小时以上的,很容易被认定为疲劳审讯。审讯时间在36—48小时的,涉案证据被排除的可能性为45.45%。审讯时间在24—36小时的,排除比例为35.29%。这都属于比较高的排除证据可能性。如果把审讯时间在12小时以上的案件数算在一起,则排除的比例为32.94%。如果把审讯时间在16小时以上的案件数加在一起,排除的比例为35.44%。如果把审讯时间在24小时以上的案件数加在一起,排除的比例为43.64%。

另外,在242个时长明确的案件中,涉及的审讯时间最短的只有20分钟(吴某伪造公司、企业、事业单位、人民团体印章案,案例32)。毫不奇怪,法院没有排除该案争议证据。另一个案件涉及的审讯时长为21分钟(田德茂受贿、贪污案,案例42),法院将该案证据加以排除，但理由并不是疲劳审讯，而是讯问地点不合法。不过，该案判决表明，法院经审理后认定，被告人于 2012 年 10 月 17 日被刑事拘留，当月 21 日 12 时 25 分至 46 分在检察院讯问室作出供述。从法院判决表述的案情来看，该案其实不排除疲劳审讯的可能性，讯问时间也可能完全不止 21 分钟，也许这才是法院将该案被告人供述予以排除的真正原因，只是由于疲劳审讯并无明确的概念界定，法院认为论证起来比较困难，所以挑了一个法院认为规则相对比较明确的理由，将争议证据宣布为非法证据加以排除。最终因疲劳审讯而排除证据的案件中，涉及审讯时间最短的为 52 分钟，发生在夜间（曹观明非法持有毒品案，案例 13）。涉及审讯时间最长的为连续 7 天（7 夜），即 168 小时（韩寿亮、李贞华寻衅滋事案，案例 104）。该案被告人李贞华在法庭上宣称，其在 2013 年 3 月 15 日前连续 7 天受到侦查机关疲劳审讯。法院经审理认为，公诉机关提供的证据不能否定被告人的辩解意见，现有证据能证实被告人确实有连续多日不在监室的情况，故对被告人李贞华于 2013 年 3 月 15 日、16 日所作供述不作为证据使用。

（二）起止时间——夜间审讯

与疲劳审讯密切相关的第二个变量是夜间审讯。当然，“夜间审讯”本身也是需要加以界定的。只有在人们对于事物有比较一致的印象时，彼此之间的语言和交流才能发挥作用。[17] 为便于操作，本研究将发生在或持续到晚上 8 时至次日早上 6 时（20：00—06：00）的审讯界定为“夜间审讯”。

经统计，在持续时长明确的 242 个案例中，涉及夜间审讯的共有 187 件，占比为 77.27%。其中供述被排除的案件一共有 40 件，占全

---

〔17〕〔美〕艾尔·巴比：《社会研究方法》（上册），邱泽奇译，华夏出版社 2000 年版，第 153 页。

部夜间审讯案件数的 21.39%。值得注意的是,在持续时间为 4 小时以下的 100 个案件中,确定属于夜间审讯的有 65 件,占比为 65.00%;确定在白天审讯的有 15 件,审讯时间不确定的有 18 件。如果将具体审讯时间不确定的案件考虑进去,则夜间审讯的比例会更高。这说明,即使在审讯持续时间较短的案件中,涉及夜间审讯的比例也很高。也说明,只要涉及夜间审讯,即使时间很短,也容易引发疲劳审讯的抗议。另外,在持续时间为 4 小时以下但被排除争议证据的案件中,属于夜间审讯的有 8 件,占比为 66.67%。这说明在持续时间较短的审讯当中,夜间审讯更容易使供述被认定为非法而加以排除。最后,在这些审讯持续时间在 4 小时以下的案件中,尽管法院对其中绝大多数的申请都予以拒绝,但是也有个别案例,法院认为夜间审讯这一事实单独就构成疲劳审讯。例如在廖麟、黄崇京等掩饰隐瞒犯罪所得案(案例 692)中,判决书指出,公安机关在深夜审讯,多名犯罪嫌疑人多次在深夜或凌晨被提讯,同步录音录像表明审讯时被告人趴在桌子上睡觉,很没有精神,不排除疲劳审讯的可能性,并将相关证据予以排除。

还有的案件,虽然审讯时间是在白天,但法院关于争议证据不应当排除的理由的表述,也表明夜间审讯更容易被认定为疲劳审讯。例如,有的案件中法院指出:审讯时间不超过 3 小时,且均在白天,故不应认定为疲劳审讯。言下之意就是,如果是在夜间,还是有可能被认定为疲劳审讯的。另外,在吴荣金、程春响敲诈勒索案(案例 8)中,法院判决指出,虽然讯问时间较长,但因是在工作时间进行,因此也不认定为疲劳审讯。就是说,如果不是在工作时间(一般认为夜间属于非工作时间),讯问时间较长是可能被认定为疲劳审讯的。这些案件都说明,是否是夜间审讯,是认定是否是疲劳审讯的一个不可忽略的重要标准。

夜间审讯又可以进一步区分为午夜之前的审讯和午夜之后的审讯。其中,午夜之前的审讯是指晚上 8 时(含)至 12 时(不含)之间的审讯;午夜之后的审讯是指审讯时间发生在或者持续到 24 时(含)之后至次日早上 6 时之间的审讯。经统计,在 187 个涉及夜间审讯的案件中,属于午夜之后的审讯的一共有 148 件,占比为 79.14%;属于午夜之前的审讯的一共有 39 件,占比为 20.86%。其中,在持续时长为 4 小时以内这个阶梯中,属于夜间审讯的有 65 件,其中属于午夜之后审讯的案件共计 44 件,占比为 67.69%;在持续时长为 4—8 小时这个阶梯内,属于夜间审讯的有 23 件,其中属于午夜之后审讯的案件共计 18 件,占比为 78.26%。在午夜之前审讯的 39 个案件中,最终排除的只有 2 个案件,排除的比例为 5.13%;在午夜之后审讯的 148 个案件中,最终排除的有 38 件,排除的比例为 25.68%。在属于夜间审讯且供述被排除的 40 个案件中,38 件属于午夜之后的审讯,占比为 95%。

(三)被审讯者的生理状态

除以上持续时间、起止时间与是否可能被认为是疲劳审讯有关以外,被审讯者的生理状态、精神状态也是影响疲劳审讯是否成立的一个关键要素。这些生理状态包括但不限于被告人是否患有疾病、是否处于饥饿状态、回答问题时思路是否清晰、语言是否流畅、神情是否自然等。有的时候,犯罪嫌疑人的年龄,尤其是高龄犯罪嫌疑人的年龄,也会成为被告方提出抗辩的基础。

四、疲劳审讯的界定:亮线规则

在对比了以上数据之后,本书尝试分别提出两条以亮线规则为主、暗线规则为辅的立法建议。第一,严格禁止夜间审讯;对于午夜之后的审讯,除非例外,一律视为疲劳审讯,所获得的供述(包含二次及多次供述)一律自动排除;对于午夜之前的审讯,则由法官自由裁量认定是否是疲劳审讯。第二,严格禁止持续时间在16小时以上的审讯;凡是持续时间超过16小时的,除非例外,一律视为疲劳审讯,所获得的供述(包含二次及多次供述)一律自动排除;持续时间在16小时以内且并非午夜之后审讯的,是否构成疲劳审讯,由法官自由裁量确定。

(一)什么是亮线规则

所谓亮线规则(bright-line rule)就是指规则比较明确、操作起来基本上不会发生争议的规则。暗线规则(blurry-line rule)就是边界比较模糊,需要执法者在边界模糊之处通过自由裁量权的行使对规则加以适用的规则。亮线规则和暗线规则的区分最早来自美国学者德沃金对美国联邦宪法第四修正案排除规则的评论。德沃金认为,如果一个法律的执行依赖于临时的、富有弹性的、依靠自我意识的事实导向的规则,则排除规则将难以获得真正的实施;相反,既然排除规则的目的在于禁止执法官员的违宪行为,它就应当是清晰的、不含糊的,不容易受怀疑或被规避的,并且很容易被所要吓阻的对象所理解的。[18] 德沃金的上述观点得到第四修正案权威学者拉费弗的大力赞赏,并在多篇论文中极力主张司法机关在解释和适用第四修正案排除规则时应当优先发展亮线规则。[19] 尽管拉费弗的观点也不是没有争议[20],但亮线规则一直得到主流法学界的倡导。

在美国联邦最高法院创制的第四修正案排除规则中,既包括暗

---

〔18〕 Roger B. Dworkin, *Fact Style Adjudication and the Fourth Amendment: The Limits of Lawyering*, 48 Ind. L. J. 329 (1973).

〔19〕 Wayne R. LaFave, *The Fourth Amendment in an Imperfect World: On Drawing "Bright Lines" and "Good Faith"*, 43 U. Pitt. L. Rev. 307 (1982); Wayne R. LaFave, *"Case-by-case Adjudication" versus "Standardized Procedures": The Robinson Dilemma*, Sup. Ct. Rev. 127(1974).

〔20〕 Albert W. Alschuler, *Bright Line Fever and the Fourth Amendment*, 45 U. Pitt. L. Rev. 227 (1984); Craig M. Bradley, *Two Models of the Fourth Amendment*, 83 Mich. L. Rev. 1468 (1985).

线规则,也包含亮线规则。[21] 在供述问题上,则主要存在以第五修正案为基础的米兰达规则[22]、以第六修正案为基础的马塞亚规则[23]和以第五修正案及第十四修正案正当程序条款为基础的自愿性规则。[24] 在上述三个规则中,因为自愿性规则属于逐案审查规则,边界最为模糊,含义最不确定,因此也最声名狼藉。[25] 糟糕的是,疲劳审讯一直都作为影响供述自愿性的一个衡量标准而存在于美国刑事诉讼中;但对于何为疲劳审讯,美国制定法并没有明确规定;美国的判例也没有明确界定,而是采取了逐案审查的做法。在1944年的阿西克莱夫特案[26]、1958年的人民诉斯比克斯案[27]、1959年的斯巴诺诉纽约案[28]以及1960年的布莱克本案[29]中,法院均以供述违反了第十四修正案正当程序条款下的自愿性规则为由宣布其不具有可采性。可见对于疲劳审讯的判断,美国也一直奉行暗线规则。

(二)为什么主张亮线规则

本书之所以主张亮线规则是因为,首先,实务呼唤亮线规则。多个判决指出,法律未对疲劳审讯作出明确界定,从而拒绝了被告方的申请,实际上就是对是否构成疲劳审讯不作出判断,也就是拒绝适用

---

〔21〕 例见:*Chimel v. Belton*, 453 U.S. 752 (1969); *New York v. belton*, 453 U.S. 454 (1981). Joshua Dressler, *Understanding Criminal Procedure*, third edition, LexisNexis, 2003, pp. 38-39。

〔22〕 *Miranda v. Arizona*, 384 U.S. 436 (1966).

〔23〕 *Massiah v. United States*, 377 U.S. 201 (1964).

〔24〕 *Brown v. Mississippi*, 297 U.S. 278 (1936).

〔25〕 Eve Brensike Primus, *The Future of Confession Law: Toward Rules for the Voluntariness Test*, 114 Mich. L. Rev. 1, 2015, p. 2.

〔26〕 *Ashcraft v. State of Tennessee*, 322 U.S. 143 (1944).

〔27〕 *People v. Speaks*, 156 Cal. App. 2d 25, 319 P.2d 709 (1957).

〔28〕 *Spano v. New York*, 360 U.S. 315 (1959).

〔29〕 *Blackburn v. State of Alabama*, 361 U.S. 199 (1960).

疲劳审讯排除规则。例如，在于硕贩卖毒品案（案例336）中，法院指出，“对于疲劳审讯这一概念，目前法律及司法解释均无明确规定，在实践中亦没有可供认定的标准”。在杨振梅、刘建岗诈骗案（案例44）中，法院又指出：“最高人民法院关于何谓疲劳审讯也没有明确界定。”以上案件均说明，疲劳审讯排除规则虽已颁布，但由于对疲劳审讯的界定并不明确，导致实务中很多法官不愿意适用这一规则。比起亮线规则，目前的规则显然属于暗线规则。它在实务中的执行效力，显然是不如亮线规则的。通常而言，一个模糊的暗线规则在实务中如果能执行到60%，则一个明确的亮线规则在实务中能执行到90%以上。二者孰优孰劣，一目了然。诚如哲人所言：“对于眼睛和心灵而言，晦涩总是令人痛苦和不适，而无论付出什么样的辛劳，澄明总是赏心悦目，让人喜不自胜。”〔30〕

其次，正是由于存在着对亮线规则的需求，最高司法机关却没有满足其下级法院的这一需求，其下级法院就会自己臆造出能够满足需要的“亮线规则”；又由于不存在统一的“亮线规则”，就会出现多个不同的“亮线规则”。我们看到，在一些判决中法官凭借自己对刑事诉讼法相关时间期限的规定，将其嫁接在疲劳审讯这一概念上，从而生造出12小时、24小时这些时间期限。例如，陆冠峰玩忽职守、受贿案（案例363）判决指出：“根据辩护人提供的相关线索，不能认定侦查机关具有超过12小时疲劳审讯或刑讯逼供的情形。”该案将12小时作为疲劳审讯的认定标准。杨德术受贿案（案例35）也将12小时作为疲劳审讯的认定标准。戴某受贿、贪污案（案例357）判决则指出：“经公诉机关举证，没有超过24小时的疲劳审讯。”吴某贪污案（案例361）判决指出：“未出现连续询问超过24小时的情况。”这些

〔30〕〔美〕欧内斯特·C.莫斯纳：《大卫·休谟传》，周保巍译，浙江大学出版社2017年版，第13页。

案件均将24小时作为疲劳审讯的认定标准。施土旺受贿案(案例184)判决指出:"对施土旺提审每次连续提审未超过12小时,一天累计提审未超过16小时,不存在疲劳审讯。"该案将一天累计16个小时作为疲劳审讯的认定标准。朱邦贵、黄启勇盗窃案(案例315)判决指出:"人民警察对有违法犯罪嫌疑的人员盘问时间最长为48小时,本案盘问时间上并不违反有关法律的规定。"该案将疲劳审讯的认定标准界定为48小时。还有的法官虽未公布自己的疲劳审讯认定标准,但却在判决书中明确宣布存在这样的标准。例如李敏受贿案(案例148),童建国滥用职权、受贿案(案例146),陈夏林受贿案(案例130),沈慧卿受贿案(案例97),叶再寿受贿案(案例78),林云素受贿案(案例34)均指出:"讯问未超过法定时间(时限)。"但判决书所说的"法定时间(时限)"究竟何指,却完全没有线索。可见,实务部门需要关于疲劳审讯的亮线规则,呼唤关于疲劳审讯的亮线规则;在最高司法机关没有提供亮线规则的情况下,他们就自创规则。

最后,从法律适用的平等性来看,也应当确立亮线规则。我们在案件中发现有的法官将4小时的审讯宣布为疲劳审讯,而另一些法官则面对48小时甚至72小时的审讯也拒绝认定为疲劳审讯。在许承里受贿案(案例64)中,辩护人提出,其中一次讯问,从提押至还押的时间来看,犯罪嫌疑人被连续讯问超过72小时,证明其有被疲劳审讯的事实。判决表明,法官并未否认该案中可能存在疲劳审讯的事实,但却指出:"法律规定对犯罪嫌疑人进行刑事拘留或执行逮捕后应在24小时内进行讯问,但没有规定必须在24小时内讯问完毕……因此,上诉人及辩护人称许承里受非法审讯、其口供不能作定案依据的理由不成立。"按照该案判决的逻辑,拘留后的羁押期限最长可以达到37天,逮捕后的羁押期限一般可以达到2个月,侦查机关即使连续审讯37天甚至2个月也不违反法律规定。在本研究收集的案例中,这样的判决可以说比比皆是。这就如同一个情形相同的盗窃犯在由 A 法官审判时判处有期徒刑 3 年而由 B 法官审判时却判处有期徒刑 8 年一样,会造成明显的不公正。

当然,主张亮线规则并不意味着一概反对暗线规则。相反,本书的观点是:在疲劳审讯问题上,亮线规则总体上优于暗线规则;因此,在缺乏亮线规则的情况下,我们应当确立亮线规则;不过,暗线规则可以作为亮线规则的辅助。

(三)为什么严格禁止夜间审讯

之所以对发生在夜间的审讯原则上要认定为疲劳审讯,主要有以下理由。首先,从我们收集的案例来看,在 242 个时长明确的案件中,有 187 个涉及夜间审讯,占比为 77.27%。审讯时长为 4 小时以下的 100 个案件中,明确属于夜间审讯的有 65 件,占比为 65.00%;如果将审讯时长不明确的案件计算进去,则属于夜间审讯的比例将进一步增加。这既说明夜间审讯是触发疲劳审讯的重要动因,同时也说明夜间审讯是一种很容易引发事后抗议的侦查手段。其次,在审讯时间为 4 小时的时间阶梯范围内,争议证据被排除的案件共有 12 件,其中属于夜间审讯的有 8 件,占全部被排除证据案例总数的 66.67%。这说明,从法官的角度而言,如果一个审讯属于夜间审讯,即使没有超过 4 小时,比起超过 4 小时的白天审讯而言,也更有可能宣布其为疲劳审讯。最后,如前所述,尽管将夜间审讯视为疲劳审讯不一定得到法院的支持,甚至大多数发生在夜间的审讯由于持续时间不到 12 小时而未被排除,但还是有一部分审讯发生在夜间的案件尽管时间很短,也被法官认为属于疲劳审讯,并将所获得的供述予以排除。这说明,将夜间审讯视为疲劳审讯不仅具有相当的群众基础,也有一定的官方支持。

之所以将夜间审讯进一步区分为午夜之前的审讯和午夜之后的审讯,是因为,第一,毫无疑问,尽管都是疲劳审讯,午夜之前的疲劳程度和午夜之后的疲劳程度也是不一样的。从人的生理和心理需求来看,夜间是正常人休息的时间。在夜间进行讯问,本就容易让人在生理上感到疲倦、精神恍惚、神志不清,随着困倦的来临,人也容易违背意愿作出供述。在午夜 12 点之前已经很容易违背意愿作出供述,到午夜 12 点之后就更容易违背意愿作出供述。以曹观明非法持有毒品案(案例 13)为例,该案审讯时长共计 52 分钟,但审讯发生在午夜之后也就是凌晨 3 时 10 分至 4 时 2 分,处于人的生理周期中意志最脆弱、最容易崩溃的时间段。由于该案非法证据的排除并不影响犯罪事实的认定,法官几乎是毫不犹豫地支持了辩护人提出的意见,直接认定该供述系侦查机关采用疲劳审讯的非法方法收集的供述而加以排除。第二,从本研究采集的案例数据来看,在涉及夜间审讯的案例中,约有 80%的案件属于午夜之后的审讯。这说明,比起午夜之前的夜间审讯,午夜之后的审讯更容易引发疲劳审讯的抗议。第三,在涉及夜间审讯而被排除的案例中,95%属于午夜之后的审讯;同时,午夜之前的排除比例仅为 5.13%,午夜之后的排除比例则为 25.68%;这都说明,午夜之后的审讯,也更容易被接受为疲劳审讯。因此,将夜间审讯进一步区分为午夜之前和午夜之后,既有生物学上的理据,也更容易为实务部门接受。

之所以设置例外,是为了求得打击犯罪与保障犯罪嫌疑人受到人道待遇之间的平衡。本书建议,下列情形为夜间审讯应认定为疲劳审讯的例外:(1)犯罪嫌疑人在夜间被抓获,需要立即讯问的;(2)对犯罪嫌疑人的讯问从白天顺延至夜间,获得犯罪嫌疑人明确同意的;(3)犯罪嫌疑人自己在夜间提出要求进行讯问的;(4)犯罪嫌疑人的同伙交代案件情况,需要立即跟犯罪嫌疑人核实的;(5)犯罪嫌疑人有同伙尚未归案,需要其立即交代同伙去向的;(6)其他涉及公共安全或重大公共利益的情形。需要说明的是,禁止夜间审讯的规则与以下讨论的禁止持续时间在16小时以上的审讯规则既相互独立,又互为补充。说二者相互独立是因为,各规则都是基于各自的理由设立。说相互补充是因为,两个规则包含的审讯可能会发生交叉或重叠:持续时间在16小时以上的审讯已经包含了一部分发生在夜间的审讯。

(四)为什么严格禁止持续时间在16小时以上的审讯

之所以应当严格禁止持续时间在16小时以上的审讯,是因为:首先,本研究获得的数据表明,将亮线规则定在16小时以上(含)最为妥当。如前所述,4小时以下的排除比例为12.00%;4—8小时的排除比例为6.45%;8—12小时的排除比例为9.09%;12—16小时的排除比例为0.00%。可以看到,将4小时、8小时、12小时、16小时这几个持续时间段放在一起,排除的比例变化规律并不明显。但是从16—24小时这个时间段开始,排除的比例就明显上升,其中16—24小时为16.67%,24—36小时为35.29%,36—48小时为45.45%;48小时以上为48.15%。另外,16—24小时这个区间的排除比例也明显较8—16小时这个区间的排除比例为高。也就是说,在本研究统计的范围内,16小时是一个分水岭。16小时以下,排除比例并没有呈现出逐渐上升的趋势;16小时以上,则排除的比例逐渐上升。最后,在有明确讯问时间的案件中,持续时间在16小时以内的案件共有159件,占总数的65.70%;持续时间在16小时以上的案件共有83件,占比为34.30%。这一数据说明,审讯持续时间在16小时以上的案件,毕竟是少数。在这些案件中将争议证据予以排除,即使在一定程度上降低了打击犯罪的效率,其成本也是可以承受的。

当然,人们可以争辩说,持续时间在48小时以上的审讯更容易被认定为疲劳审讯;36小时、24小时以上的审讯也比16小时以上的审讯更容易被认定为疲劳审讯。[31] 表面上看,将亮线规则的审讯时长定在 24 小时、36 小时甚至 48 小时将更容易获得热心打击犯罪人士的接受。但是,如果将亮线规则定在 24 小时、36 小时或 48 小时,则虽然会有一部分原本不排除的案件,在新的亮线规则之下会被排除;但毫无疑问,也有可能根据原来的模糊规则已经排除的证据,在新的亮线规则之下却不被排除。经统计,审讯持续时间在 16 小时以下的案件共有 159 件,其中明确属于夜间审讯的有 104 件;在这 104 件中,排除的共有 12 件;明确属于白天且排除的仅有 4 件。也就是说,如果将亮线规则定在 16 小时,则即便假定原本已经排除证据的 4 个案件都不再排除,由于规则的变更导致的不排除案件数增加的程度基本上可以忽略不计,而新规则下排除案件数增加的程度则必将十分显著。尤其需要注意的是,审讯时长在 16—24 小时的案件,虽然排除的比例比 24 小时以上的比例更低,但是其中多数案件之所以未被排除,一是因为被告方虽然提出了超过 16 小时的审讯时长,但是却未得到法院的认可;如果法院认定审讯时长超过了 16 小时,还是有可能被认定为疲劳审讯的;二是因为法院认为有关疲劳审讯的规则并不明确,导致其不敢或者不愿认定,也就是说如果规则明确,则法院仍然会义无反顾将超过 16 小时的审讯认定为疲劳审讯。而且,尽管目前司法实务对于将 24 小时以上的审讯认定为疲劳审讯将会有更高的认可度,但这并不意味着接下来的法律规则就必须对这一实务状况完全接受或彻底妥协。因此,16—24 小时时长内

〔31〕 有论者明确主张,应当将 24 小时以上作为认定疲劳审讯的标准。参见董坤:《论疲劳审讯的认定及其所获证据之排除》,载《现代法学》2017 年第 3 期。该文认为,“修订后的《刑事诉讼法》第 119 条规定,对犯罪嫌疑人传唤、拘传到案后,一般情形下的讯问时间不得超过 12 小时,除非案情重大复杂且需要拘留、逮捕,此时讯问时间最长不得超过 24 小时。该规定明确了犯罪嫌疑人在未被羁押情况下最长的讯问时限”。该文将拘传的时间期限直接等同于可以连续讯问的期限,显然是不正确的。

的审讯虽然被作为疲劳审讯而排除非法证据的比例低于 24—36 小时、36—48 小时以及 48 小时以上这些时间段,但将 16 小时以上作为疲劳审讯的界定标准并无不当。

其次,持续 16 小时以上的讯问,必然包含了夜间审讯。本书建议的第一个规则,就是严格禁止夜间审讯。夜间审讯又区分为午夜之前的审讯和午夜之后的审讯。如果一场审讯从上午开始,持续 16 小时之后必然延伸至夜间,至少会延伸至午夜之前。在第一个规则中,对于午夜之前的审讯,本书建议的规则属于暗线规则,但那是由于持续时间没有超过 16 小时。也就是说,超过 16 小时的审讯,实际上既包含了持续时间这一变量,又结合了夜间这一变量,因此应当毫不含糊地认定为疲劳审讯。如果一场审讯从下午开始,持续时间又超过 16 小时,则必然延伸至午夜之后。如此,则更无理由含糊其辞了。从人的生理周期来看,24 小时就是一天一夜,每个人在这一天一夜之间需要休息的时间虽然因人而异,但每个人都需要休息则是不争的事实。无论个体间的差异有多大,24 小时以内保证必要的休息乃是人之常情。审讯时间持续长达 16 小时而没有提供必要的休息,必然导致被审讯人产生疲劳感从而有可能违背意愿作出供述,这应当是普遍规律。同时,对于每一个正常人而言,每 24 小时需要的足够的休息时间,一般在 8 小时左右。考虑到侦查活动及审讯活动的特性,一个人如果被连续讯问 16 小时以上,则 8 小时的休息通常难以得到保证。因此,持续时间在 16 小时及 16 小时以上的讯问,应当被认定为疲劳审讯。

最后,从比较法的角度来看,将持续时间在 16 小时以上的审讯界定为疲劳审讯也有经验可循。英国 1984 年《警察与刑事证据法执行守则》对讯问的时间限制作了详细规定,其原则是:每 24 小时必须提供 8 小时连续休息时间,该休息时间不得因为讯问、押运或其他与侦查相关的行为而中断；休息时间应当是夜间或者根据犯罪嫌疑人前次休息时间确定的其他合理时间；若被羁押人系因自首被逮捕，24小时的起算点应当是其被逮捕之时。〔32〕 以上规则中每24小时必须提供8小时休息时间的规定，为16小时构成疲劳审讯的规则提供了比较法上的经验。当然，本书没有照搬英国的规则，是因为英国的规则主要着眼于对讯问行为的事先规制，而疲劳审讯排除规则的重点则在于对疲劳审讯这一违法行为的事后救济。

需要强调的是，16小时并非理想图景，而是司法人员能够接受的最低标准。从理想的图景来看，也许英国的规则更合适。英国的规则从防范疲劳审讯的角度来看毫无疑问是比较全面且具有可操作性的，但它并非非法证据排除规则。事实上，英国尽管有比较严密的事先防范规则，对于违反该规则获得的证据是否应当排除，却是由法官自由裁量决定的。因此，英国规则作为防范疲劳审讯规则自然有可取之处，但其将违反规则之后获得的证据是否排除完全委诸法官自由裁量的做法，却并不值得学习。

（五）如何对待12小时（以上）这一标准

理论上，也有论者主张：对犯罪嫌疑人讯问的持续时间不得超过12小时，且每天应保证犯罪嫌疑人不少于8小时的连续睡眠时间，否则都应认定为疲劳审讯。〔33〕 本书没有采用这一标准，主要是因为本

---

〔32〕 参见彭勃编译：《英国警察与刑事证据法规精要》，厦门大学出版社2014年版，第82页。

〔33〕 参见黄曾建、吴翠萍：《疲劳审讯认定标准的困惑与对策研究——以职务犯罪案件为视角》，载《法制与社会》2016年第10期。该文认为："对犯罪嫌疑人的讯问时间不得超过12小时，并保证其每天有不少于8个小时的连续睡眠时间；如果确需采取拘留、逮捕措施，传唤、拘传时间延长至24个小时的，应当保证犯罪嫌疑人在此期间有不少于8个小时的连续睡眠时间。如果违反上述规定，应当认定没有保障犯罪嫌疑人必要的休息时间，所获得的供述应予排除。"另一论者也提出12小时以上应认定为疲劳审讯，但24小时内连续休息时间为6个小时。参见陈苏豪：《论疲劳审讯的认定标准》，载《西南政法大学学报》2015年第2期。

研究获得的数据没有给予这一标准足够的支持。但理性来看,将疲劳审讯的亮线规则限定为12小时可能也是合理的。理由主要是:从人的生理规律来看,一个人在持续接受12小时以上的讯问之后通常都会感到疲倦。尤其是,考虑到看守所一般从8点才开始上班,提讯通常从上午9点开始,则在犯罪嫌疑人开始接受讯问时,距其上一次休息结束已经有了3—4小时。如果审讯再持续12小时以上,则距其上一次休息结束时间已经接近16小时,很多时候甚至超过了16小时。因此,持续12小时的讯问往往意味着持续16小时未得到合理休息。可见,将疲劳审讯的亮线规则定在12小时也有其合理性。

五、疲劳审讯的证明

就疲劳审讯作为非法取证的手段而言,它的证明规则和非法证据排除规则中的举证责任应当是一样的。那就是,被告方只负责提供有关的线索或材料,并不负责将疲劳审讯的存在证明到排除合理怀疑的程度。一旦被告方提供了有关疲劳审讯的线索或材料,控方就应当将不存在疲劳审讯证明到排除合理怀疑的程度。但是疲劳审讯作为一种特殊的非法取证形式,其证明自然也有一些特殊性。尤其是实务中最经常用到的讯问笔录、强制措施笔录、同步录音录像等在疲劳审讯中的证明作用,实务中也积累了一些经验,并形成了一定的规律,因此值得单独展开分析。

(一)证明方法

实务中,讯问笔录是用来证明疲劳审讯是否存在的最直接、最有力的证据。它直接记载了审讯持续的时间长度和是否属于夜间审讯。在样本案例中,“讯问笔录”一词出现的频次是501次,“询问笔录”出现的频次是68次,两者相加一共为569次,相比其他证明方式而言是最高的,因此可以说也是疲劳审讯相关案例中最为普遍的证明方式。一般而言，如果辩方出示的讯问笔录（无论是来自控方提交的证据还是辩方自行取得的证据）载明犯罪嫌疑人遭受的审讯持续时间超过了16小时或者属于夜间审讯，即应当认为已经满足了提供线索或材料的要求。不仅如此，由于讯问笔录是明确记载讯问起止时间的书面文件，其既由侦查人员签署，又有犯罪嫌疑人的签字或指印，因此具有较强的证明力，该证据应当具备推定的价值。即，如若讯问笔录能够证实审讯持续时间在16小时以上或者发生在午夜之后，即应推定疲劳审讯这一事实的存在；除非控方有相反的证据加以反驳，或者有证据证明属于例外情形，否则应当认定疲劳审讯事实的存在，而不仅仅是不能排除疲劳审讯的可能性。

除讯问笔录/询问笔录以外，强制措施笔录也经常被用来证明疲劳审讯是否存在。强制措施笔录包括传唤证、拘传证、拘留证、逮捕证等诉讼文书。通常，侦查人员会要求犯罪嫌疑人在传唤证、拘传证、拘留证、逮捕证等文书上签字或捺指印，并会写明签字的时间。这些诉讼文书并不能证明审讯的时间长度，也不能证明审讯是否在夜间进行。但是，这些诉讼文书可以用来作为判断审讯时长以及审讯是否是在夜间进行的重要参考。实务中，有的法院明确将强制措施记载的时间作为判断是否属于疲劳审讯以及是否应当排除非法证据的依据。例如，在王某甲滥用职权、受贿案（案例100）中，被告人王某甲及其辩护人提出，王某甲在侦查机关被调查讯问七天六夜，法庭在征求控辩双方意见后，双方均同意王某甲在2013年5月10日至5月16日之间的供述为非法证据，不作为定案依据。该案不仅排除了疲劳审讯直接获得的供述，也排除了疲劳审讯获得供述之后再次讯问又获得的供述。

证明疲劳审讯是否存在的第三种主要证据是同步录音录像。同步录音录像既可以由辩方用来证明存在疲劳审讯，例如录像中犯罪嫌疑人正在睡觉、神情疲倦、哈欠连连、答非所问、逻辑混乱等，也可以由控方用来证明犯罪嫌疑人获得了充足的休息（例如允许犯罪嫌疑人趴在桌上睡觉），犯罪嫌疑人并不感到疲倦（例如神情自然、语言流畅、思路清晰等）。在样本案例中，“录音录像”出现的频次为542次，是仅次于“讯问笔录”和“询问笔录”总数的术语，因此也是疲劳审讯中十分普遍的证明手段。实务中，被告方不仅用同步录音录像证明存在疲劳审讯，也可能用这种证据证明侦查人员所作的讯问笔录与其所述不实，并以此要求排除供述。人民法院也确实在好几个案件中对讯问笔录/询问笔录与同步录音录像进行了对比，并宣布讯问笔录与同步录音录像中的犯罪嫌疑人供述不一致，从而宣布案件中的讯问笔录不作为定案的依据。陈军受贿案（案例496，“对讯问笔录与同步录音录像内容相一致部分且与其他证据能够相互印证的，本院予以采信；对不一致部分不予采用”），张某记贪污案（案例512，“侦查机关对张某记制作的笔录与其同步录音录像不相符，其真实性存疑，故不采信其在侦查机关的上述笔录”），以及唐汉雄受贿案（案例601，“根据同步录音录像确实可以看出……笔录内容的确与供述存有出入，应予排除”）等，均属此类。也有的案件，因同步录音录像无法播放，人民法院宣布无法证实供述笔录的合法性，从而将其予以排除（惠志刚受贿案，案例480）。还有的案件，法院认定经观看同步录音录像，发现犯罪嫌疑人在受审讯过程中有抄写材料的现象，也将该录像所对应的供述予以排除（石磊明、石彬诈骗案，案例502）。

除以上讯问笔录、强制措施文书以及同步录音录像等客观证据以外，实务中也常有侦查人员或其他人员出庭作证以证明存在或不存在疲劳审讯的情况。在龚经雄、周勇抢夺案（案例139），夏文国盗窃，梁士华掩饰、隐瞒犯罪所得、犯罪所得收益案（案例424）中，均有证人出庭作证。

最后，情况说明也是实务中常见的一种证据形式，就其内容而言，在有关疲劳审讯的案例中主要应当属于证人证言，因为它们实际上都是办案人员出具的有关审讯过程中有无疲劳审讯及其他违法行为的说明。但在涉及疲劳审讯的 817 个案件中，“情况说明”出现的频次仅为 128 次，说明此类证据在证明不存在疲劳审讯这一事实方面运用得并不普遍。从证明的效果上看，情况说明仅仅能起到解释、说明的作用。有的判决指出：“情况说明不能单独作为证明取证过程合法的根据”（陈某某盗窃案，案例 451）。还有的判决指出：“情况说明未经侦查人员签名，不能作为证据使用”（宋瑞琪、王玉皎虐待被监护、看护人案，案例 467）。

（二）真实故合法/不真实故不合法

真实故合法是我国刑事诉讼中非法证据排除规则在实务应用中表现出来的一个比较明显的特征。其含义是指审判人员在判断争议证据是否合法以及是否应当排除时，并不是从取证程序是否违反了法律规定入手，而是从证据本身是否真实入手，在将争议证据认定为真实的证据之后，再作出取证程序合法的认定。由于认定证据是否真实的主要判断模式为是否相互印证，因此，真实故合法在很多时候又表现为印证故合法、稳定故合法（指多次供述之间前后稳定）。[34]这种应用模式反映了司法人员对非法证据排除规则的一种误解：取证程序不合法将导致取得的证据不真实、不可靠；非法证据排除规则的目的就是排除这种客观上不真实、不可靠的证据，以便促进真实的发现；所以，只要是真实的证据，其取证程序就是合法的。之所以说这种理解是一种误解，是因为非法证据排除规则并不是为了促进真实的发现，而是为了保障基本权利不受恣意侵犯；凡是以侵犯基本权

〔34〕　参见易延友：《非法证据排除规则的中国范式》，载《中国社会科学》2016 年第 1 期。

利的方法取得的证据,无论是否真实,都应当予以排除。

在对疲劳审讯的证明问题进行考察的过程中,我们发现,在绝大多数案件中,法院都是在对证据的合法性作出判断,从而对证据资格进行了肯定性的认定之后,再对证据的真实性加以评判,从而决定是否作为定案的依据。在这些案件中,印证、稳定都是为了说明供述的真实性,在法律上是没有问题的。但也有个别案件,人民法院对被告方提出的疲劳审讯问题避而不谈,直接以证据真实性的审查替代合法性的审查;或者将合法性的审查置入真实性的审查之中,导致"真实故合法""印证故合法""稳定故合法"的论证模式,在疲劳审讯案例中依然存在。杨锐盗窃案(案例16),谢和平行贿案(案例69),邵燕芳、章剑等寻衅滋事案(案例92),姜红平过失致人死亡案(案例137)等,皆属此类。

除"印证故合法""稳定故合法"的论证模式之外,我们发现实务中还存在"不真实故不合法"的论证模式。其含义是:人民法院在判断证据收集合法性的过程中,在没有直接证据证明取证程序合法,从而对取证程序的合法性产生疑问的场合,由于没有证据证明争议证据的真实性,从而导致争议证据没有其他证据加以印证;或者由于争议证据与其他证据之间存在冲突,而其他证据显然更加真实可靠,从而将争议证据认定为不真实的证据;在此基础上,进一步认定争议证据的取得为非法,或者认定取证程序的合法性存疑,从而将争议证据予以排除。例如,在罗立某、罗学某受贿案(案例549)中,辩护人主张证人彭某的供述系在纪委调查阶段受疲劳审讯所获得,应当予以排除。法院经审查后认定,该案被告人罗立某、罗学某在审判阶段后均以在侦查阶段受到疲劳审讯为由否认此前供述,在没有其他证据佐证的情况下,仅以罗立某在侦查阶段的供述,以及传闻证据罗学某的供述,不足以认定罗立某、罗学某二人向彭某行贿的事实,被告人及辩护人的前述辩护意见成立，予以采纳。

本书认为，“真实故合法”的模式不可取，但“不真实故不合法”的模式却是合理的。这是因为，如前所述，非法证据排除规则的目的在于保障基本权利不受侵犯；以侵犯基本权利的方法取得的证据固然很可能是不真实的，但也很可能是真实的；不合法的程序固然增加了证据不真实的风险，却不能反过来说真实的证据就增加了取证程序合法的概率。因此，一个证据是否真实与取得该证据的程序是否合法其实是没有关系的。换句话说，由证据的真实性并不能推断出证据的合法性。但是，如果一个证据显然不真实，则自然容易让人对其取得的程序产生疑问。也就是说，证据的不真实性往往可以推断出证据的不合法性。典型的例证是，在近年来屡获平反的那些故意杀人案件、强奸案件中，被告人都曾经作出过承认有罪的供述，对此唯一合理的解释，就是取证程序违法。因此，“真实故合法”不可取，“不真实故不合法”，却有其合理性。

结　语

最高人民法院的法官们曾经主张，应当在深入调研的基础上界定疲劳审讯。〔35〕本研究就是一个在深入调研的基础上得出的结论。本书的研究表明，司法实务需要并且呼唤有关疲劳审讯的亮线规则；将夜间和持续 16 小时这两个变量作为疲劳审讯的亮线规则，比起将其他变量作为疲劳审讯的亮线规则更加合理。本书也并不认为持续 16 小时或者发生在夜间的讯问就一定是疲劳审讯，更不意味着持续

〔35〕 参见罗国良、刘静坤、朱晶晶：《〈关于建立健全防范刑事冤假错案工作机制的意见〉的理解与适用》，载《人民司法》2014 年第 5 期。

16小时以下或者不发生在夜间的审讯就一定不是疲劳审讯。本书只是提议：用夜间和16小时这两个变量作为判断疲劳审讯的明确标准，比起没有标准或者其他标准来将会更有效。笔者坚信，本书提出的亮线规则建议足够复杂，因此能够覆盖全部社会生活；亦足够简单，因此执法者完全可以轻松掌握。

第七章　瑕疵证据补正规则

2010 年，最高人民法院等五机关分别颁布了《死刑案件审查判断证据规定》和《非法证据排除规定》。在这两个规定中，对于执法机关在收集、调取证据过程中存在轻微违法行为的，可以要求控方对有关证据予以“补正”或“作出合理解释”。对于允许补正或作出合理解释的证据，理论上一般称为“瑕疵证据”，其规则称为“瑕疵证据补正规则”。[1] 也有的称之为“可补正的排除规则”[2]。本书为方便表述，将这类规则统一称为“瑕疵证据补正规则”。

近年来，关于瑕疵证据补正规则的论述，可以说日益丰富。但对于瑕疵证据的本质以及瑕疵证据补正规则的功能，理论上仍然有欠深入；对该类规则在实务上的操作，也罕见有资料翔实的分析和解读。本书认为，瑕疵证据补正规则的目的在于提升裁判中认定事实的精确性，也就是促进真实的发现，与保障人权的目标并无直接的联系。因此，瑕疵证据补正规则的实施，应当比非法证据排除规则阻力更小；瑕疵证据排除的动议，也可能更经常获得法院支持。基于这一假设，本章第一部分首先从瑕疵证据补正规则与非法证据排除规则的差异入手，对该规则的法教义学内涵作一阐释；在此基础上，本书通过对 799 个刑事案例的分析，展示该规则在实务中的实施状况，剖析瑕疵证据补正与合理解释的实质，透视其中的问题及原因，并提出有针对性的解决方案。

---

〔1〕 参见陈瑞华：《论瑕疵证据的补正规则》，载《法学家》2012 年第 2 期。

〔2〕 牟绿叶：《论可补正的排除规则》，载《中国刑事法杂志》2011 年第 9 期。

一、瑕疵证据补正规则的规范分析

(一)瑕疵证据补正规则的目的是促进真实的发现

瑕疵证据补正规则主要规定在《死刑案件审查判断证据规定》中。其核心目的是保证发现真实价值的实现。这一点从瑕疵证据补正规则的表述中可以明白看出。例如,《死刑案件审查判断证据规定》第28条规定:"具有下列情形之一的视听资料,不能作为定案的根据:(一)视听资料经审查或者鉴定无法确定真伪的;(二)对视听资料的制作和取得的时间、地点、方式等有异议,不能作出合理解释或者提供必要证明的。"该条第(一)项规定"视听资料经审查或者鉴定无法确定真伪",实际上就是说视听资料的真实性、可靠性、客观性高度存疑;以真实性、可靠性、客观性高度存疑的证据作为定案的依据,自然可能导致认定事实失真,从而酿成冤假错案。该条第(二)项虽然没有明确说是视听资料的真实性存疑,但是视听资料的制作和取得时间、地点和方式有异议,又不能作出合理解释或者提供必要证明,实际上就是说视听资料的真实性、可靠性、客观性没有保证。该条款规定的第(一)项是一个结果性的推断,也是一个具体的指导原则,第(二)项则是过程性审查,是为第(一)项结果的判断提供的具有法律约束力的经验参照。虽然表面看上去似乎略有不同,实际上则是一个事物的两个方面。

又如,该规定第30条规定:"侦查机关组织的辨认,存在下列情形之一的,应当严格审查,不能确定其真实性的,辨认结果不能作为定案的根据……"这里同样明确地将真实性存疑的辨认结果作为排除的对象,其实质仍然是要求能够作为定案根据的证据在真实性、可靠性、客观性方面有所保障;一旦出现真实性、可靠性、客观性缺乏保障的因素,就要被排除作为定案根据的资格。

理论界、实务界都有人认为,瑕疵证据和非法证据的区别,是非法证据由于取证手段的违法性很可能影响到证据的真实性，而违法情节轻微的瑕疵证据则通常不会影响到事实认定的正确性。[3] 本书认为，这种说法完全是颠倒的。无论是在规范层面还是在事实层面，非法证据排除规则都是不考虑证据本身的真实性、可靠性和客观性的。一个证据如果是以侵犯基本权利的方式取得的，即使是真实的，也必须予以排除；相反，一个证据的取得方式如果不侵犯公民的基本权利，则只有在可能不真实的情况下才应当予以排除。

（二）瑕疵证据的瑕疵主要是欠缺证据法上的可靠性要求

在英美证据法上，众多证据因为可靠性要求得不到满足而被排除，这些因不满足可靠性要求而排除证据的规范，就是证据的可采性规范。其中包括关联性法则、品格证据规则、意见证据规则、传闻法则、最佳证据规则和验真规则[4]等。我国 2010 年颁布的《死刑案件审查判断证据规定》已经在很大程度上吸收了英美法系证据可采性规则的合理内核，在一定程度上为排除那些不满足关联性法则、意见证据规则、传闻法则、最佳证据规则和验真规则要求的证据提供了规范依据。例如，《死刑案件审查判断证据规定》第 6 条第（四）项规定，对于物证、书证，要求必须与案件事实有关联，实际上就是强调关联性法则。第 8 条规定物证应当是原物，书证应当是原件，就是在强调最佳证据规则。第 12 条规定“证人的猜测性、评论性、推断性的证言，不能作为证

---

〔3〕 参见张军主编：《刑事证据规则理解与适用》，法律出版社 2010 年版，第 147、183 页；陈瑞华：《论瑕疵证据的补正规则》，载《法学家》2012 年第 2 期。

〔4〕 验真是一个翻译过来的术语，其在英美证据法上对应的单词为 authentication，我国有学者将其翻译为“鉴真”。例见〔美〕阿维娃 · 奥伦斯坦：《证据法要义》，汪诸豪、黄燕妮译，中国政法大学出版社 2018 年版，第 224 页。我国台湾地区学者多将其翻译为“验真”。例见〔美〕Arthur Best：《证据法入门：美国证据法评释及实例解说》，蔡秋明、蔡兆诚、郭乃嘉译，元照出版公司 2002 年版。本书认为，“验真”更加妥帖。其含义是指：出示证据的一方应当举出证据证明其所出示的证据就是其意图出示的那个东西。See F. R. Evid. , Rule 901。

据使用”,实际上就是确立了外行证人的意见证据排除法则。第15条规定“经依法通知不出庭作证证人的书面证言经质证无法确认的,不能作为定案的根据”,应当理解为在一定程度上确立了传闻法则。第9条规定“经勘验、检查、搜查提取、扣押的物证、书证,未附有勘验、检查笔录,搜查笔录,提取笔录,扣押清单,不能证明物证、书证来源的,不能作为定案的根据”,则属于验真规范。验真是关联性的精致化,无论是何种物证、书证,当它被用来指控犯罪时,一定都必须满足关联性的要求;如果没有上述证据,无论是哪一方,在法庭上凭空出示一个物证或书证,法官以及旁听群众都无从分辨该物证、书证是否就是出示该物证、书证的那一方想要出示的东西。以运输毒品案为例,如果控方不能出示链条完整的搜查笔录、扣押清单等证据,就无法证明其在法庭上出示的毒品,就是公诉人主观中想象的、被告人曾经运输的毒品,这一物证就不满足关联性要求,自然也就不能作为定案的依据。

(三)瑕疵证据排除不具有制裁性质

既然瑕疵证据的实质是由于取证过程或证据本身存在一定的瑕疵导致其真实性缺乏保障或无从验证,那么,排除瑕疵证据的目的也就是为了过滤掉那些真实性没有保障的证据,从而保障真实的发现。但也有学者认为,瑕疵证据的排除是为了实现程序性制裁。例如,有学者指出:“对于瑕疵证据而言,法院责令办案人员进行程序补正,这本身就带有制裁的性质;……对于侦查人员违反法律程序的行为,法院宣告其存在程序瑕疵,这属于对非法侦查行为的一种权威谴责。这与法院宣告侦查人员存在刑讯逼供行为的性质是一样的。”[5]本书认为,排除瑕疵证据是为了防止将案件事实的认定带入歧途,是为了提高裁判中认定事实的精确性,这种排除是为了消除侦查人员的

[5] 陈瑞华:《瑕疵证据的补正规则》,载《法学家》2012年第2期。

技术性失误可能给案件事实认定带来的负面影响。对瑕疵证据的宣告和排除虽然也许令人不快,但应当不具有制裁的性质。

在《成本与制裁理论》一文中,罗伯特·库特将所有的惩戒机制区分为成本型惩罚和制裁型惩罚。成本型惩罚是允许行为人选择造成损害同时将惩罚作为施害行为的成本而存在的,它在道德上是中性的,不具有道德上的可谴责性;制裁型惩罚则包含了对其所制裁的行为在道德上的否定性评价。〔6〕依据这一理论,瑕疵证据补正规则最多属于成本型惩罚,因为侦查人员违反的主要是一些技术性规范,例如讯问笔录忘记签名、询问笔录没有记载询问证人的起止时间等,就如同一位大学教授忘记了自己的上课地点,尽管也有责任心方面的缺陷,但是比起性侵自己学生的行为而言,前者显然要轻微得多,在道德上也不至于遭受谴责;后者则显然会遭致道德上的谴责。

二、瑕疵证据补正与合理解释案例的总体数据

为了解瑕疵证据补正规则在实务中的实施状况,发现其中可能存在的问题,并提出有针对性的建议,本研究以“瑕疵证据”+“补正”和“瑕疵证据”+“合理解释”为关键词,在中国裁判文书数据库中进行了检索,检索截止日期为 2018 年 7 月 12 日,剔除重复案例以及明显属于非法证据排除规则适用情形的案例,实际有效样本数为 799 例。具体情况,汇总如下。

(一)瑕疵证据在不同犯罪案件中的出现频次

本研究首先统计了瑕疵证据在各个不同罪名中出现的频次。简略起见,此处仅展示罪名出现频次在 10 次以上的数据(图 7-1)。

在所收集到的全部案例中,瑕疵证据排除申请在贩卖毒品案件中

---

〔6〕 See Robert Cooter, *Prices and Sanctions*, 84 Colum. L. Rev. 1523,1537(1984).

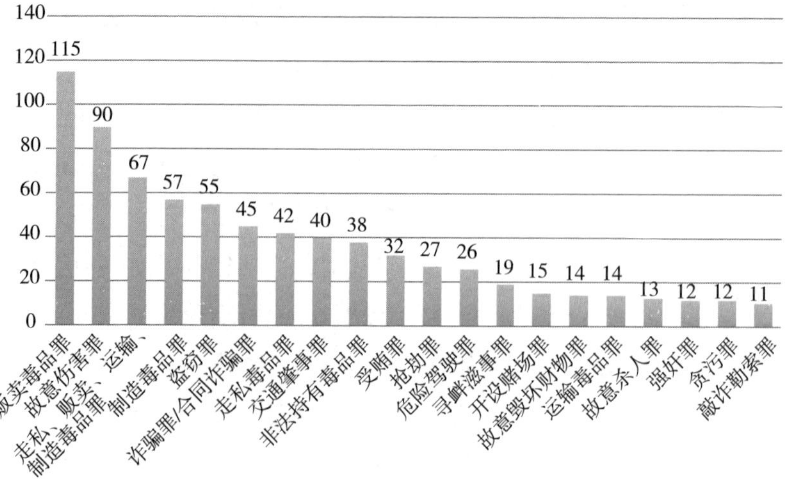

图 7-1　瑕疵证据案例罪名出现频次(次)

出现的频次最高,达 115 次。如将走私毒品罪、运输毒品罪、制造毒品罪以及非法持有毒品罪等罪名所涉案例数据加起来,则瑕疵证据排除申请在涉毒犯罪中出现的频次达到 333 次,远高于位居第二的故意伤害罪(90 次)。这主要是因为,第一,在所有犯罪案件中,毒品犯罪是必然涉及实物证据的犯罪;没有了实物毒品,以及与毒品相关的保管链条,检方的指控在证据链上就会出现中断,且极有可能导致指控不能成立,因此,辩方通常会想方设法从毒品本身以及有关毒品的扣押、保管、鉴定等环节中找出侦查行为中存在的瑕疵和漏洞,以便破坏检方的证据链条,达到成功辩护甚至出罪的目标。第二,正是由于实务中对涉毒案件中毒品的提取、保管、鉴定等存在诸多争议,容易引发辩护方的抗议和法院定罪的困难,最高人民法院、最高人民检察院、公安部于 2016 年发布了《办理毒品犯罪案件毒品提取、扣押、称量、取样和送检程序若干问题的规定》,对毒品案件从提取、扣押到称量、送检等程序作了详尽的规范。该规定一方面为公安机关办理毒品案件提供了指引,另一方面也为辩护方提出有关毒品证据的瑕疵申请提供了更加明确的依据。

有关非法证据排除规则的研究表明,在提出非法证据排除申请的案例中,受贿罪的案件数量最多,排名第一,远高于其他犯罪的案件数。[7] 在本研究中,受贿罪出现的频次仅为32次,排名比较靠后。这主要是因为,瑕疵证据补正规则属于裁量排除规则,对于排除或不排除,法官拥有很大的自由裁量权;非法证据排除规则尤其是关于供述的规则是强制性的,更加具有可操作性,因此被告人及其辩护人也会更经常地以非法证据排除规则作为其辩护的武器。

(二)各类瑕疵证据在样本案例中的比例分布

本研究统计了各证据种类在瑕疵证据排除案例中出现的频次(见图7-2)。本书没有完全按照《刑事诉讼法》第50条关于证据种类的列举,而是按照实务中办案机关对证据的称谓进行统计。我们当然可以将这些证据归入刑事诉讼法所作的不同分类中去,但本书认为实务部门对证据的称谓在分类时更加细致,对于我们了解实务中的状况也更有利。因此,本书采用了判决书中更常见的称谓来分类。简略起见,图7-2仅列示出现频次在5次以上的证据。

在案例数据中,出现频次最多的是鉴定意见/鉴定结论这一证据种类,256次。其次是询问笔录,包括询问被害人、证人笔录,175次。再次是讯问笔录,156次。这里想重点说明的是,第一,在非法证据排除规则的实证研究中,讯问笔录的出现频次是最多的,询问笔录/证人证言/被害人笔录出现的频次反而比较少;这主要是因为作为排除非法证据的理由,刑讯逼供出现的频次也最多。[8] 刑讯逼供通常对应的都是讯问笔录。在瑕疵证据补正规则中,讯问笔录的瑕疵虽然也经常出现,但其显著性显然已经下降,因此其出现的频次少于询问笔录。另外,讯问笔录在瑕疵证据补正规则的语境下只是作为

---

〔7〕 参见易延友:《非法证据排除规则的中国范式》,载《中国社会科学》2016年第1期。

〔8〕 参见易延友:《非法证据排除规则的中国范式》,载《中国社会科学》2016年第1期。

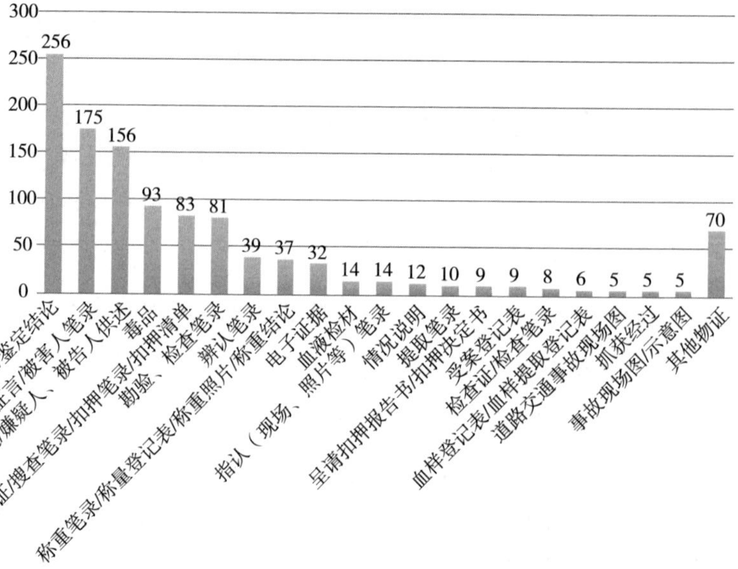

图 7-2　瑕疵证据案例证据种类出现频次(次)

一种影响供述笔录真实性的瑕疵出现,并不一定导致供述被排除,因此其在案件中的重要性也显著降低。第二,以上证据中,只有讯问笔录、询问笔录和鉴定意见属于言词证据,其他证据都属于实物证据,或者属于实物证据的附属证据。把实物证据全都加起来,一共是456次。其实,鉴定意见也是附着在实物证据基础上的。如果加上鉴定意见,次数就更为可观了。可见,实物证据才是司法实务中被作为瑕疵证据提出加以审查排除的重点。

(三)各类瑕疵出现的频次

本研究统计了各瑕疵种类出现的频次。根据收集到的案例,本研究将瑕疵种类概括为十大类:鉴定意见瑕疵;毒品案件物证收集保管移交程序瑕疵;其他物证搜查、扣押过程及笔录/清单瑕疵;勘验、检查过程及笔录瑕疵;讯问(犯罪嫌疑人、被告人)过程及笔录瑕疵;询问(证人、被害人)过程及笔录瑕疵;辨认/指认过程及笔录瑕疵;视听资料瑕疵;电子证据瑕疵;其他瑕疵(判决书未载明的瑕疵)(见表 7-1)。需要解释的是,第一,表 7-1 基本上按照《刑事诉讼法》规定的证据种类进行分类,在各个证据种类之下对各种瑕疵进行二次分类;但由于毒品案件数量较多,表现突出,因此对毒品案件中的物证收集、保管、移效程序瑕疵作了单独统计。第二,二次分类并非按照事先确定好的逻辑顺序进行的整合与分类,而是在提取所有判决中所说明的瑕疵后进行的排列组合,所以该表在逻辑上并非严丝合缝。这主要是因为,几乎不存在一个事先规划好的逻辑可以刚好"罩住"司法实践中的各类情形。例如像"血样登记表时间错误"或"勘验现场无被告人或同案人指认"这样细小的瑕疵几乎无法以事先确定好的逻辑顺序列出,并且在实践中诸如"询问笔录墨迹字体大小不一致"这样的瑕疵是无法进行任何归类的。第三,并非所有判决书都对瑕疵种类作了清晰的描述,且分类方法也并非完全相同,因此表 7-1 数据与图 7-2 数据并非一一对应。

表 7-1　各类瑕疵出现频次

瑕疵种类	出现频次	备注	
鉴定意见瑕疵	170	鉴定意见/检验报告/鉴定结论缺乏鉴定人签名或盖章/未附有鉴定资质证明	42
		鉴定意见检材提取过程不合法/检材来源不明	36
		鉴定人/鉴定机构不具备鉴定资质	34
		鉴定方式瑕疵/鉴定未采取特定标准/鉴定意见条款引用不当	20
		鉴定意见未送达被告人/未告知被告人(剥夺了被告人重新鉴定的权利)	20
		鉴定日期瑕疵	8
		鉴定意见委托主体瑕疵	3
		鉴定委托书中未列明委托事项/鉴定意见超出委托范围	2
		鉴定对象错误	2
		鉴定意见中毛发没有颜色描述,且长度与本案物证有冲突	1
		鉴定对象有毒物质的所在位置不明确;未对瓶子作指纹鉴定,无法进行同一性认定	1
		《血样提取登记表》《鉴定委托书》《鉴定检验报告书》中血样容量记载不一致	1

（续表）

瑕疵种类	出现频次	备注	
毒品案件物证收集、保管、移交程序瑕疵	103	毒品缺乏当场称重笔录/毒品未当场封装称量送检/未制作毒品扣押笔录及清单	34
		毒品提取、扣押、称重、取样存在瑕疵	26
		毒品、血液等检材检验时间超过规定时间	12
		毒品称量无见证人/见证人不适格	6
		被告人不在毒品称重现场	5
		无提取笔录	4
		毒品混合称重	3
		扣押的检材数量小于送检的检材数量/侦查机关扣押的毒品数量大于嫌疑人所实际持有的毒品数量/扣押毒品重量与称量毒品数量不一致/扣押毒品与上缴毒品数量不一致	3
		未使用专门器材封装	3
		毒品称重笔录/毒品指认称重照片无毒品持有人签字	2
		毒品照片存在修改	1
		毒品称重无取样笔录	1
		称量笔录中的称量仪器与实际使用的称量仪器的证书编号不一致	1
		不同笔录记载的毒品数量存在冲突	1
		同步录音录像无称量毒品画面	1
其他物证搜查、扣押过程及笔录/清单瑕疵	57	搜查程序瑕疵（例如无证搜查、搜查人员不适格、被告人不在搜查现场等）	11
		扣押清单无见证人签名/见证人不适格	9
		扣押清单/补充扣押清单/扣押决定书无被告人签字	6
		搜查现场无见证人	5
		搜查笔录缺乏见证人签名	4

（续表）

瑕疵种类	出现频次	备注	
		扣押清单无侦查人员签名/仅有一人签字	3
		搜查笔录见证人不适格	2
		被告人未在搜查笔录上签字	2
		扣押清单/扣押笔录日期瑕疵	2
		提取笔录信息不全/错误	2
		提取笔录缺少签字	1
		血样登记表缺乏被告人签字	1
		扣押笔录时间进行了修改	1
		血样登记表时间错误	1
		提取笔录见证人不适格	1
		调取证据清单仅由一名侦查人员签署	1
		其他情形（此种情形中，判决仅提及了物证搜集过程中存在瑕疵，但并未说明究竟存在何种瑕疵）	5
勘验、检查过程及笔录瑕疵	58	勘验笔录缺乏见证人签名	19
		勘验笔录无勘验人员签字/无被告人签字/伪造勘验人员签字	11
		事故现场图/现场照片无当事人签字	9
		勘验笔录见证人不适格	5
		勘验现场无见证人	3
		勘验笔录时间瑕疵	3
		未进行现场勘验	3
		同一案件勘验笔录有两份，且记录人和见证人不同	1
		勘验现场遭到破坏	1
		检查笔录中物品信息不全	1
		勘验现场没有被告人和同案人指认	1
		检查笔录缺乏签字	1

（续表）

瑕疵种类	出现频次	备注	
讯问（犯罪嫌疑人、被告人）过程及笔录瑕疵	129	讯问笔录缺少签字	31
		讯问笔录时间瑕疵（例如无讯问起止时间、与其他笔录相冲突等情形，下同）	28
		讯问笔录地点瑕疵（例如在派出所办案区等看守所外获取笔录、笔录未注明讯问地点、讯问地点与其他笔录记载的讯问地点不一致等情形）	12
		讯问笔录无同步录音录像	11
		同一侦查人员同时讯问多名被告人	10
		讯问同步录音录像无声音/声音不连贯	7
		讯问时仅有一名侦查人员（例如讯问笔录由侦查人员和协警共同制作、讯问过程中部分时段仅有一名侦查人员等）	6
		讯问笔录内容与同步录音录像内容冲突	6
		讯问笔录未交予被告人确认	5
		讯问无（限制）行为能力人未通知法定代理人/相关成年人到场	5
		讯问违反法定程序	2
		讯问笔录记载的侦查人员与录音录像记载的侦查人员不一致	1
		提讯证与讯问笔录中侦查人员签名不一致	1
		讯问笔录的地点与拘留决定书的入所时间无法对应	1
		讯问期间被告人发病	1
		讯问笔录为复印件	1
		讯问笔录存在明显的粘贴复制	1
询问（证人、被害人）过程及笔录瑕疵	150	同一侦查人员同时询问多名证人	49
		询问笔录时间瑕疵	24
		询问笔录缺少签字	22

（续表）

瑕疵种类	出现频次	备注	
		询问未成年人未通知法定代理人到场	16
		询问/讯问未告知权利和义务/未附有权利义务告知书	14
		询问时仅有一名侦查人员	8
		询问笔录无制作地点/地点存在瑕疵	8
		询问笔录/被害人陈述笔录为复印件	4
		没有个别询问	3
		询问笔录中墨迹字体大小不一致	2
辨认/指认过程及笔录瑕疵	23	辨认笔录缺乏见证人签名/无见证人签名/见证人不适格/笔录所载见证人与签字人名称不符	13
		辨认人在组织辨认前见过辨认对象	3
		辨认笔录时间瑕疵	2
		辨认笔录无同步录音录像	2
		辨认地点系在警车中，且同步录音录像没有记录侦查人员画面	1
		辨认笔录无当事人签字	1
		指认现场笔录正文与被告人签字之间留有大片空白	1
视听资料瑕疵	11	讯问同步录音录像无声音/声音不同步/声音不连贯	8
		同步录音录像无称量毒品画面	1
		勘验过程录制约1小时的同步录音录像，但侦查机关仅播放5分钟	1
		视听资料缺乏原始载体	1
电子证据瑕疵	6	电子证据存在修改和剪辑	4
		电子数据的提取、固定、送检存在瑕疵	2

（续表）

瑕疵种类	出现频次	备注	
其他瑕疵	15	受案登记表时间瑕疵(与案件发生时间矛盾)	5
		情况说明无制作人签字	4
		抓捕经过无同步录音录像	1
		案件由不具备职权的协警督促嫌疑人尿检	1
		情况说明时间瑕疵	1
		情况说明日期为 2014 年 2 月 29 日,而该年 2 月没有 29 日	1
		入所体检表与同期入所体检表不一致,不排除事后制作可能	1
		抓捕过程缺少签字	1
总计	722		

数据显示,判决书中有明确记载瑕疵种类的鉴定意见瑕疵共有 170 次,其中鉴定意见/检验报告/鉴定结论缺乏鉴定人签名或盖章/未附有鉴定资质证明的出现频次为 42 次,在此类证据瑕疵中高居榜首;其次为鉴定意见检材提取过程不合法/检材来源不明,36 次;再次为鉴定人/鉴定机构不具备鉴定资质,34 次。毒品案件物证收集、保管、移交程序瑕疵共有 103 次,其中最为突出的瑕疵种类为毒品缺乏当场称重笔录/毒品未当场封装称量送检/未制作毒品扣押笔录及清单,出现频次为 34 次。其他物证搜查、扣押过程及笔录/清单瑕疵共有 57 次,其中搜查程序瑕疵为 11 次。勘验、检查过程及笔录瑕疵共有 58 次,其中勘验笔录缺乏见证人签名为 19 次。讯问(犯罪嫌疑人、被告人)过程及笔录瑕疵共有 129 次,其中讯问笔录缺少签字为 31 次;讯问笔录时间瑕疵为 28 次;讯问笔录地点瑕疵为 12 次。询问(证人、被害人)过程及笔录瑕疵共有 150 次,其中同一侦查人员同时询问多名证人出现频次最高,49 次;询问笔录时间瑕疵为 24 次;询问

笔录缺少签字为22次。辨认/指认过程及笔录瑕疵共有23次,其中辨认笔录缺乏见证人签名/无见证人签名/见证人不适格/笔录所载见证人与签字人名称不符为13次。视听资料瑕疵共有11次,其中讯问同步录音录像无声音/声音不同步/声音不连贯出现频次为8次。电子证据瑕疵共有6次,其中电子证据存在修改和剪辑为4次。其他瑕疵共有15次,包括受案登记表时间瑕疵、情况说明无制作人签字、抓捕经过无同步录音录像等。

绝大多数的证据瑕疵,都属于对证据真实性的质疑。例如,在一个贩卖毒品的案例中,搜查和扣押清单上签字的见证人,同一时间出现在不同的现场,对不同现场的搜查和扣押进行了见证。这在目前人类的经验范围内是完全不可能发生的事情。辩护人对此扣押清单提出了质疑,法院也认为辩护方的异议成立,将两份搜查笔录和扣押清单均予以排除。[9] 又如,讯问笔录记载的侦查人员与同步录音录像中出现的侦查人员不一致,常识告诉我们,讯问笔录中的侦查人员姓名必然是假的;在此情况下,讯问笔录的真实性也必然会使人产生疑问。辩护方对这种讯问笔录提出异议,也就理所当然。再如,同一侦查人员同时讯问多名被告人,这既不符合法律规定,在经验上也基本上没有可能,但这一瑕疵在样本案例中出现了10次。另外,在一个案件中,公诉方提供的情况说明的落款日期为2014年2月29日,但2014年没有2月29日,这份证据显然违反历法。

在对证据质疑的案例中,大部分都和验真环节的缺失有关。其中最典型的是物证收集保管程序瑕疵,出现频次为160次(含毒品),其中涉及的毒品缺乏当场称重笔录、毒品称重无取样笔录等,其实就是实物证据的保管链条问题。一个实物证据的保管链条出现了瑕疵,控方如何还能言之凿凿,说其所出示的物证或者照片就是其意

---

〔9〕 王某甲、夏某贩卖毒品案,山东省青岛市李沧区人民法院(2014)李刑初字第405号。

图出示的物证或者照片呢？笔录缺乏见证人，其实也是笔录本身的验真问题。勘验笔录没有见证人，控方如何证明侦查机关勘验的现场就是其所声称的那个现场？在所有证据种类中，笔录缺少签字的瑕疵出现了135次，频次最多。无论是讯问笔录还是询问笔录，它们的内容都是言词证据，但笔录只是它们的载体；如果载体的真实性存在疑问，言词证据内容的真实性自然也就有了疑问；因此，作为言词证据载体的笔录，本身也存在验真的问题。事实上，除证人亲自到法庭上所作的陈述无须验真以外，其他所有证据都存在验真的问题。因此，讯问笔录、询问笔录、鉴定意见、勘验或检查笔录、扣押提取笔录等都有验真问题。也因此，笔录缺乏签名作为瑕疵证据补正规则案例中出现频次最多的瑕疵种类，也就不足为奇。另外，鉴定检材来源不明，也是验真问题。鉴定意见的关联性，是附着于检材的关联性之上的；检材来源不明，就意味着检材的关联性有了疑问；鉴定意见所指向的那份物证，是不是还是出示证据的那一方所声称的物证，自然也就有了疑问。很多针对鉴定意见提出的瑕疵，实际上就是关于物证本身验真环节的瑕疵。

在上述瑕疵中，当然也有一些既涉及权利保障但同时也与发现真实有一定关联的瑕疵，例如讯问笔录未交被告人确认、讯问无行为能力人未通知其法定代理人到场、讯问时仅有1名侦查人员、讯问时未告知被讯问人权利义务等。

三、瑕疵证据补正与合理解释的主要方法

（一）瑕疵证据补正与合理解释的方法与路径

对于瑕疵证据补正或合理解释的方法与路径，法院更经常的做法是简单指出争议证据已经获得合理解释或补正，至于如何合理解释或补正却语焉不详。总体来看，判决书明确提到瑕疵证据已经获

得合理解释的案件有 419 个,明确提到瑕疵证据已获得补正的案件有 286 个。即使在这 705 个案件中,判决书比较明确地提到了合理解释的理由或补正的途径的案件也仅有 346 个。其中 274 个案件属于合理解释,72 个属于补正。

表 7-2　补正/合理解释的方法与路径出现频次

补正/合理解释的方法或路径		案件数
合理解释	被告人曾表示确认	69
	笔误	63
	疏忽大意	36
	条件限制	33
	设施原因(硬件设备原因和软件系统原因)	24
	法律、法规及制度原因	16
	签名人拒绝签字	11
	情况紧急	7
	签名人出差	3
	毒品相互之间产生了化学反应	2
	其他	10
补正	补充签名或者盖章	22
	重新询问并制作询问笔录	13
	提交相关录音、录像、照片予以说明	11
	补充鉴定资质	6
	提供新的证人证言	5
	重新鉴定	4
	其他	11

在作出合理解释的 274 个案件中,有 69 个"被告人曾表示确认"的案件。具体情形如被告人对称量结果表示认可、扣押手续有被告人签字、笔录内容经被告人认可,以及被告人经庭审质证对证据无异

议等。这些案件应当是被告人或者其辩护人一开始对证据提出了质疑,但在之后的法庭审判中,要么是被告人对证据的真实性重新予以了认可,要么是控方以被告人之前曾经签名这一事实来回应辩方对证据提出的质疑。在 63 个案件中,给出的合理解释是“笔误”。在 36 个案件中,给出的合理解释是“疏忽大意”,例如因疏忽而未将权利义务告知书附卷、侦查人员忘记让见证人签字、使用电脑模板时未对相关信息进行更改、讯问人员记错时间等。在 33 个案件中,给出的合理解释是“条件限制”,例如拆迁现场周边无群众、深夜抓捕现场复杂、被告人处于羁押状态无法到达称重现场、半夜光线差故等到天明才拍照等。在 24 个案件中,合理解释是“设施原因”,包括电脑系统时间不一致、电脑存在时间差、电池电量耗尽、录音录像设备损坏、网络异常、手表不准、执法仪故障导致数据丢失等。在 16 个案件中,合理解释是“法律、法规及制度原因”,包括监区提讯无须提讯证、初查无须录音录像、案件不属于必须同步录音录像的案件范围等。在 11 个案件中,合理解释是“签名人拒绝签字”。在 7 个案件中,合理解释是“情况紧急”。还有 3 个案件,合理解释是“签名人出差”;有 2 个案件,合理解释是“毒品相互之间产生了化学反应”。另有 10 个案件,判决书明确提到了合理解释的路径,但无法归类到上述类别,具体包括“现场有多名侦查人员但仅一名签字”“考虑到对强奸案件被害人影响故由辅警担任勘验见证人”“被害人要求增加一句话致有涂改”等(见表 7-2)。

在补正的 72 个案件中,出现频次最多的补正方法是“补充签名或者盖章”,22 次;其次是“重新询问并制作询问笔录”,13 次;再次是“提交相关录音、录像、照片予以说明”,11 次;复次是“补充鉴定资质”,6 次。在 5 个案件中,控方重新提供了新的证人证言,实际上相当于重新取证,并以新的证言取代了之前的证人证言。在 4 个案件中,控方以重新鉴定的方式对证据进行了补正。另外有11个案件没有归类,包括“补充侦查报告书”“鉴定意见补正书”“重新制作搜查笔录、扣押清单并经侦查人员、见证人、持有人签字”“补充讯问笔录原件”“补充辨认”“补充见证人身份信息”“提交侦查实验报告”等。

(二)瑕疵证据的补正就是加强争议证据的可信度

如前所述,瑕疵证据补正规则的目的是保障真实的发现。从实务案例来看,瑕疵证据的补正或者合理解释,其实质就是对缺乏真实性保障的证据提供补强。例如,因疏忽而未将权利义务告知书附卷、使用模板时未对相关信息进行修改、讯问笔录使用同一模板导致时间交叉、侦查人员未在电脑系统上点击结束就去讯问另一犯罪嫌疑人等,都属于笔录瑕疵的合理解释,其目的均在于消除对笔录内容真实性的疑问。又如,当一份讯问笔录因属复印件而被质疑时,举证方举出原件加以补正,实际上就是因为讯问笔录属于复印件而导致其内容的真实性受到挑战,举证方以原件来回应这种挑战,从而消除法庭对其内容真实性的顾虑。

鉴定意见、检验报告也属于经常被质疑的证据种类。在一个抢夺案件中,公诉方委托房地产评估公司对被抢夺的报废摩托车的价值进行鉴定,辩护方对房地产评估公司能否对摩托车的价值进行鉴定提出质疑。公诉方以被害人陈述、被告人供述及证人证言等证明房地产评估公司评估的报废摩托车的价值亦有其合理性。〔10〕另外,在一份只有一人签名的检验报告受到质疑时,公安机关出具情况

〔10〕 程某与刘某抢夺案,江苏省南京市雨花台区人民法院(2013)雨刑二初字第42号。尽管该案法院采用了该份鉴定意见,但最终对被告人作出了较轻的处罚,理由是“鉴于辩护人认为涉案摩托车没有精确价值鉴定结论且评估机构及评估报告存在瑕疵,应当根据有利于被告人的原则,对两被告人进行量刑同时建议对两被告人判处缓刑,对该建议公诉机关当庭亦明确表示同意,故合议庭合议后采纳辩护人要求对两被告人判处缓刑的意见”。

说明，表明另一鉴定人在公休故未签名，现公休已经结束，签名也已经补正。[11] 这一案例既可以视作对缺乏鉴定人签名的检验报告的合理解释，其实也存在对检验报告的补正（补充签名）。其目的均在于提升检验报告的真实性、可靠性。

由于实物证据在真实性方面的主要缺陷就是缺乏验真环节，因此瑕疵证据补正与合理解释的方法与路径也主要是补足验真环节。从案例数据来看，在大多数案件中，补正与合理解释的实质，就是将缺失的验真环节予以补足。可以说，通过补足验真环节消除对证据真实性、可靠性的顾虑，在瑕疵证据补正与合理解释的案例中占有显著的地位。

例如在孙洋贩卖毒品案[12]中，辩护人提出该案毒品没有当场称重，无毒品称量笔录，因此请求排除该案中上缴毒品单据、缴获毒品情况说明、鉴定文书。公安机关一方面出具了六位民警的证言，另一方面以办案分局的名义出具八份情况说明以证明案件中的物证（毒品）从现场扣押到移交鉴定的过程中不存在替换或者改变毒品性状的行为；此外，控方还补充了扣押当日的出警现场视频及现场称重录像截图。在提交上述证据后，法官认为虽然扣押程序存在瑕疵，但已得到补正，可以作为认定案件事实的依据。该案中，控方补充的证据，实际上就是补足原先缺失的验真环节。

又如在赵雨诈骗案[13]中，辩护人提出“电子数据的手机来源不明，没有手机提取笔录及清单；电子证据的收集提取程序不合法，没有电子数据持有人、见证人和签名，整个过程没有录像”，即“提取的是谁的手机缺乏证据”，因此应当予以排除。对此，法院认为，虽然该

---

〔11〕 余国青、何福泰运输毒品案，云南省高级人民法院（2016）云刑终 641 号。

〔12〕 河南省平顶山市卫东区人民法院（2017）豫 0403 刑初 30 号。

〔13〕 青海省西宁市中级人民法院（2017）青 0104 刑初 187 号。

案中没有对手机的收集过程制作笔录，电子物证检查工作记录没有侦查人员和持有人签字，但是公诉人当庭出示了电子数据勘验检查委托书、受理登记表、检材清单、电子物证检查工作记录、封存电子数据证据清单及照片、原始物证使用记录、电子数据勘验检查部门情况说明、孙某甲和孙某乙的情况说明，足以证明侦查机关是从受害人孙某甲、孙某乙处搜集电子数据存储介质手机后进行了封装。同时，由于电子数据勘验检查部门进行拆封、勘验检查完成后进行重新封装，并进行照相，记录了原始储存介质的封存状态，因此电子数据可以作为证据使用。该案中，公诉方当庭展示的证据，实际上就是为了实现对电子证据的验真。

值得说明的是，从案例数据来看，办案机关一般不会像上述第二个案例中一样通过补充多种证据去补强证据的验真环节。更常见的做法是像上述第一个案例一样，一方面以民警个人的名义提交证言，另一方面以办案单位的名义出具情况说明，以证明办案过程中不存在违法违规情形，或虽然存在违法违规情形，但是该违法情形不影响证据的真实性。这也是为何在样本案例中合理解释和情况说明出现的频次远多于其他方法和路径。本书认为，办案机关当然可以通过补充证人证言的方式对证据的验真环节予以补强。事实上，在验真法则早已确立的英美法系也经常会通过警察所提供的证言去对证据进行验真。但是，在办案人员提供证言的同时，其理应到法庭接受控辩双方的交叉询问。不过，在本研究所获取的 799 件案例中，仅有 36 件案例中侦查人员出庭作证并对证据的搜集、提取、移送过程进行了解释。

四、瑕疵证据排除的主要情形

（一）瑕疵证据排除的总体情况

全部案例中，法院容许补正或合理解释后将争议证据予以采信的证据数为706,占比为79.33%。因无法补正且没有合理解释或认为解释不合理而导致争议证据最终被排除的证据共有184例,占比为20.67%。[14] 比较而言,在以证据存在瑕疵为由申请排除的场合下,争议证据最终被排除的比例还是很高的——远高于以非法证据为由申请排除证据的成功率(大约为9%)[15](见表7-3)。

本书认为,发现真实在刑事诉讼中的地位决定了瑕疵证据排除的比例必然高于非法证据排除的比例。首先,传统上,发现真实毕竟一直是刑事诉讼的最高追求,就此而言,信息越丰富,越有助于真实的发现。正因为如此,才有"排除了证据就排除了正义"这一格言。非法证据排除规则却是为保障人权而设置的,它很多时候会置真相于不顾。因此,当一个证据由于其非法的性质而导致其可能被排除时,法官们总是会投鼠忌器,担心由于排除非法证据而排除了真相,从而牺牲了正义。也因此,人们在适用非法证据排除规则排除证据时,总是会更加谨小慎微。其次,瑕疵证据补正规则不同于非法证据排除规则之处,正在于它是为了提高裁判中认定事实的精确性,是为了促进真实的发现。与非法证据相反,当法官面对一个瑕疵证据时,由于对证据的真实性、可靠性本身有了疑问,容许瑕疵证据存在恰恰可能对发现真实的价值造成损害。因此,法官们反而更有动力排除那些在真实性、可靠性上存有疑问的证据。

---

〔14〕 被排除的证据与得到采信的证据总数为890,大于全部案例数799,是因为有的案件中争议证据不止1个,从而出现被排除证据总数与被采信证据总数之和大于全部案例数的情况。

〔15〕 在现有的研究中,根据非法证据排除规则对证据提出异议从而最终导致争议证据被排除的比例大约为9%。参见易延友:《非法证据排除规则的中国范式》,载《中国社会科学》2016年第1期。

表 7-3 容许/排除的比例

<table>
<tr><td>争议证据及案件处理情况</td><td colspan="3">出现频次</td></tr>
<tr><td>容许补正/合理解释后采信</td><td colspan="3">706(证据数)</td></tr>
<tr><td rowspan="2">无法补正且没有合理解释或认为解释不合理后排除证据(不作为定案依据)</td><td rowspan="2">184(证据数)</td><td>排除证据后宣告无罪</td><td>19(案件数)</td></tr>
<tr><td>排除证据后部分事实不予认定/按有利于被告人的原则确定案件事实/仅采信与事实相符部分</td><td>20(案件数)</td></tr>
</table>

当然,这并不意味着排除瑕疵证据就不会影响到对被告人的定罪。我们只是说,即使存在这种影响,它更可能的效果也是防止无辜者不被冤枉,而很少会涉及有罪者能够成功地逃脱惩罚。也就是说,排除非法证据一方面可能有助于实现消极的实体真实主义,另一方面也可能有碍于实现积极的实体真实主义。而排除瑕疵证据对实现积极的实体真实主义其实并无妨害,同时却对实现消极的实体真实主义有促进作用。这并不是说排除瑕疵证据完全不会造成有罪者逃脱惩罚的情况出现,而是说,在非法证据排除规则之下,可能会出现明知是有罪的被告人,却由于排除非法证据而无法对被告人定罪的情形,例如在美国的很多案件中,由于警察违反了美国联邦宪法第四修正案而排除程序上违法而事实上可靠的证据后检方不得不撤诉的情形可以说比比皆是;但在瑕疵证据补正规则之下,这种明知被告人有罪而排除证据的可能性几乎是不存在的,因为,当对证据的真实性、可靠性产生疑问时,被告人有罪与否,也是不确定的。

本书收集的案例也能证明这一假设。在瑕疵证据被排除的案件中,一共有 19 个案件因为证据存在瑕疵且无法补正与合理解释,导致罪与非罪的关键事实无法认定,法院最终宣告被告人无罪。例如，在魏某初、罗某星非法采矿案[16]中，法院因鉴定人员对检材的取得、保管、送检均无记载，使得检材可靠性存疑；且鉴定测量、取样的地点，是否就是案发现场，提取的检材是否是被告人非法采掘的矿产不能确定，所以法院将关键证据《矿产资源价值鉴定书》与《非法开采石矿破坏矿产资源价值评估报告书》予以排除。又由于侦查机关没有对非法采矿的现场进行勘察，未制作现场勘察笔录和拍摄现场照片，亦没有从现场提取矿产样本及对现场进行封存；被告人到案后，侦查机关没有组织被告人指认作案现场。因此，该案中不具备重新鉴定的条件。这就意味着无法确定被告人造成矿产资源破坏的实际价值，不能确定该案中是否满足非法采矿罪中“情节特别严重”的标准，因此将被告人无罪释放。二审法院也维持了一审法院的无罪判决。

在盛业海、张聪文等故意毁坏财物案[17]中，被告人因厂房隔开问题与他人发生争执，随后纠集多人将对方电视背景墙毁坏。经鉴定，被毁坏的电视背景墙价值 642 800 元。公诉机关提起公诉后，法院经审理认为由于该案现场勘验、检查笔录仅有勘验检查人员与被害人签名，没有见证人到场见证，不满足验真的要求而将勘验、检查笔录排除。值得一提的是，该案中公安机关并非没有对上述情况进行解释。公安机关出具情况说明提出：“周边村民不便参与被告人与被害人两家纠纷，均不愿意作为见证人到场，因此邀请见证人未果。”对此，法院认为该解释无法成立，理由是事发地点并非偏远地带，事发时间亦非深夜，且相关司法解释对见证人的范围规定较为宽泛，因此理应可以寻得见证人。又由于公安机关未能提供相关录像，因此勘验、检查笔录必须予以排除。至于价格鉴定意见，由于公安机关对

〔16〕 湖南省益阳市中级人民法院(2015)益法刑一终字第 197 号。
〔17〕 安徽省合肥市肥东县人民法院(2017)皖 0122 刑初 124 号。

现场进行勘验检查后,将检材交给了被害人保管长达半年,导致检材真实性存疑。加之鉴定机构的重要鉴定依据——勘验、检查笔录已被排除,因此法院认定鉴定意见依据不足且无重新鉴定的条件,遂将其排除。由于以上证据的排除,法院最终认定六名被告人无罪。

在有些案件中(共有 20 例),排除证据后部分事实不予认定,或者按有利于被告人的原则确定案件事实,或者仅采信与事实相符部分。例如,在徐慧光非法持有毒品案中,被告人被指控非法持有毒品 6 包。法院经审理认为,对于其中的 4 包毒品,因侦查人员补充制作扣押清单时没有出示被扣押物原物,且没有在现场提取时制作相应的提取笔录及提供相应毒品来源的原始记录,扣押程序不合法,不能证明上述毒品系被告人所持有,故该扣押清单不能作为该案定罪证据使用。〔18〕 又如,在磨黎斌抢夺案中,检方指控了磨黎斌两起抢夺的事实,其中第二起事实法院予以认定;第一起指控因同案被告人王某民提供的证言笔录记载的作案人是莫黎斌,与该案被告人磨黎斌发音虽同,文字却有差异,且没有辨认笔录等证明王某民所供之莫黎斌与该案被告人磨黎斌系同一人,加上公诉机关未能补正,也不能提供合理解释,因此不予认定。〔19〕

另外还有一些案件,由于证据瑕疵导致量刑证据缺失,使法院对被告人定罪后作出了较轻的处罚。例如孔某某、马某某贩卖毒品一案,法院经审理后认定:“公安机关未按最高人民法院、最高人民检

〔18〕 徐慧光非法持有毒品、盗窃案,浙江省温州市鹿城区人民法院(2016)浙 0302 刑初 196 号。

〔19〕 磨黎斌抢夺案,广西壮族自治区南宁市隆安县人民法院(2013)隆刑初字第 83 号。其他典型案件包括林某、蒋某贩卖毒品案,四川省南充市顺庆区人民法院(2015)顺庆刑初字第 459 号;高源贩卖毒品案,四川省南充市顺庆区人民法院(2015)顺庆刑初字第 272 号;章海峰、陈志斌贩卖毒品案,湖北省黄冈市武穴市人民法院(2016)鄂 1182 刑初 211 号;李云峰等生产销售伪劣产品案,吉林省辽源市西安区人民法院(2017)吉 0403 刑初 32 号;等等。

察院、公安部关于《办理毒品犯罪案件毒品提取、扣押、称量、取样和送检程序若干问题的规定》,对涉案毒品称量、取样的过程制作笔录,取证过程存在一定瑕疵,虽不影响对二被告人的定罪,但在量刑时应予考虑,本院对被告人马某某辩护人该辩护意见部分予以采纳。"[20]又如,在张某贩卖毒品一案中,法院认为"对于被告人张某2017年5月3日贩卖毒品的行为,因送检程序瑕疵导致鉴定意见不予采信,张某所贩毒品疑似物成分不明,根据有利于被告人的原则,认定为犯罪未遂,可比照既遂减轻处罚"[21]。另,在冯丽兵贩卖毒品案中,因为排除了证据,二审法院发回重审。[22]

(二)排除情形出现频次及排除原因分析:瑕疵证据排除的原因主要是争议证据的真实性无从验证

在184个因证据存在瑕疵而被排除的案件中,因物证/电子证据收集、保管链条存在瑕疵而被排除的情形出现35次,笔录或鉴定意见存在签名或盖章瑕疵的情形出现28次,笔录或扣押清单存在时间瑕疵为20次,侦查人员、见证人签名存在瑕疵为15次,同步录音录像存在瑕疵为15次,同一侦查人员在同一时间出现在不同调查地点为13次,未通知法定代理人或其他适格人员到场为11次,只有一名侦查人员询问/讯问为7次,鉴定意见未依法告知被告人为5次,书证存在修改为5次,询问/讯问未告知相关人员权利义务为4次,笔录形成地点存在瑕疵为3次,其他情形为23次,包括"鉴定人未能在庭审中回应专家辅助人的质证""通话记录中缺少部分记录"等(见表7-4)。

[20] 新疆维吾尔自治区乌鲁木齐市中级人民法院(2017)新01刑初77号。
[21] 湖南省岳阳市平江县人民法院(2017)湘0626刑初319号。
[22] 山西省长治市中级人民法院(2017)晋04刑终351号。

表 7-4　排除各情形出现频次/排除原因分类概括

瑕疵种类	出现频次
物证/电子证据收集、保管链条瑕疵	35
笔录或鉴定意见签名/盖章瑕疵	28
笔录/扣押清单时间瑕疵	20
侦查人员/见证人签名瑕疵	15
同步录音录像瑕疵	15
同一侦查人员在同一时间出现在不同调查地点	13
未通知法定代理人或其他适格人员到场	11
只有一名侦查人员询问/讯问	7
鉴定意见未依法告知被告人	5
书证存在修改	5
询问/讯问未告知相关人员权利义务	4
笔录形成地点瑕疵	3
其他情形	23

显而易见，排除瑕疵证据的原因要么是由于缺失的验真环节无法补正，要么是由于其他原因导致瑕疵证据的真实性没有保障。例如在张某乙故意伤害案[23]中，公安机关虽然在现场提取了一把菜刀，但是未制作勘查、提取笔录及扣押清单；公诉机关虽然补充了物证提取证明，但是提取见证人为公安机关协勤人员，不符合见证人资格，因此法院认定该菜刀的提取过程存在瑕疵，不能作为证据使用。在李云峰、王芸等生产、销售伪劣产品案[24]中，公安机关通知食监局扣押了大批“假保健品”；几天后，食监局人员在民警的见证下将扣押物的价格、数量、品种、照片制作成统计表并将统计表交予公安局；

〔23〕山东省济宁市鱼台县人民法院（2015）鱼刑初字第 63 号。

〔24〕吉林省辽源市西安区人民法院（2017）吉 0403 刑初 32 号。

由于扣押物数量较多，公安机关并未接收相关扣押物，而是继续将扣押物存放在食监局，食监局在年底将本批扣押物进行了集中销毁。该案被提起公诉后，法院认为侦查机关提供的“假保健品”统计表未列明保健品的详细品种、特征和数量，所附统计表及卷内照片无制作人员，特别是无见证人、物品持有人签名确认，存在明显的瑕疵且已经无法进行补正（扣押物已被销毁），因此不能作为认定被告人销售价值253万元伪劣产品的证据。在胡义科贩卖毒品案〔25〕中，由于检查笔录、毒品封存笔录、毒品启封笔录不是被告人胡义科本人的签名，并且侦查员、见证人的签字笔迹前后不一致，相关笔录为事后补充制作，使得法院因对毒品的保管状态存疑而将该案物证毒品予以排除。在李沂贩卖毒品案〔26〕中，由于公安机关未及时封存涉案物品（毒品）并当场制作称量笔录、取样笔录，导致没有相关称量记录对扣押物品重量予以印证。而随后制作的称量笔录、取样笔录的见证人与当场扣押物品的见证人不是同一人，且补充的取样笔录见证人前后不一致。鉴定机构接受检材时，只有侦查机关的一人送检，缺乏毒品送检笔录等证据证实检材的来源，之后鉴定结果又未依法送达或告知被告人。加之公安机关未作出合理解释且无法补正，因此法院将该案中检验鉴定书予以排除。

五、瑕疵证据补正规则的完善

（一）实务中的主要问题及其原因

第一，瑕疵证据内涵不明确，导致实务中瑕疵证据与非法证据存在混淆。我国相关法律和司法解释没有明确瑕疵证据的定义，更没有明确地将瑕疵证据与非法证据进行区分，这就导致非法证据与瑕

---

〔25〕 湖南省张家界市永定区人民法院（2017）湘0802刑初22号。

〔26〕 湖北省黄冈市武穴市人民法院（2016）鄂1182刑初130号。

疵证据在司法实践中的使用出现混乱。不少案件中辩护人将明显仅仅存在瑕疵的证据称为非法证据,要求法院适用非法证据排除规则。在有些案件中,法院也确实将本可补正或作出合理解释的瑕疵证据当作非法证据加以排除。例如,在一起故意伤害案中,证人郭某在派出所做笔录时,被告人赵亚兵替其母亲郭某在证言笔录上签字,庭审时被告人要求公诉方出示其母亲郭某的证言笔录,遭到公诉人拒绝,理由是该笔录签名存在瑕疵且无法补正。公诉方的主张获得法庭支持。〔27〕 该案中公诉人和法庭关于证据瑕疵的处理,显然是没有道理的。相反,在另一起案件中,法院明确表示丈夫替妻子代签的证人证言笔录不违反规定。〔28〕 又如,在郑川受贿案中,法院将公诉方出示的一份证言笔录加以排除,理由是询问地点不符合法律规定。〔29〕 该案公诉机关提出的合理解释是对该证人开始是以犯罪嫌疑人来对待的,所以以指定地点的形式进行了询问。但是法院认为,该案中证人江某目前属于证人身份,未被采取强制措施,故对江某的询问应当适用刑事诉讼法有关询问证人的规定;鉴于该案中争议证据不符合询问证人地点的规定,该份笔录应予排除。

更为严重且更经常发生的是,法院将本应纳入非法证据排除规则中处理的证据放到瑕疵证据补正规则之中处理。我国刑事诉讼法所确立的有些制度往往兼具发现真实和保障人权两方面作用。诸如两名适格侦查人员进行讯问、讯问时进行同步录音录像、现场勘验等需要邀请见证人等制度,一方面可以保证发现真实,另一方面可以保障刑事诉讼中被追诉人的人权不受侵犯。相应地,诸如缺乏相关笔录、侦查人员不适格、笔录缺乏相关签字、无同步录音录像或同步录

〔27〕 赵亚兵故意伤害案,江苏省苏州市姑苏区人民法院(2017)苏0508刑初240号。

〔28〕 吕清哥投放危险物质案,福建省莆田市中级人民法院(2017)闽03刑申20号。

〔29〕 郑川受贿案,广东省广州市中级人民法院(2014)穗中法刑二初字第152号。

音录像存在剪辑这些在司法实践中经常出现的问题,既可以被认定为侵犯人权的线索,亦可以被认定为可能影响证据真实性的瑕疵。如何对相关“瑕疵”进行定性,将直接影响该“瑕疵”是否允许解释或补正。但遗憾的是,在这一重要问题上,法律和司法解释并没有给出明确的规定。因此,法院就经常将非法证据“降格”成瑕疵证据,在公诉机关“补正”或“合理解释”后采信相关证据。例如,在王某某抢劫案中,公安机关没有搜查证即进行了搜查,辩护方对搜查获得的证据提出质疑,法院却认定该案中只是搜查笔录存在瑕疵,经办案人员合理解释该证据可以作为定案的依据。[30] 这显然是混淆了非法证据与瑕疵证据之间的区别。

第二,瑕疵证据补正规则弹性过大,法官自由裁量权过于宽泛,导致实务中对相关问题的处理不统一。以搜查、扣押清单中的见证人为例,在卓秋坛走私、贩卖、运输、制造毒品案中,扣押清单上见证人仅有严某一人签名,而严某为办案机关的巡防队员,参与了该案的抓捕工作,不是适格的见证人。因此法院将该证据予以排除。法院在判决书中明确指出:“相关法律规定,在物证的提取过程中应当有中立的见证人或者全程录音录像作证。本院认为,这一程序设计的立法本意,就是要在物证等关键证据的提取上,不能仅有公安人员的单方证明,而应有其他客观证据证明取证的合法性和证据的真实性,通过对侦查权的限制和监督最大程度保护人权,防止冤假错案的发生。本案中,整个物证提取过程无物品持有人合法签名,无适格见证人,对相关扣押过程无录像及其他证据证明,即使有再多的公安人员证明,亦不能仅凭公安人员单方面的证言认定物证的合法性和真实性,否则,就违背了这一程序设计的根本目的,难以排除其他合理

---

〔30〕 王某某抢劫案,黑龙江省鸡西市恒山区人民法院(2016)黑刑初第 82 号。

可能性。”[31]但在另一些案件中,法官又认为由于巡防队员没有行使刑事诉讼中的职权,因此是适格见证人。在更极端的案件中,民警也能充当见证人。例如在朱金灿假冒注册商标案中,法院认为,见证人林某为边防派出所民警,而行使勘验、检查、搜查、扣押等刑事诉讼的公安人员为公安局经侦大队民警,因此林某没有行使刑事诉讼职权,可以作为见证人。[32]

第三,《死刑案件审查判断证据规定》虽然对不能作为定案依据的情形作了明确列举,这些情形本属于证据资格规范;但由于该规定中的其他规范均属于证明力的审查判断规范,本应属于自由心证的范围;将二者合并到一起规定,实际上是将证据资格规范与证明力规范进行了合并,必然导致实务中的混淆和混乱。由于缺乏独立的证据法典,对于证据法上的一些概念没有进行精确的界定,同时又缺少对相关问题举证责任和证明标准的规定,不仅辩护方提出的瑕疵概念五花八门,法官在相关问题心证的形成上也十分随意。就被告方而言,辩护人往往纠缠于一些细枝末节的问题,例如“提取尿液无见证人”“笔录中见证人未载明工作单位”“鉴定意见未描述毛发颜色”“侦查终结后收集的证据没有合法性”等,使得控方不得不针对这些问题一一解释或补正。就法院而言,对辩护方提出的问题往往无所适从。以出现频次最多的鉴定意见为例,被告方经常以检验方法不当作为证据有瑕疵的理由,但是究竟什么样的方法才算恰当,法律其实并无明文规定,在此情况下,法官也更倾向于采信控方提供的证据。再以询问证人笔录为例,《刑事诉讼法》本身并未要求询问证人应当由两名以上侦查人员进行;相关司法解释要求询问证人应当由两名或者两名以上侦查人员进行的目的主要是保证查明真实,甚至

〔31〕 卓秋坛贩卖毒品案,广东省深圳市中级人民法院(2013)深中法刑一初字第234号。
〔32〕 福建省莆田市仙游县人民法院(2014)仙刑初字第326号。

有时候就是为了让询问证人笔录更可信,以及在询问证人笔录发生争议时可以相互为证。但是法院在不同的案件中,对于只有一名侦查人员签名的询问证人笔录却会作出不同的处理:有的排除,有的采信。[33]

大量的鉴定意见瑕疵、询问笔录瑕疵、讯问笔录瑕疵实际上还暴露了我国刑事审判中的另一个问题:那就是,法庭审理的书面化,也就是陈瑞华教授所称的"案卷笔录中心主义"[34]。从本研究收集的案例来看,鉴定意见瑕疵出现 170 次,其中绝大多数问题例如鉴定人资质问题、鉴定意见缺乏签名问题、鉴定日期瑕疵问题等都可以通过鉴定人出庭来解决。尤其是所谓鉴定人签名问题,如果鉴定人出庭,这类问题根本就不会出现。询问(证人、被害人)过程及笔录瑕疵出现 150 次,其中询问笔录缺少签字出现 22 次,询问笔录时间瑕疵出现 24 次,询问笔录中墨迹字体大小不一致出现 2 次。如果证人出庭,这些问题基本上就不会出现,只有在证人当庭证言与之前证言不一致时,上述笔录才可以当作弹劾证言可信度的证据出示,也才有机会展示这些问题。讯问(犯罪嫌疑人、被告人)过程及笔录瑕疵出现 129 次。如果真的实现了庭审实质化,讯问笔录其实也不需要,只有当被告人当庭陈述与其之前所作供述不一致时才会用到讯问笔录以质疑被告人当庭陈述的可信度,但实践中我们的刑事审判往往是将讯问笔录当作指控犯罪的实质性证据,而不是当作反驳被告人当庭陈述的弹劾性证据使用。所谓刑事审判就是在审理一堆纸,所谓的真实也只是纸上的真实。这实际上是对近年来所推行的庭审实质化

---

〔33〕 例如,在樊某诉方某故意伤害案中[青海省海北藏族自治州祁连县人民法院(2015)祁刑初字第 9 号],法院就将只有侦查人员一人签名的询问证人笔录予以排除;在李兆雄非国家工作人员受贿案[江苏省常州市中级人民法院(2016)苏 04 刑终 125 号]中,对于同样只有侦查人员一人签字的询问证人笔录,法院予以采信。

〔34〕 陈瑞华:《刑事诉讼的中国模式》,法律出版社 2008 年版,第 107—196 页。

的极大讽刺！

(二)瑕疵证据补正规则的完善建议

针对以上问题,本书提出以下建议。

第一,应当明确瑕疵证据的正当性基础是为了促进案件真实的发现,它区别于为保障基本人权而设置的非法证据排除规则。后者在适用中不考虑证据的真实性问题,前者在适用中需要考虑证据的真实性问题。在此基础上,五机关发布的《死刑案件审查判断证据规定》中关于非法证据排除的部分,应当予以删除,使之彻底区别于《非法证据排除规定》。本来,从立法技术而言,《非法证据排除规定》已经包含了非法证据排除的实体规范、程序规范和证据规范,是对非法证据排除规则的全面、完整的规定。《死刑案件审查判断证据规定》再对《非法证据排除规定》中的实体性规范加以吸收,本身就是叠床架屋,纯粹是多此一举。实务部门工作人员并不清楚非法证据排除规则和瑕疵证据补正规则的区别,两个规定在技术上作如此处理,进一步加剧了实务部门工作人员对两个不同种类的规则的混淆。这其实是完全可以避免的。

第二,瑕疵证据补正规则在实务中表现出来的第二个特征,是规则实施的不统一。这既有非法证据排除规则和瑕疵证据补正规则概念混淆的问题,也有瑕疵证据补正规则本身赋予了法官太过宽泛的自由裁量权的问题。为解决此问题,需要从根本上对瑕疵证据补正规则重新作一定位。瑕疵证据补正规则的目的就是促进真实的发现。发现真实是世界各国刑事诉讼都追求的目标,这没有什么好遮遮掩掩的。但是,发现真实也有其必须遵循的自然规则。有些自然规则是不容违反的,有些自然规则则不能一概而论。对于前者,自然应当设置强制性规范,不容许法官拥有太多的自由裁量权;只有对于后者,才可以赋予法官自由裁量权。然而,我们目前的规则,实际上是将英美法系经过几百年历史检验沉淀下来的证据可采性规则,移植、转化为有关证据证明力审查判断的规则,因而也就在大多数情况下赋予法官宽泛的自由裁量权。这一方面损害了对于证明力评价应遵循的自由心证原则,另一方面也损害了基于真实发现目的而设置的证据可采性规则的价值。本书认为,《死刑案件审查判断证据规定》已经完成了移植英美法系证据规则的第一步,它使得对证据真实性的审查判断有了一个基本的规范。再往下,就应当继续完成移植证据可采性规则的第二步,那就是实现概念的精细化、规则的精细化。通过概念的精细化和规则的精细化,可以限缩法官的自由裁量权,实现司法实务对相关问题处理的统一,也可以促进精细化司法这一众多学者倡议的目标的实现。为此,只需要将《死刑案件审查判断证据规定》进一步修改完善,删除其中有关非法证据排除问题的规定,并升格其法律定位,使其成为单独的证据法典,在这部法典中比较完整地引进英美法系传统上根深蒂固的有关证据可采性的规则即可。

第三,如果能够将证据规则法典化,限缩法官的自由裁量权,自然也就应当增设证据资格审查程序,明确证据资格问题的举证责任和相应的证明标准,以听证形式对证据资格进行审查,以便当事方就证据可采性问题充分发表意见;法官对证据可采性问题的听证应当庭作出决定,当事方可以就此决定提出上诉。这一改革,可以有效切断侦查、起诉和审判之间的流水作业模式,实现对控方证据的筛查和过滤,避免将刑事审判变成对一堆纸的审判,真正实现庭审实质化。对于证据证明力问题,则应当由法官自由心证,法律不应就此作太多限制,以免产生不必要的混淆。

结　语

无论是瑕疵证据补正规则还是非法证据排除规则,其实都属于舶来品。但它们都是人类共同智慧的结晶,也是值得共同借鉴和相互吸收的司法经验。我们在非法证据排除规则方面已经走在了世界前列。对瑕疵证据补正规则的设计思路也大体正确。只要沿着这个方向继续走下去,就是证据规则的法典化。通过证据规则的法典化,既可以强化瑕疵证据补正规则与非法证据排除规则的区别,也可以实现证据规则的精细化,进一步限缩法官在证据资格方面的自由裁量权,并实现司法的精细化,以及近些年司法机关工作人员和学者们极力倡导的庭审实质化;还可以在证明力问题上解放法官,使其不被一些细枝末节的问题束缚住手脚。对此,我们翘首以盼,拭目以待。

参考文献

一、中文文献

（一）著作

1. 陈光中、严端：《中华人民共和国刑事诉讼法修改建议稿与论证》，中国方正出版社1999年版。

2. 陈光中：《中华人民共和国刑事证据法专家拟制稿》，中国法制出版社2004年版。

3. 陈光中主编：《中华人民共和国刑事诉讼法释义与点评》，人民法院出版社2012年版。

4. 陈瑞华：《刑事诉讼的中国模式》，法律出版社2008年版。

5. 陈瑞华：《刑事证据法学》，北京大学出版社2012年版。

6. 陈卫东：《刑事诉讼法修改条文理解与适用》，中国法制出版社2012年版。

7. 陈卫东主编：《刑事诉讼法修改条文理解与适用》，中国法制出版社2012年版。

8. 郎胜主编：《中华人民共和国刑事诉讼法修改与适用》，新华出版社2012年版。

9. 李连江：《戏说统计》，中国政法大学出版社2017年版。

10. 彭勃编译：《英国警察与刑事证据法规精要》，厦门大学出版社2014年版。

11. 宋英辉:《中华人民共和国刑事诉讼法精解》, 中国政法大学出版社 2012 年版。

12. 孙谦:《新刑事诉讼法条文精解与案例适用》,中国检察出版社 2012 年版。

13. 孙长永:《刑事诉讼法》(第 2 版),法律出版社 2013 年版。

14. 王达人、曾粤兴:《正义的诉求:美国辛普森案与中国杜培武案的比较》,北京大学出版社 2012 年版。

15. 杨仁寿:《法学方法论》,中国政法大学出版社 1999 年版。

16. 易延友:《刑事诉讼法:规则、原理与应用》(第 4 版),法律出版社 2013 年版。

17. 张军主编:《刑事证据规则理解与适用》,法律出版社 2010 年版。

18. 〔奥〕曼弗雷德·诺瓦克:《公民权利和政治权利国际公约评注》(修订第 2 版),孙世彦、毕小青译,生活·读书·新知三联书店 2008 年版。

19. 〔奥〕维特根斯坦:《哲学研究》,陈嘉映译,商务印书馆 2016 年版。

20. 〔德〕卡尔·拉伦茨:《法学方法论》,陈爱娥译,商务印书馆 2003 年版。

21. 〔德〕马丁·海德格尔:《存在与时间》,陈嘉映、王庆节译,生活·读书·新知三联书店 2015 年版。

22. 〔德〕齐佩利乌斯:《法学方法论》,金振豹译,法律出版社 2009 年版。

23. 〔美〕阿维娃·奥伦斯坦:《证据法要义》,汪诸豪、黄燕妮译,中国政法大学出版社 2018 年版。

24. 〔美〕艾尔·巴比:《社会研究方法(上)》,邱泽奇译,华夏出版社 2000 年版。

25.〔美〕戴维·穆尔、〔美〕威廉·诺茨:《统计学的世界(第八版)(上)》,郑磊译,中信出版社 2017 年版。

26.〔美〕欧内斯特·C. 莫斯纳:《大卫·休谟传》,周保巍译,浙江大学出版社 2017 年版。

27.〔美〕Arthur Best:《证据法入门:美国证据法评释及实例解说》,蔡秋明、蔡兆诚、郭乃嘉译,元照出版公司 2002 年版。

(二)论文

1. 陈昌云:《劫后余生说噩梦:杜培武访谈录》,载《工人日报》2000 年 9 月 14 日。

2. 陈瑞华:《中国模式的非法证据排除规则》,载《中国法学》2010 年第 6 期。

3. 陈瑞华:《论瑕疵证据补正规则》,载《法学家》2012 年第 2 期。

4. 陈苏豪:《论疲劳审讯的认定标准》,载《西南政法大学学报》2015 年第 2 期。

5. 董坤:《论疲劳审讯的认定及其所获证据之排除》,载《现代法学》2017 年第 3 期。

6. 黄曾建、吴翠萍:《疲劳审讯认定标准的困惑与对策研究——以职务犯罪案件为视角》,载《法制与社会》2016 年第 10 期。

7. 罗国良、刘静坤、朱晶晶:《〈关于建立健全防范刑事冤假错案工作机制的意见〉的理解与适用》,载《人民司法》2014 年第 5 期。

8. 吕广伦、罗国良等:《〈关于办理刑事案件排除非法证据若干问题的规定〉理解与适用》,载《人民检察》2010 年第 16 期。

9. 马静华:《刑事辩护率及其形成机制研究——以刑事一审为中心》,载《四川大学学报(哲学社会科学版)》2011 年第 6 期。

10. 马婷婷:《论疲劳审讯的界定及防治路径》,载《山东警察学院学报》2017 年第 5 期。

11. 牟绿叶:《论可补正的排除规则》,载《中国刑事法杂志》2011 年第 9 期。

12. 聂建华、易延友等:《检察机关落实非法证据排除规则的职责要求与机制建设》,载《人民检察》2014 年第 7 期。

13. 易延友、田昌喜:《同步录音录像问题研究》,载《人民检察》2012 年第 2 期。

二、英文文献

(一)著作

1. Jerold H. Israel, Wayne R. LaFave, *Criminal Procedure*, Fifth Edition, West Group.

2. John Henry Wigmore, *Evidence in Trials at Common Law*, Vol. 1, revised by Peter Tillers, Little Brown and Company, 1983.

3. Joshua Dressler, *Understanding Criminal Procedure*, Third Edition, LexisNexis, 2002.

4. Mirjan R. Damaska, *The Faces of Justice and State Authority: A Comparative Approach to the Legal Process*, Yale University Press, New Haven and London, 1986.

5. Ronald Jay Allen, William J. Stuntz, Joseph L. Hoffmann, Debra A. Livingston and Andrew D. Leipold, *Criminal Procedure*, Second Edition, Wolters Kluwer, 2011.

6. Yale Kamisar, Wayne R. LaFave, Jerold H. Israel and Nancy J. King, *Modern Criminal Procedure: Cases-Comments-Questions*, Eleventh Edition, Thomson/West, 2005.

(二)论文

1. A. Leo Levin, Harold K. Cohen, *The Exclusionary Rules in Non-jury Criminal Cases*, 119 U. Pa. L. Rev. 905 (1971).

2. Akihl Reed Amar, *Fourth Amendment First Principle*, 107 Harv. L. Rev. 757 (1994).

3. Albert W. Alschuler, *Bright Line Fever and the Fourth Amendment*, 45 U. Pitt. L. Rev. 227 (1984).

4. Anthony G. Amsterdam, *Perspectives on the Fourth Amendment*, 58 Minn. L. Rev. 349 (1974).

5. Antonio Lamer, *Protecting the Administration of Justice from Disrepute: The Admissibility of Unconstitutionally Obtained Evidence in Canada*, 42 St. Louis U. L. J. 345 (1998).

6. Barry F. Shanks, *Comparative Analysis of The Exclusionary Rule And its Alternatives*, 57 Tul. L. Rev. 648 (1983).

7. Bryan T. Gonzales, *Making It Fit—The Good Faith Exception to the Exclusionary Rule: A Critical Examination of Arizona v. Evans*, 17 Whittier L. Rev. 609 (1996).

8. Christian Fahl, *The Guarantee of Defence Counsel and the Exclusionary Rules on Evidence in Criminal Proceedings in Germany*, 8 German L. J. 1053 (2007).

9. Christine M. D'Elia, *The Exclusionary Rule: Who Does It Punish?* 5 Seton Hall Const. L. J. 563 (1995).

10. Craig M. Bradley, *The Exclusionary Rule in Germany*, 96 Harv. L. Rev. 1032 (1983).

11. Craig M. Bradley, *Two Models of the Fourth Amendment*, 83 Mich. L. Rev. 1468 (1985).

12. Dale A. Nance, *The Best Evidence Principle*, 73 Iowa L. Rev. 227 (1988).

13. Eve Brensike Primus, *The Future of Confession Law: Toward Rules for the Voluntariness Test*, 114 Mich. L. Rev. 1 (2015).

14. Larry Glasser, *The American Exclusionary Rule Debate: Looking to England and Canada for Guidance*, 35 Geo. Wash. Int'l L. Rev. 159 (2003).

15. Lawrence Crocker, *Can the Exclusionary Rule Be Saved?*, 84 J. Crim. L. 310 (1993).

16. Malcolm R. Wilkey, *The Exclusionary Rule: Why Suppress Valid Evidence?*, 62 Judicature 215 (1978).

17. Paul G. Cassel, *The Statute That Time Forgot: 18 U. S. C. 3501 and the Overhauling of Miranda*, 85 Iowa L. Rev. 175 (1999).

18. Richard A. Posner, *Excessive Sanctions for Governmental Misconduct in Criminal Cases*, 57 Wash. L. Rev. 635 (1982).

19. Robert A. Harvie, *The Exclusionary Rule and the Good Faith Doctrine in the United States and Canada: A Comparison*, 14 Loy. L. A. Int'l & Comp. L. Rev. 779 (1992).

20. Robert Cooter, *Prices and Sanctions*, 84 Colum. L. Rev. 1523 (1984).

21. Roger B. Dworkin, *Fact Style Adjudication and the Fourth Amendment: The Limits of Lawyering*, 48 Ind. L. J. 329 (1973).

22. Sharon L. Davies, *The Penalty of Exclusion—A Price or Sanction?* 73 S. Cal. L. Rev. 1275 (2000).

23. Stephen J. Markman, *Six Observations on the Exclusionary Rule*, 20 Harv. J. L. & Pub. Pol'y, 423 (1997).

24. Tracey Maclin, *When the Cure for the Fourth Amendment Is Worse than the Disease*, 68 S. Cal. L. Rev. 1 (1994).

25. Wayne R. LaFave, "*Case-by-case Adjudication*" *Versus* "*Standardized Procedures*": *The Robinson Dilemma*, 1974 Sup. Ct. Rev. 127 (1974).

26. Wayne R. LaFave, *The Fourth Amendment in an Imperfect World*: *On Drawing* "*Bright Lines*" *and* "*Good Faith*", 43 U. Pitt. L. Rev. 307 (1982).

27. Yale Kamisar, *Gates*, "*Probable Cause*," "*Good Faith*," *and Beyond*, 69 Iowa L. Rev. 551 (1984).

28. Yi Yanyou, *China's Criminal Detention as a Measure under Exigencies*: *A Comparative Analysis*, 6 Tsinghua China L. Rev. 173 (2014).

29. Yi Yanyou, *State Ideology Transition and Procedural Model Transformation*: *China's Criminal Procedure Law and its Revisions*, 2 Tsinghua China L. Rev. 151 (2012).

(三)案例

1. *Adams v. New York*, 192 U.S. 585 (1904).

2. *Aguilar v. Texas*, 378 U.S. 108 (1964).

3. *Andersen v. Maryland*, 427 U.S. 463 (1976).

4. *Arizona v. Evans*, 514 U.S. 1, 131 L. Ed. 2d 34, 115 S. Ct. 1185 (1995).

5. *Arizona v. Hicks*, 480 U.S. 321 (1987).

6. *Ashcraft v. State of Tennessee*, 322 U.S. 143(1944).

7. *Beck v. Ohio*, 379 U.S. 89, 97 (1964).

8. *Bivens v. Six Unknown Fed. Narcotics Agents*, 403 U.S.

388, 415 (1971).

9. *Blackburn v. State of Alabama*, 361 U. S. 199 (1960).

10. *Boyd v. United States*, 116 U. S. 616, 6 S. Ct. 524, 29 L. Ed. 746 (1886).

11. *Bram v. United States*, 168 U. S. 532 (1897).

12. *Breithaupt v. Abram*, 352 U. S. 432 (1957).

13. *Brown v. Illinois*, 422 U. S. 590 (1975).

14. *Brown v. Mississippi*, 297 U. S. 278 (1936).

15. *California v. Ciraolo*, 476 U. S. 207 (1986).

16. *California v. Greenwood*, 486 U. S. 35 (1988).

17. *Chambers v. Maroney*, 399 U. S. 42 (1970).

18. *Chimel v. Belton*, 453 U. S. 752 (1969).

19. *Chimel v. California*, 395 U. S. 752 (1969).

20. *Colorado v. Connelly*, 479 U. S. 157 (1986).

21. *Connally v. Georgia*, 429 U. S. 245 (1977).

22. *Coolidge v. New Hampshire*, 403 U. S. 443 (1971).

23. *Costello v. United States*, 350 U. S. 359, 100 L. Ed. 2d 397, 76 S. Ct. 406 (1956).

24. *Dow Chemical Co. v. United States*, 476 U. S. 227 (1986).

25. *Elkins v. United States*, 364 U. S. 206, 80. Ct. 1437, 4 L. Ed. 2d 1669 (1960).

26. *Escobedo v. Illinois*, 378 U. S. 478 (1964).

27. *Florida v. Bostick*, 501 U. S. 429 (1991).

28. *Florida v. Riley*, 488 U. S. 445 (1989).

29. *Florida v. Royer*, 460 U. S. 491 (1983).

30. *Giordenello v. Calandra*, 414 U. S. 338 (1974).

31. *Harris v. South Carolina*, 338 U. S. 68 (1949).

32. *Hoffa v. United States*, 385 U. S. 293 (1967).

33. *Horton v. California*, 496 U. S. 128 (1990).

34. *I. N. S. v. Lopez-Mendoza*, 468 U. S. 1032 (1984).

35. *Illinois v. Gates*, 462 U. S. 213 (1983).

36. *Illinois v. Rodriguez*, 497 U. S. 177 (1990).

37. *Irvine v. California*, 347 U. S. 128 (1954).

38. *Johnson v. United States*, 333 U. S. 10 (1948).

39. *Jones v. United States*, 362 U. S. 257 (1960).

40. *Katz v. United States*, 389 U. S. 347 (1967).

41. *Mapp v. Ohio*, 367 U. S. 643 (1961).

42. *Maryland v. Buie*, 494 U. S. 325 (1990).

43. *Massiah v. United States*, 377 U. S. 201 (1964).

44. *Miranda v. Arizona*,384 U. S. 436 (1966).

45. *Munns v. De Nemours*, 17 Fed. Cas. 993 (C. C. D. Pa. 1811) (No. 9926).

46. *Murray v. United States*, 487 U. S. 533 (1988).

47. *Nardone v. United States*, 308 U. S. 338 (1939).

48. *New York v. Belton*, 453 U. S. 454 (1981).

49. *New York v. Quarles*, 467 U. S. 649 (1984).

50. *Nix v. Williams*, 467 U. S. 431 (1984).

51. *Oliver v. United States*, 466 U. S. 170 (1984).

52. *Olmstead v. United States*, 277 U. S. 438 (1928).

53. *One* 1958 *Plymouth Sedan v. Pa.* , 380 U. S. 693, 85 S. Ct. 1246, 14 L. Ed. 2d 170 (1965).

54. *People v. Speaks*, 156 Cal. App. 2d 25, 319 P. 2d 709

(1958).

55. *Richard v. Wisconsin*, 520 U.S. 385 (1997).

56. *Rochin v. California*, 342 U.S. 165 (1952).

57. *Schmerber v. California*, 384 U.S. 757 (1966).

58. *Schneckloth v. Bustamonte*, 412 U.S. 218 (1973).

59. *See v. City of Seattle*, 387 U.S. 541 (1967).

60. *Silverthorne Lumber Co. v. United States*, 251 U.S. 385 (1920).

61. *South Dakota v. Opperman*, 428 U.S. 364 (1976).

62. *Spano v. New York*, 360 U.S. 315 (1959).

63. *Spinelli v. United States*, 393 U.S. 410 (1969).

64. *State v. Bolt*, 142 Ariz. 260, 689 P.2d 519 (1984).

65. *Steele v. United States*, 267 U.S. 498 (1925).

66. *Stone v. Powell*, 428 U.S. 465 (1976).

67. *Stoner v. California*, 376 U.S. 483 (1964).

68. *Taylor v. United States*, 286 U.S. 1 (1932).

69. *Terry v. Ohio*, 392 U.S. 1 (1968).

70. *Texas v. Brown*, 460 U.S. 730 (1983).

71. *Turner v. Pennsylvania*, 338 U.S. 62 (1949).

72. *United States v. Blue*, 384 U.S. 251, 86 S. Ct. 1416, 16 L. Ed. 2d 510 (1966).

73. *United States v. Calandra*, 414 U.S. 338, 94 S. Ct. 613, 38 L. Ed. 2d 561, 66 O. O. 2d 320 (1974).

74. *United States v. Ceccolini*, 435 U.S. 268, 55 L. Ed. 2d 268, 98 S. Ct. 1054 (1978).

75. *United States v. Chadwick*, 433 U.S. 1 (1977).

76. *United States v. Edwards*, 415 U. S. 800 (1974).

77. *United States v. Janis*, 428 U. S. 433 (1976).

78. *United States v. Lee*, 274 U. S. 559 (1927).

79. *United States v. Leon*, 468 U. S. 897 (1984).

80. *United States v. Matlock*, 415 U. S. 164 (1974).

81. *United States v. McCrory*, 930 F. 2d 63 (D. C. Cir. 1991).

82. *United States v. Mendenhall*, 446 U. S. 544 (1980).

83. *United States v. Place*, 462 U. S. 696 (1983).

84. *United States v. Wade*, 388 U. S. 218, 87 S. Ct. 1926, 18 L. Ed. 2d 1149 (1967).

85. *United States v. White*, 401 U. S. 745 (1971).

86. *Walder v. United States*, 347 U. S. 62 (1954).

87. *Warden v. Hayden*, 387 U. S. 294 (1967).

88. *Watts v. Indiana*, 338 U. S. 49 (1949).

89. *Weeks v. United States*, 232 U. S. 383, 34 S. Ct. 341, 58 L. Ed. 652 (1914).

90. *Wilson v. Arkansas*, 514 U. S. 927 (1995).

91. *Wolf v. Colorado*, 338 U. S. 25, 69 S. Ct. 1359, 93 L. Ed. 1782 (1949).

92. *Wong Sun v. United States*, 371 U. S. 471 (1963).